DODY SIRENA
OS BASTIDORES DO SHOW BUSINESS

LÉA PENTEADO

DODY SIRENA
OS BASTIDORES DO SHOW BUSINESS

© 2024 - Léa Penteado
Direitos em língua portuguesa para o Brasil: Matrix Editora
www.matrixeditora.com.br
⊙/MatrixEditora | ⊙ @matrixeditora | ⊙ /matrixeditora

Diretor editorial
Paulo Tadeu

Capa, projeto gráfico e diagramação
Patricia Delgado da Costa

Revisão
Adriana Wrege
Silvia Parollo

Foto da capa: Marcos Hermes

Foto da autora: Cláudia Schembri

Demais fotos: arquivo pessoal

CIP-BRASIL - CATALOGAÇÃO NA PUBLICAÇÃO
SINDICATO NACIONAL DOS EDITORES DE LIVROS, RJ

P472d

Penteado, Léa
Dody Sirena. - 1. ed. - São Paulo: Matrix, 2024.

ISBN 978-65-5616-441-0

1. Sirena, Dody. 2. Empresários - Brasil - Biografia. I. Título.

24-88602　　　　　　　　　CDD: 658.40092
　　　　　　　　　　　　　　CDU: 929:658

Gabriela Faray Ferreira Lopes - Bibliotecária - CRB-7/6643

SUMÁRIO

PREFÁCIO		11
PRÓLOGO		15
Capítulo 1	**FUNICULÌ, FUNICULÀ**	19
Capítulo 2	**VOU PRA PORTO ALEGRE, TCHAU...**	23
Capítulo 3	**STAYIN' ALIVE**	29
Capítulo 4	**LÁ VEM O BRASIL DESCENDO A LADEIRA**	35
Capítulo 5	**WE ARE THE CHAMPIONS**	43
Capítulo 6	**THE SHOW MUST GO ON**	51
Capítulo 7	**GRACIAS A LA VIDA**	57
Capítulo 8	**UNCHAINED MELODY**	65
Capítulo 9	**SE A VIDA COMEÇASSE AGORA**	75
Capítulo 10	**VAI, BRASIL, DÁ UM SHOW**	83
Capítulo 11	**WELCOME TO THE JUNGLE**	91

Capítulo 12	BLACK OR WHITE	97
Capítulo 13	É VERÃO E O QUE IMPORTA É A EMOÇÃO DE ESTAR AQUI	103
Capítulo 14	A COR DO MEU BATUQUE TEM O TOQUE, TEM O SOM DA MINHA VOZ	111
Capítulo 15	OLHE BEM, PRESTE ATENÇÃO: NADA NA MÃO, NESTA TAMBÉM	121
Capítulo 16	O SOLE MIO, STA 'NFRONTE A TE	129
Capítulo 17	LET'S DANCE	137
Capítulo 18	ALL'ALBA VINCERÒ! VINCERÒ, VINCERÒ!	143
Capítulo 19	O RIO DE JANEIRO CONTINUA LINDO…	151
Capítulo 20	QUANDO EU ESTOU AQUI…	157
Capítulo 21	QUERO NAVEGAR COM VOCÊ NOS MARES DA EMOÇÃO	167
Capítulo 22	DETALHES TÃO PEQUENOS DE NÓS DOIS	175
Capítulo 23	JESUS CRISTO, EU ESTOU AQUI	183
Capítulo 24	SE CHOREI OU SE SORRI, O IMPORTANTE É QUE EMOÇÕES EU VIVI	195
Capítulo 25	VOCÊ, MEU AMIGO DE FÉ, MEU IRMÃO CAMARADA	203
Capítulo 26	SEI QUE NADA SERÁ COMO ANTES AMANHÃ	213
Capítulo 27	AMIGOS PARA SIEMPRE	223
RETRATOS EM PRETO E BRANCO		243
SHOW DE PALAVRAS		269

*Para
Marcantonio Chies, o Cicão, o C da DC Set,
fundamental em 45 anos dessa história!*

Muito obrigada à família Sirena:
Aos pais Lourdes e João
À companheira, esposa e amiga Fernanda e
aos filhos Matheus e Mariana
Ao sempre presente irmão Jaime e ao seu amor Cintia

E aos amigos que colaboraram nas pesquisas, informações,
sugestões e apoio moral...

Cláudia Schembri
Décio Zitto – Macgyver
Emilio Pacheco
Fabio Rubinato
Graça Medeiros
Hélio Pimentel
Juarez Fonseca
Lucas Bonini
Maria Clara Cacaia Jorge
Monica Tomasi
Patricia Santos
Pedro Longhi
Pedro Sirotsky
Rivaldo Guimarães
Rosana Platzer
Rose Baptista
Verter Brunner

PREFÁCIO

A primeira vez que ouvi o nome de Dody Sirena foi por causa de uma cadeira e uma tentativa de assassinato. Mas, calma, ele não foi o responsável por isso. Em 1992, eu era um jovem repórter do (hoje extinto) jornal paulistano *Notícias Populares* quando Axl Rose, vocalista do grupo de hard rock Guns N' Roses, atirou uma cadeira em direção a um amontoado de jornalistas que faziam plantão no hotel Maksoud Plaza – em tempos tão escassos de shows internacionais, era comum a imprensa se postar nos locais de repouso dos popstars para assim vigiar todos os seus passos. Eu estava no meio do grupo atingido, e a DC Set, empresa de Dody, era a responsável pela vinda do Guns.

Conversei com Dody menos do que eu gostaria e necessitava. Eu creio terem sido três ou quatro encontros – coletivas e "oi, como vai?" trocados no camarim não valem – em três décadas de profissão. Mas de modo algum foram menos marcantes do que resenhas mensais com qualquer outro figurão da indústria musical. O empresário tem uma característica que eu adoro: ele é o que os americanos chamam de "no bullshit", ou seja, não enrola. Dody vai direto ao assunto e diz claramente se a pauta lhe interessa ou não.

Por exemplo, em duas ocasiões eu o questionei sobre Roberto Carlos, que com ele teve uma das parcerias mais bem-sucedidas da história do showbiz brasileiro. O motivo da conversa não importa, mas, em meio ao mar de pessoas – trocadilho infame, eu sei – que o abordou no cruzeiro Emoções em Alto-Mar, ele parou por uns bons instantes para explicar o porquê de sua decisão. Tempos depois, eu o consultei novamente a respeito de Roberto Carlos. A ideia era fazer uma entrevista que renderia uma matéria de capa. E, mais uma vez, o empresário me explicou por que não tinha interesse em que a entrevista acontecesse. O mundo artístico é repleto de executivos que criam um arsenal de desculpas ou acenam com aquele manjado "vamos ver" na hora que recebem pedidos fora de sua pauta – um "vamos ver", claro, que nunca vem. Dody, não. É na lata, sem rodeios. Por mais frustrante que isso possa ser para um jornalista em busca da matéria de sua vida, essa sinceridade facilita muito o nosso trabalho e nos faz admirar ainda mais a postura de quem tem essa característica.

O meu terceiro encontro com Dody Sirena se deu em maio de 2023, no escritório do empresário, na Vila Olímpia, em São Paulo. Eu fui acompanhado pelos amigos Edison Coelho (uma lenda do marketing nas gravadoras) e Fernando Santos, diretor da Abramus (Associação Brasileira de Música e Artes), e por mais de duas horas nos encantamos com as aventuras de Dody no mundo artístico, bem como com seus planos para o futuro. Que, claro, já chegou. Muitas das promessas e ideias feitas naquela tarde foram colocadas em prática. Outras mais impressionantes ainda estão por vir.

Dody Sirena tem agora sua trajetória profissional contada em livro por Léa Penteado, uma referência em seu ramo de atuação e uma pessoa a quem tenho a honra de chamar de minha amiga. Léa, a exemplo de seu biografado, também é "no bullshit": fala o que deve ser dito, não o que poderia soar mais carinhoso aos ouvidos de quem a questiona. Outra qualidade que aprendi a admirar em Léa é que ela humaniza o personagem. Atenção, não estou afirmando que ela produz hagiografias, mas sim que ela despe o personagem de qualquer aura mística ou busca fatos de cunho pessoal ou mesquinharias que possam se sobrepor à informação. Eu a conheci em 1991, durante a coletiva que anunciou o segundo Rock in Rio. E Léa falou do amor do empresário Roberto Medina pela cidade, a ponto de investir de novo em sua paixão, que hoje é referência mundial. No ano seguinte, ela lançou a biografia do apresentador Flávio Cavalcanti, personagem de ponta da história da televisão brasileira, e de quem foi colaboradora. É uma narrativa em primeira pessoa, apaixonada – mas de modo algum ela o vê como santo –, na qual se permite até criticar certas maldades feitas ao apresentador, notoriamente afeito à direita (num capítulo, critica a leitura caricata feita de Cavalcanti pelo ator Guilherme Karan).

A história de Dody Sirena por Léa Penteado, portanto, obedece ao padrão de comportamento dessas duas pessoas. Uma carreira de alguns fracassos, muitos sucessos e um pouco de drama pessoal contada de maneira simples e direta. O jornalismo hoje está repleto de maledicências, fofocas e teorias da conspiração. Por isso é que a leitura de *Dody Sirena – os bastidores do show business* é tão importante: temos aqui o retrato de como um sujeito de família de classe média baixa do Rio Grande do Sul se tornou um empresário de respeito no showbiz. E, se vale um pequeno *spoiler* (o primeiro dos dois que eu darei, mas certamente serão menos saborosos que os escritos por Léa), não tem segredo. É trabalho duro e visão privilegiada ao enxergar oportunidades nas situações em que todo mundo aposta em dificuldades.

Dody Sirena, como eu escrevi no segundo parágrafo, é um sujeito que não faz rodeios. E pessoas dessa categoria acreditam no poder da palavra. Num dos casos descritos por Léa (sim, esse é o segundo *spoiler*), ele se dá mal numa negociação para trazer um astro da música latino-americana. E por "se dar mal" leia-se perder uma quantia que ele não tinha. Passados alguns anos, Dody teve a chance de trazer o tal astro de novo. Mesmo sabendo do risco, bancou a turnê do tal sujeito, sem cobrar o que havia perdido. Ele só o fez na hora e no momento exatos. O que aconteceu? Leia o livro, uai!

Ah, sim. Se me permite mais uma confissão, não há um dia em que eu não agradeça a má pontaria de Axl Rose. Porque, se ele tivesse acertado aquela cadeira em nós, eu jamais teria conhecido Léa e Dody – e muito menos teria tido a chance de escrever o prefácio deste livro.

> Sérgio Martins é crítico musical e curador artístico. Trabalhou nas redações do jornal *Notícias Populares* e das revistas *Bizz*, *Época* e *Veja* e colaborou para os suplementos Ilustrada, da *Folha de S.Paulo*, Divirta-se, do *Jornal da Tarde*, e Caderno 2, do *Estado de S. Paulo*. É também um dos poucos jornalistas brasileiros a assinar uma matéria na revista *Time* – um perfil do músico Max de Castro, publicado em setembro de 2001. Atualmente é editor sênior da revista *Billboard Brasil* e apresentador do podcast Sonoros.

PRÓLOGO

O calor estava insuportável. Tinha sido assim nos últimos dias, facilitando a operação no Estádio do Morumbi. Sem chuva, os mais de 1.500 profissionais podiam montar a infraestrutura para o grande evento. Um trabalho incessante, noites transformadas em dia, para a maior produção de um show no país. O palco demorava três dias para ser montado, todo o equipamento chegando em mais de 60 carretas, 20 caminhões e 2 aeronaves Antonov, de fabricação russa, que transportaram duas toneladas e meia que incluíam 2 telões de cristal líquido, 1.000 luzes e mais de 10 mil cabos elétricos. Tudo acontecendo dentro do cronograma estabelecido havia mais de seis meses. O seguro de US$ 11 milhões garantia a cobertura de qualquer acidente, desde as 172 pessoas que faziam parte da equipe do artista até o tradicional "no show".

Na noite anterior, mesmo com o cansaço, a tensão e o ar-condicionado ligado na potência máxima, foi difícil dormir. No dia seguinte, ele preferiu ir sozinho para o aeroporto, com tempo para refletir sobre os fatos que estavam acontecendo. Era 13 de outubro de 1993, uma data muito especial. Instalado na sala VIP, super-refrigerada, sentia o desconforto da noite anterior ao perceber uma névoa fumegante fluindo da pista de aterrissagem. Olhando para o relógio, 14 horas, e a constatação de que o avião estava atrasado. A equipe o mantinha informado de cada passo da operação. Ora chamavam pelo rádio, ora pelo celular, mas mantinha-se atento ao movimento que transformara o Aeroporto Internacional de Guarulhos numa grande algazarra. A área de desembarque estava tomada por quase uma centena de policiais militares, 11 batedores, 3 viaturas, 2 Furglaines, 3 limusines, mais de 1.500 fãs históricos, um batalhão de fotógrafos, repórteres e cinegrafistas. Todos preparados para o grande momento.

Ele era o responsável direto por aquele incrível movimento, mas muito mais difícil tinha sido sobreviver à pressão de mais de dois anos de trabalho buscando atingir um sonho. E tal qual um Dom Quixote moderno com Sancho Pança, ele trabalhara com Cicão Chies, seu sócio desde a juventude. Corriam juntos em busca dos novos moinhos de vento em dezenas de viagens internacionais, centenas de telefonemas e reuniões. Longe do foco da chegada daquele astro internacional, espectador atento de sua própria história, prolongava um certo prazer na reflexão que iniciara dirigindo seu Mercedes-Benz azul, blindado, igual ao de Roberto Carlos, amigo e parceiro, comprado ao mesmo tempo que o dele. Talvez, em algum ponto do inconsciente, houvesse a incerteza sobre o feito ou algo mais forte, como a necessidade pessoal de estar só. O calor externo aos poucos tomava conta do seu corpo.

Obstinado, agora estava na pré-estreia do seu grande show. Distante poucos metros de seus olhos, exatamente às 15 horas e 33 minutos, o Boeing 727 de cauda bordô aterrissava. Chegava o maior artista de todos os tempos. Dez anos antes, ele lançara um disco que alcançou a primeira posição entre os mais vendidos dos Estados Unidos, e assim permaneceu por 37 semanas e mais 43 no top 10, um recorde. E, três anos antes, assinara um contrato de US$ 1.089 bilhão com a Sony Music, assegurando sua continuidade na gravadora por mais quinze anos. No Livro dos Recordes, era citado como o artista mais bem pago da indústria da música. Uma longa espera de 25 minutos até que, finalmente, no alto da escada, vestindo *blazer* cinza estilo militar, camisa e calças pretas, chapéu e óculos idem, surgia a grande conquista: Michael Jackson. Diante do sol intenso, o artista pediu algo que o protegesse, e a intérprete rapidamente ofereceu um grande guarda-chuva que trazia no porta-malas do carro, com a marca do patrocinador de um evento que aconteceria no verão seguinte, gerando um inesperado merchandising. Centenas de câmeras registravam o momento, e, sob aquele guarda-chuva, ia um pedaço da relação de um garoto com o *show business*, que começou a ser construída com a realização de bailinhos na garagem da casa de amigos em Porto Alegre.

    Os impactos que ele teve na vida, principalmente aos 9 anos e aos 17, foram superados aos 33, ao trazer Michael Jackson, com a "Dangerous World Tour", que levou 3,5 milhões de pessoas a estádios no mundo para 69 concertos, sendo dois em São Paulo. Porém, muito antes desse fato acontecer, *spots* explodiram, houve superlotação de plateias, sons em altos decibéis, voos perdidos, contratos cancelados e uma profusão de casos para contar, numa trajetória de sucesso que se repete há mais de 40 anos e que o levou a construir, sempre em parceria com Cicão Chies, um *hub* de inovação e entretenimento que transforma paixões em plataformas de experiências com 23 empresas. Eu vi muito dessa história acontecer. O que não vi, os que viram me relataram e me ajudaram a contar a trajetória de Dody Sirena, que levou a DC Set a alçar voos jamais imaginados.

CAPÍTULO 1

"FUNICULÌ, FUNICULÀ"

Foi em uma família tipicamente italiana que Dody nasceu, no dia 12 de novembro de 1960, na cidade de Caxias do Sul (Rio Grande do Sul). A mãe, Lourdes Sirena, era neta de imigrantes italianos, e o pai, João Pereira, catarinense. Eles se conheceram na fábrica de acordeons Mondiale, que produzia as famosas harmônicas e gaitas-piano. E foi nesse ritmo musical, João tocando acordeom para encantar Lourdes, que se casaram, em 1958. Deixaram a fábrica e montaram seu próprio negócio, uma loja de fotografia, onde faziam revelações de filmes e vendiam equipamentos. Celebraram o primeiro ano de casados com o nascimento de Jaime, e na sequência chegou Jorge, que se transformou em "Dody" por causa da dificuldade do irmão em dizer seu nome. Certamente, quando Jaime chamou o irmão de Dody, não sabia que esse nome era originário da cultura hebraica e que significava "bem-amado", "presente de Deus", tampouco que, se fosse grafado como "Doge", seria referente à denominação dos antigos governantes de Veneza, cargos vitalícios entre os membros das famílias mais ricas e poderosas.

Voltando às raízes, o bisavô Giovanni Sirena nasceu em dezembro de 1869, em Feltre, província de Belluno, na região do Vêneto, e com a família emigrou para o Brasil. O ano é incerto, mas foi após maio de 1875, quando chegou a Porto Alegre o primeiro grupo de italianos vindos em um transatlântico a convite do governo imperial brasileiro. Se houvesse uma trilha sonora para essa chegada, poderia ser a eloquente ópera *Carmen*, do francês Georges Bizet, que venceu em 1857 o Prix de Roma e ganhou uma bolsa destinada a artistas promissores.

Esse primeiro grupo de colonizadores, formado por tiroleses, vênetos, lombardos e trentinos vindos das cidades de Cremona, Milão e Belluno, ao desembarcarem em Porto Alegre, foram transportados até o Porto de Guimarães (atual cidade de Caí), seguiram o vale do rio Caí e chegaram ao Campo dos Bugres, hoje Caxias do Sul. Enfim iriam começar uma nova vida, 10 mil quilômetros distantes da terra natal, onde não apenas cultivaram as terras que receberam, como também mantiveram suas tradições. Pouco mais de um ano depois da chegada, um recenseamento apontava 2 mil colonos, e esse ciclo imigratório, que foi até 1914, contabilizou 84 mil italianos. Em Caxias do Sul, Giovanni cresceu e conheceu a também imigrante italiana Corona Sartori, com quem se casou em 27 de outubro de 1890.

Foi nesse clima de "tutti buona gente", cercado de *nona, nono, ziis, zies e cugini*, que Dody viveu sua infância, até meados de 1964, quando a família se mudou para Sombrio, Santa Catarina, reduto dos Pereiras. Estar com a família paterna era também continuar no clima de aconchego da avó, dos quatro tios e muitos primos. A proposta que seu João recebeu foi de entrar na sociedade de uma fábrica de vassouras com dois irmãos. Não demorou para abrir seu próprio negócio: uma fábrica de calçados. Alugaram uma das casas pertencentes à Igreja de Santo Antônio de Pádua. Apesar de bem menino, nessa época Dody começou a entender o que era o trabalho comunitário que envolvia as famílias com as obras sociais lideradas pelo padre João Reitz, resultando na construção do Colégio Estadual, do Colégio das Freiras, da Igreja Matriz e do hospital. Com a casa tão próxima da igreja e do salão paroquial onde aconteciam os eventos da cidade, percebeu que havia algo mais do que as festas familiares, como as religiosas e as feiras típicas da região. Os negócios do seu João iam muito bem, e, um ano após sua chegada, compraram uma casa confortável, com terreno grande, em frente ao Hospital Dom Joaquim, onde não eram raras as visitas dos tios e dos primos de Caxias do Sul. Uma vida muito boa, com crescimento financeiro e social, e em 1967 alugaram uma casa grande na Praia de Torres, na divisa entre Santa Catarina e Rio Grande do Sul, para reunir todos para veranear, os Sirenas e os Pereiras. Uma família de classe média amorosa, pais dedicados, bons exemplos de comportamento, de atitudes e perseverança, implementando uma educação baseada nos melhores princípios de dignidade, honestidade, responsabilidade, disciplina e respeito ao próximo. Jaime e Dody estudavam no colégio de freiras. Não havia telefone nem televisão, mas o rádio era um ótimo meio de comunicação. No único cinema da cidade, na matinê de domingo os irmãos assistiam aos filmes de faroeste, os *spaghetti western*, dirigidos pelo cineasta italiano Sergio Leone.

Em 1969, pelas ondas médias e curtas do rádio chegavam os *hits* nacionais dos festivais e da Jovem Guarda: "Coração de papel" (Sérgio Reis), "Esqueça" (Roberto Carlos), "A praça" (Ronnie Von), "O bom rapaz" (Wanderley Cardoso), "Era um garoto que como eu amava os Beatles e os Rolling Stones" (Os Incríveis), "Penny Lane" e "Hey Jude" (The Beatles), "A última canção" (Paulo Sérgio). Segundo a Billboard, nos Estados Unidos estavam no topo "Sugar, Sugar" (The Archies), seguido por "Aquarius/Let the sunshine in" (The 5th Dimension) e "I can't get next to you" (The Temptations). Em casa, na vitrola do seu João, a estrela era o cantor mexicano Miguel Aceves Mejía, popular por participações em filmes, com várias interpretações de diversos gêneros mexicanos, especialmente a rancheira. Em certos momentos, pegava o acordeom e tocava alguns tangos. Essas foram as influências musicais dos filhos no período em que se vivia sob a ditadura, instalada desde 1964, e em que se escreveu uma das mais tristes histórias da política no Brasil.

Foi em 1969 que uma junta de generais – formada pelos ministros militares da Marinha, Augusto Rademaker; do Exército, Aurélio de Lyra Tavares; e da Aeronáutica, Márcio de Souza e Mello – assumiu o poder, afastando da presidência o general Artur da Costa e Silva, empossado em 1967, em substituição ao general Castello Branco. Entre agosto e outubro foram editados os Atos Institucionais e uma emenda que alterou a Constituição criada em 1967, promovendo ainda maior centralização do Poder Executivo. Os Atos Institucionais previam o afastamento do general Costa e Silva do poder e a posse da Junta Militar em 30 de agosto de 1969; o banimento de pessoas consideradas ameaça à segurança nacional pelo regime militar; a pena de morte para aqueles que atuassem em atividades consideradas "terroristas" pelo regime; datas para as eleições municipais e presidencial; o afastamento de militares que comprometessem a coesão das Forças Armadas. No dia 4 de setembro, com o sequestro do embaixador americano Charles Burke Elbrick, perpetrado pelo Movimento Revolucionário 8 de Outubro (MR-8) e pela Ação Libertadora Nacional, que visava a libertação de quinze presos políticos e a leitura em rede nacional de um manifesto condenando a ditadura militar, escancarou-se o que acontecia no país. A junta militar aceitou o acordo e o embaixador foi libertado. Os militantes que participaram dessa ação foram torturados e posteriormente exilados, e esse grito foi ouvido além das nossas fronteiras.

Foi também em 1969 que ocorreu a primeira tragédia na família. Numa madrugada, foram acordados pelos vizinhos com a informação de que a fábrica de calçados estava sendo consumida por um incêndio. Chegaram a tempo de assistir ao terrível espetáculo pirotécnico. Na rua, seu João, dona Lourdes, Jaime e Dody viram o fogo destruir os seus sonhos. Sem seguro para cobrir a reconstrução da fábrica e comprar equipamentos, numa tristeza sem fim, meses depois deixaram Sombrio para recomeçar a vida em Porto Alegre.

"Funiculì, funiculà", a canção que dá título ao capítulo e está na memória afetiva dos imigrantes italianos, foi escrita pelo jornalista, poeta e cantor italiano Giuseppe "Peppino" Turco e musicada por Luigi Denza em 1880. Foi composta para celebrar a abertura do primeiro bonde ou funicular (em italiano, funicolare) do Monte Vesúvio, em 1879.

CAPÍTULO 2

"VOU PRA PORTO ALEGRE, TCHAU..."

Se em Sombrio não havia telefone, Porto Alegre já tinha o sistema de DDD (Discagem Direta a Distância) ligando a capital gaúcha a São Paulo. Dody com 9 anos e Jaime com 10, começavam uma vida diferente. A família voltou para o ramo da fotografia; alugaram uma sala no centro da cidade, onde, além de seu João fazer trabalhos como fotógrafo, vendiam filmes, câmeras e revelavam fotos. Com a venda da casa de Sombrio eles compraram um apartamento no bairro Vila Floresta, na zona norte da cidade. Eram prédios baixos, de no máximo quatro andares, ruas arborizadas. O bairro teve origem na atividade pastoril que havia na região no final do século XIX, cuja característica era a existência de minifúndios que forneciam alimentos aos habitantes locais, em sua maioria agricultores descendentes de imigrantes italianos. Estavam em casa. Diante da nova realidade, Jaime e Dody foram para o ensino público. Dody estudou no Colégio Estadual Floriano Peixoto o 3º, 4º e 5º anos. Da 6ª à 8ª série do primeiro grau, no Colégio Estadual Sarmento Leite. E o equivalente ao ensino médio, no Colégio Estadual Irmão Pedro.

Apesar de apaixonado por futebol, Dody ainda não havia se convencido a se tornar um colorado, torcedor do Internacional, como toda a família. No bairro onde moravam havia o Grêmio Esportivo Itapeva, um time pequeno; o menino gostava de assistir aos jogos e treinos com os amigos. Levado pelo tio Zé, foi conhecer o Estádio Olímpico, inaugurado no ano de sua chegada, num jogo do Grêmio contra o Atlético Mineiro no Brasileirão de 1972. O impacto, ao ver as luzes no estádio, a vibração da torcida com a entrada do tricolor em campo, o deixou hipnotizado. Nunca imaginara um espetáculo de tamanha beleza. Ainda havia outro elemento naquela noite: Júlio Titow, o Yura, jogador juvenil do Itapeva (time do bairro), entrou no segundo tempo e o encheu de orgulho, um sentimento de intimidade, como se ele fosse mais um correndo no campo e parte integrante da vitória, por 1 x 0. A partir desse momento, definiu seu time do coração, e aquele 14 de setembro jamais saiu de sua memória.

Foi na Vila Floresta, pouco tempo depois, que seu futuro começou a ser traçado, durante as reuniões dançantes que aconteciam nos fins de semana em garagens das casas vizinhas. Era o ponto de encontro da garotada, e um grupo de amigos começou a organizar bailinhos. Dody já se colocava como produtor e responsável pela gestão financeira, percebendo que, se bem-organizados, esses empreendimentos juvenis poderiam até ser um negócio lucrativo. Com os amigos Flávio Parraga (*expert* em eletrônica), Pedro Ferrapontof e Pedrão (discotecários), Haroldo (o único que tinha carro), Neizinho e Paulo (na produção) criou o Skema Som, que, tocando os LPs de garagem em garagem, foi fazendo sucesso nas festas da zona norte, e não demorou a chegar a outros bairros. O nome Skema Som foi sugestão de Dody, inspirado no fato de que todo o equipamento tinha um esquema para montagem das peças, e o uso da letra "K" foi para dar um diferencial ao grupo. Quando o equipamento não cabia no Fusca de Haroldo, alugavam a Kombi de Rogério, também morador da vila. Além da organização financeira, Dody era responsável pela criação dos cartazes, divulgação, negociação dos locais e distribuição das tarefas na equipe. Sempre focado na comunicação, criou com Neizinho "O Matutino", um jornalzinho em que escrevia, mas não assinava, a coluna "Manchinha". Contava o que rolava no bairro e nas festas, quem namorou quem, quem dançou com quem... A mais pura fofoca de juventude.

Em meados de 1972, a família Sirena Pereira saiu do apartamento para uma casa no bairro Cristo Redentor, também na zona norte. Era só atravessar uma avenida. Coincidentemente, o novo bairro também tinha um forte histórico de imigração italiana, pois os primeiros habitantes, na década de 1930, eram colonos vindos de Caxias do Sul. Seu João deixou a fotografia, comprou uma oficina mecânica e, para ajudar nas despesas, dona Lourdes costurava em casa, colaborando com um alfaiate.

Com o Skema Som crescendo, nessa expansão rumo à vizinhança, chegou ao Lindoia Tênis Clube, a convite do amigo Yunes. O clube, no vizinho Jardim Lindoia, era tudo de que o jovem louco por esportes precisava. O bairro de alto padrão, com casas ajardinadas, exclusivamente residencial, tinha o clube apenas para moradores, mas Dody passou a ter acesso às dependências como atleta convidado, num reforço à equipe de basquete. Nessa condição, ainda recebia um lanche no final dos treinos e, se não tinha poder aquisitivo, buscava uma forma de chegar aonde queria. Foi assim também quando passou a fazer parte da equipe de vôlei da Sogipa (Sociedade de Ginástica de Porto Alegre), fundada como Deutscher Turnverein (Sociedade Alemã de Ginástica) em 1867, por um grupo de imigrantes alemães que chegaram menos de uma década antes dos italianos.

Quando Dody entrou para o ensino médio, no Colégio Estadual Irmão Pedro, com a experiência do Skema Som, foi escolhido para ser diretor social do grêmio. O colégio estava sendo transformador, tanto do ponto de vista social como no que se referia à formação, pois priorizava o ensino técnico, oferecendo possibilidades aos estudantes do bairro de baixa renda. Um exemplo eram as aulas de datilografia, em que os alunos tinham a meta de 120 toques por minuto, o exigido para os concursos públicos, muito concorridos na época – com essa habilidade, poderiam garantir um futuro seguro. Mesmo sem vislumbrar um concurso público, Dody se dedicou de tal maneira que atingia a marca de 140 toques. Inconscientemente, já buscava uma forma de se superar, quase que um lema ao longo da vida. Para quem cresceu no tempo digital, vale lembrar que "toque" era a batida que se dava nas teclas das máquinas de escrever.

No final de 1977, depois de uma festa, o equipamento, que era sempre guardado na garagem de um amigo, ficou na casa de Dody, e ocorreu um fato que trouxe uma nova mudança na vida da família.

Era habitual, nos fins de semana, ir com os amigos pegar carona na Freeway, a BR-290 – Rodovia Oswaldo Aranha, para alguma praia no litoral gaúcho. Eram tempos em que se dava carona a jovens, sem medo de assalto. Cada um ia num carro, apostando quem chegaria primeiro, e o vencedor tinha direito a um brinde. O dinheiro era curto, mas a vida era leve e divertida. Seu João, sempre em busca de melhores oportunidades para a família, ao perceber que a oficina mecânica não dava bom resultado, abriu nova loja de fotografias, no centro da cidade, com dona Lourdes sempre como parceira.

Na segunda-feira, Dody, quando voltou da praia, passou na loja dos pais para pegar a chave de casa e se deparou com colchonetes no chão. Para os pais terem dormido na loja, algo de muito grave devia ter acontecido. A história da infância se repetia: a casa fora destruída pelo fogo. Pela segunda vez um incêndio marcava a família Sirena Pereira. O primeiro destruiu os projetos de futuro de seu João, e, desta vez, os primeiros sonhos de Dody. Os amigos do bairro viram a fumaça a distância e, ao chegarem ao local, constataram que até as fotos de família haviam se transformado em cinzas. Dos equipamentos do Skema Som só restou o *tapedeck* (toca-discos), que Pedro, o discotecário, havia levado para casa.

Dody ficou com a roupa do corpo e algumas peças que havia levado para a viagem, e durante dois dias andou sem rumo pela cidade. Passou a noite sentado dentro de uma igreja, querendo entender por que coisas ruins aconteciam com pessoas boas. Se o livro do rabino americano Harold S. Kushner tivesse sido lançado naquela época, teria sido um grande alento para essas primeiras 24 horas após o incêndio. Foi nessa inquietação que começou a ser forjado o homem em que Dody se tornou e que, mesmo tantos anos depois, o levou a buscar maior entendimento dos questionamentos que fez ao ler, em 2010 – e recomendar aos amigos –, a obra *Quando coisas ruins acontecem com pessoas boas*, que revela o desafio do autor para superar uma perda irreparável, explorando seus sentimentos mais profundos e questionando o sentido da vida.

A perda total dos bens da família e daqueles que Dody tinha adquirido em sociedade e que moviam seu início como realizador de eventos gerou, quando ele tinha 17 anos, o que nas teorias de comportamento chamam de "turning point", literalmente, um ponto de virada. Foi o momento para mudar, de forma determinante, o seu olhar para o futuro. Mais ou menos como a famosa cena do clássico filme *E o vento levou*, em que Scarlett O'Hara declara: "Deus é minha testemunha de que nunca mais terei fome".

Quando voltou para a loja, alguns rumos já tinham sido tomados pela família. Jaime, que estava servindo o Exército, continuaria engajado por mais um ano e, assim, teria onde morar. Os pais ficariam em caráter provisório morando na loja, um espaço com pouco mais de 50 m², enquanto batalhavam pela construção de uma casa que estava caminhando a passos lentos para, em menos de um ano, se tornar habitável. Quanto a Dody, foi morar na casa do amigo Clênio Plazer, cuja mãe, dona Leda, fazia bijuterias que ele vendia havia algum tempo, batendo de porta em porta.

O desejo de se tornar independente financeiramente, ter melhor condição social e colaborar com a família era latente e vinha desde garoto. Aos 12 anos, treinando basquete no Lindoia Tênis Clube e vôlei na Sogipa, clubes da alta sociedade, já sinalizava a sua inquietação em fazer uma história diferente. Não era apenas o esporte que o levava a novos lugares, mas como atleta podia frequentar o clube, ampliar relacionamentos, e ainda tinha direito a lanche e jantar após os treinos.

Vivendo onde as bijuterias eram produzidas, já conhecendo um pouco mais do assunto, resolveu que por ali havia oportunidade de negócio e que precisava ampliar seu mercado de compradores. Deixou o varejo (a venda para vizinhos e amigos) e, todos os dias, fora do horário escolar, saía com uma grande mala rumo à venda por atacado. Visitava lojas oferecendo os produtos com uma grande vantagem: não precisavam encomendar e aguardar a entrega. Era na base do gostou, pagou, levou. Bijuterias a pronta-entrega na sua porta.

Como o entretenimento se reinventa, a turma do Skema Som aprendeu essa lição bem cedo. Apaixonados por som, os amigos disponibilizaram os equipamentos que tinham em casa e, assim, cumpriram o contrato de tocar no fim de ano na conceituada boate da Sociedade Amigos Praia do Pinhal, distante pouco mais de 100 quilômetros de Porto Alegre. A tragédia ensinou coletivamente que não se pode desistir dos sonhos, moldou a vida desses amigos e os vínculos ficaram ainda mais fortes. Um novo tempo estava chegando.

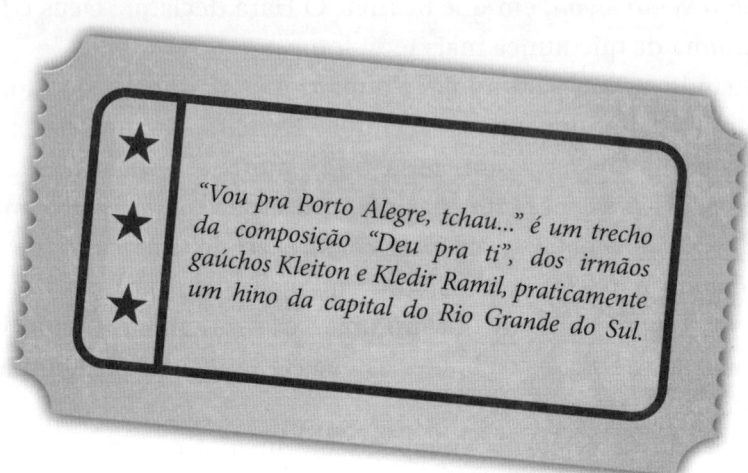

"Vou pra Porto Alegre, tchau..." é um trecho da composição "Deu pra ti", dos irmãos gaúchos Kleiton e Kledir Ramil, praticamente um hino da capital do Rio Grande do Sul.

CAPÍTULO 3

"STAYIN' ALIVE"

O Skema Som, desde 1974, estava em sintonia com o sucesso da discoteca, que vinha se desenvolvendo desde os anos 1960 em vários países da América do Norte e da Europa, bem antes dos icônicos Studio 54, em Nova Iorque, do Papagaio Disco Club, em São Paulo, e da New York City Discotheque, no Rio. Era um produto que poderia se tornar altamente rentável, e a perda dos equipamentos, enormes caixas de som, não poderia ser impeditivo para a sua continuidade. O bom resultado das festas de fim de ano na boate da Sociedade Amigos da Praia do Pinhal animou os rapazes, que repuseram os equipamentos e retomaram os trabalhos.

O vasto repertório da *disco music*, uma vibração sexy, leve e contagiante que colocava todo mundo pra dançar, com os efeitos das luzes do globo giratório coberto de pequenas partículas de espelho preso ao teto, refletindo para todos os lados, fez com que dominassem as festas de Porto Alegre. Desde o desenvolvimento da tecnologia na comunicação, fazendo cola com polvilho para fixar os cartazes nas ruas, até conseguir autorização da prefeitura para instalar um quiosque na Rua da Praia – uma das mais tradicionais, bem como a mais antiga de Porto Alegre –, para venda de ingressos das festas, o Skema Som ia ganhando espaço. O cuidado na produção e na comunicação era tão grande que Dody conseguiu uma cópia em 35 mm do *trailer* do filme *Os embalos de sábado à noite*, que exibiam no telão e, na sequência, o discotecário soltava Bee Gees com "Stayin' alive". Era um delírio! O filme em que John Travolta interpretava Tony Manero, vendedor de uma loja de tintas que à noite se transformava no rei das pistas das discotecas, impulsionou ainda mais o movimento, que ganhou o país definitivamente no ano seguinte, com a novela *Dancin' Days*, na TV Globo.

E foi assim, com a aptidão para gerar negócios e ampliar relações, que um dia, ao buscar uma amiga na saída do Colégio Estadual Dom João Becker, Dody conheceu o diretor social do grêmio, Cicão (Marcantonio Chies). Eram concorrentes na organização de festas, tinham muitos assuntos em comum e um desafio: reabilitar a UMESPA (União Metropolitana dos Estudantes Secundários de Porto Alegre), que estava atuando mais politicamente do que atendendo aos interesses dos estudantes. Dias depois desse encontro, Cicão foi convidado para ser o diretor social da entidade e chamou Dody para compartilhar o posto, estabelecendo uma parceria que já dura mais de quarenta anos.

A UMESPA foi criada em 1956 e representava os estudantes dos ensinos fundamental, médio, técnico e profissionalizante da cidade, uma força enorme no público-alvo das festas, bailes e eventos em geral. Como o país ainda estava nas mãos dos militares, sem eleições diretas, talvez como um ato de rebeldia, até então a diretoria era constituída por representantes do MR-8 – Movimento Revolucionário 8 de Outubro –, jovens participantes da luta armada contra o regime vigente. A mudança da diretoria tinha o objetivo de criar ofertas de entretenimento e esportes, um assunto de que eles entendiam, mas tiveram que encarar uma instituição falida, e, para sair do déficit, partiram para a organização de festas. Foi na UMESPA que conheceram Zilma Chaves, estudante do Colégio Bom Conselho que, ao se unir à dupla, tornou-se testemunha dos primeiros anos do que mais tarde viria a ser a DC Set.

Dody e Cicão, por meio da UMESPA, desenvolveram uma relação com as escolas, ensinando os estudantes a organizar o tradicional baile da escolha da rainha, ponto alto extracurricular do ano letivo. Como algumas escolas não sabiam como fazer, eles acabavam realizando o baile, mas tinham o cuidado de ir de sala em sala estimulando a escolha de uma candidata e ensinando a montar uma torcida. Os ingressos para os bailes eram vendidos, e a melhor torcida sempre ganhava uma viagem de ônibus, geralmente para Gramado, com direito a um café colonial. Os jovens enlouqueciam com essa programação, e perto de trezentas festas foram organizadas, culminando com a escolha da Miss UMESPA. A vencedora disputava o concorrido título de "Rainha das Piscinas", em uma grande festa no estádio do Gigantinho, e foi esse evento que fez com que eles percebessem que algumas vezes teriam que dividir as funções. Na mesma data, em maio de 1979, aconteceria o 31º Congresso da UNE, e a UMESPA precisava estar presente. Enquanto Cicão ficou em Porto Alegre, Dody, Zilma e mais algumas dezenas de jovens viajaram mais de 3 mil quilômetros, numa caravana de ônibus até Salvador, representando os estudantes gaúchos.

Esse não era um congresso qualquer, era a reconstrução da UNE, instituição que agregava os estudantes do país e havia seis anos estava sem diretoria, desde o desaparecimento do presidente Honestino Guimarães. O desaparecimento de estudantes, trabalhadores e ativistas era corriqueiro. Sempre é bom lembrar que muitos foram assassinados, outros simplesmente desapareceram e alguns se exilaram. Nesses encontros, o movimento estudantil ganhava força e transmitia as informações que eram censuradas nos meios de comunicação. Acompanhar essa dinâmica, entender o que acontecia no Brasil de uma forma mais plena do que no âmbito da capital gaúcha, foi de enorme valor para Dody dentro do processo de amadurecimento que estava vivendo. A política até poderia ter sido uma saída para ele, como foi para o estudante baiano Rui Costa, eleito presidente da UNE naquele congresso, e que no ano seguinte participou da fundação do Partido dos Trabalhadores na Bahia, seguindo em cargos eletivos como vereador, deputado estadual, governador e ministro-chefe da Casa Civil. Mas o empreendedorismo na área de eventos falou mais alto para Dody.

Com tantas festas no currículo, era tempo de pensar em algo um pouco maior, que extrapolasse os limites de Porto Alegre, e assim, no dia de Santo Antônio, 13 de junho de 1979, aconteceu na cidade de Carlos Barbosa um show com a assinatura "Dody e Cicão". Distante 100 quilômetros da capital Porto Alegre, a 65 quilômetros da Região das Hortênsias (Canela, Gramado, Nova Petrópolis, Picada Café e São

Francisco de Paula) e a poucos quilômetros dos principais municípios da Região da Uva e do Vinho, a cidade era perfeita para essa experiência. Por ser a terra natal de Cicão, seu pai, Delvino Chies, como amigo do presidente do mais antigo e prestigiado clube daquele local, o Serrano, interferiu para que a festa proposta por dois rapazes de 19 anos acontecesse. Anunciada em toda a região com cartazes nas ruas e no comércio, o Skema Som saía de Porto Alegre em clima de discoteca para conquistar o interior. Com equipamentos de som e luz, a mídia nos cartazes trazia uma frase de impacto: "VENHA BECADO[1] PORQUE PODERÁ SER FILMADO!". Eles pensavam em uma comunicação diferenciada e anunciavam nas faixas e cartazes a festa de sábado com música mecânica (em toca-discos), que era algo muito novo.

Aquela noite estava especialmente fria. Em Cambará do Sul, distante 170 quilômetros, os termômetros do Instituto Nacional de Meteorologia registravam -8,8 °C, uma das mais baixas temperaturas da região, que tem a beleza dos cânions de Itaimbezinho e Fortaleza. Foi um sucesso, todos foram à festa "embecados", vestindo roupas no estilo, e o discotecário tocou Bee Gees, com "Too much heaven", Gloria Gaynor, com "I will survive", Village People, com "YMCA", entre outros sucessos do ano, garantindo a pista cheia. E foi nesse clima que estreou o primeiro das centenas de shows com PRODUÇÃO DODY E CICÃO.

O bom resultado da gestão da dupla à frente da UMESPA os levou a organizar muitas festas, como o Miss UMESPA, com a presença de Glória Pires e Lauro Corona, estrelas da novela *Dancin' Days*, e o congresso da UGES – União Gaúcha dos Estudantes Secundaristas em Santana do Livramento. Distante quase 500 quilômetros de Porto Alegre, fronteira com o Uruguai, a cidade tinha um único problema: não havia clube ou espaço para o evento. Como apenas um marco na rua principal dividia os territórios dos dois países, de um lado Santana do Livramento, do outro Rivera, foi só atravessar a rua para encontrarem o salão de festas e, assim, no Uruguai, os estudantes gaúchos celebraram o congresso.

---

1 Becado, ou embecado, era uma gíria da época que significava bem-vestido, elegante. Nota da autora.

"Stayin' Alive" é uma das canções icônicas da banda Bee Gees, de autoria de seus integrantes Barry, Robin e Maurice Gibb, lançada em 1977, e foi a trilha do filme *Saturday Night Fever*, no Brasil *Os embalos de sábado à noite*. Foi escolhida pela revista *Rolling Stone* como uma das 500 melhores canções de todos os tempos.

CAPÍTULO 4

"LÁ VEM O BRASIL DESCENDO A LADEIRA"

1980 foi um ano bissexto, que começou numa terça-feira, com Lua cheia. Ainda sob o regime militar, estava no poder o general João Figueiredo, o quinto presidente não eleito pelo povo. A inflação chegava ao patamar histórico e recorde de 100%, a economia passava por períodos de recessão e desaceleração, era alta a taxa de desemprego, os salários estavam desvalorizados e os brasileiros viviam um grande aperto. Com a inflação disparada, os preços eram reajustados nos supermercados às vezes mais de uma vez por dia, e quem tinha poder aquisitivo estocava mantimentos em casa. Mas para quem tinha 20 anos de idade, isso era um detalhe.

Sem saber aonde as festas poderiam levá-los, a vida foi seguindo. Dody pensava em estudar publicidade, Cicão estudava análises químicas, poderia seguir na área das ciências médicas, mas aos poucos foi definindo o gosto como empreendedor. Eles não sabiam o que era estratégia de marketing, e, inconscientemente, só para deixar claro que o que faziam era diferente, passaram a colocar no material de promoção a assinatura PRODUÇÃO: DODY E CICÃO. À medida que os pedidos para realizar festas foram aumentando, decidiram investir no que parecia ser um futuro promissor e, provisoriamente, se instalaram no escritório da AMESNE, uma entidade que congrega vários municípios da encosta superior do nordeste do Rio Grande do Sul, em cuja diretoria o pai de Cicão atuava. Não demorou a terem um escritório próprio, na Rua dos Andradas, e compraram um carro, um Dodge Dart verde com capô preto que consumia 1 litro de gasolina para cada 4 km, uma despesa e tanto para os rapazes. Foi o primeiro investimento da sociedade, e só Dody dirigia, pois Cicão ainda não tinha habilitação, e era usado para irem a lugares especiais, onde podiam mostrar que eram empresários em ascensão.

No verão de 1980, durante dois meses o Dodge Dart se transformou em hotel, pois praticamente todos os fins de semana a dupla realizava festas, numa faixa de 80 quilômetros, que ia das praias de Torres, na divisa com Santa Catarina, até Cidreira, a primeira praia, saindo de Porto Alegre. O patrocínio da Vodka Orloff permitia que o porta-malas estivesse sempre repleto de garrafinhas do produto, que eram distribuídas aos dirigentes dos clubes onde faziam as festas. Ainda cabia ali uma fantasia de Scooby-Doo, personagem da campanha da Pepsi-Cola, outra patrocinadora. Em cada festa, o Scooby-Doo saía do bagageiro, personificado por alguém da equipe, para fazer valer o patrocínio. A questão era o calor de mais de 30 graus, e a disputa ficava entre Dody e Cicão, já que ninguém queria vestir a fantasia. Ainda no porta-malas, viajavam diversos instrumentos de percussão, como tarol e pandeiro, que utilizavam para fazer um som em barzinhos e, em contrapartida, bebiam e comiam de graça.

Como o Dodge Dart dava muita despesa e acabava ficando mais tempo na garagem, continuavam usando ônibus e, assim, juntaram um dinheiro e foram, numa noite, ver um Passat que estava à venda. Na garagem da casa do proprietário, o carro estava lindo, o capô dourado, compraram na hora, pagaram com dinheiro vivo e, à luz do dia seguinte, a decepção: o para-lama era de uma cor, o para-choque de outra, mas era o que dava para ter. Ao menos o gasto com a gasolina era menor e não precisavam andar de ônibus.

Dody e Cicão tinham criado uma enorme rede de seguidores; nos dias de hoje seriam considerados *influencers*. Conheciam o público formado por jovens do ensino médio e sabiam como pensavam, pois pertenciam à mesma faixa etária e grupo de amigos. Contratados para realizar festas com os mais diversos perfis, de bailes de debutantes a aniversários de clubes, começaram a ganhar dinheiro e a recusar propostas quando eram chamados apenas para produzir. Preferiam ser donos das festas. Administravam a bilheteria, faziam a divulgação e criavam o diferencial dando nome aos eventos, como Top Jovem, Cascalho Time, Magna Vox, cada um com características próprias. A Magna Vox, por exemplo, tinha as novidades da música internacional nos discos que chegavam à pista antes das rádios. Sempre havia uma surpresa, como bolhas de sabão no meio do salão, fumaça de gelo seco, enfim, tudo considerado moderno e inovador. Uma pequena câmera filmadora e um projetor alugado jogavam as imagens do público em um lençol branco que fazia as vezes de telão, animando a festa. Uma parede de caixas de som impressionava, e tudo tinha ares de superprodução. Atentos a todos os movimentos musicais, quando surgiram as rádios FM, criaram a festa "Na Ponta da Antena" e contrataram como atração os dois locutores à frente dos programas de maior audiência na Rádio Cidade, em Porto Alegre. O público só conhecia a voz deles e delirou com a presença ao vivo dos radialistas, que foram elevados à categoria de artistas.

Preocupados com a superexposição, e com uma visão de marketing totalmente intuitiva, mesmo com tantos convites de clubes, só voltavam ao mesmo local três meses depois, levando algo novo. Ainda que precisassem de dinheiro, resistiam, para não ceder à tentação de banalizar as festas. Queriam que os frequentadores tivessem saudade e disputassem ainda mais os ingressos. Chegaram a um ponto de conhecimento de produção, espaços, equipamentos e logística que perceberam o futuro apontando para a área de shows, entendendo que teriam que competir com empresas conceituadas, que levavam os grandes artistas para Porto Alegre e para o sul do Brasil. Eles sabiam que não teriam muito espaço, mas por que não tentar?

Analisando os concorrentes e o mercado de shows no sul, Dody viu que havia uma brecha ainda intocada: o interior. Os artistas iam para a região em turnês nas capitais (Curitiba, Florianópolis e Porto Alegre), e, em razão da curta distância entre as cidades, as viagens podiam ser feitas por transporte terrestre. Em Porto Alegre, um artista de renome se apresentava no Gigantinho. Já um de MPB e de médio porte, no Teatro Leopoldina ou em clubes. Havia empresas que se relacionavam muito bem com Marcos Lázaro e Junior Vanucci, os grandes empresários no eixo Rio–São Paulo, e atendiam a essa demanda padrão. Então, Dody e Cicão começaram a pensar que a estratégia seria oferecer não apenas um ou dois shows em Porto Alegre, mas uns oito ou dez numa turnê pelo interior, que eles conheciam muito bem, por terem realizado dezenas de festas na região. No fim de semana, o show de abertura seria num grande espaço na capital, para gerar mídia, e, durante a semana, dias em que artistas e bandas estariam parados, seguiriam para o interior.

Nessa época, em Curitiba, um rapaz da mesma idade também iniciava prospecção nesse mercado. Helinho Pimentel tinha feito um show no fim de 1979 e gostara da experiência. Trabalhando em rádio, estava mais perto dos artistas, e surgiu a oportunidade de realizar as turnês no Paraná, em Santa Catarina e no Rio Grande do Sul com A Cor do Som, Baby & Pepeu e Moraes Moreira, artistas em alta nas rádios e na venda de discos. O primeiro seria A Cor do Som, um grupo formado por músicos que haviam atuado com os Novos Baianos, até Moraes Moreira partir para a carreira solo. Em 1977, A Cor do Som seguiu sozinha, experimentando novos padrões de som, misturando rock, ritmos regionais, música clássica. Gravaram o primeiro disco, e no ano seguinte já brilhavam no palco do tradicional Montreux Jazz Festival, na Suíça. Com sua formação clássica – Armandinho (guitarra, bandolim e guitarra baiana), Ary Dias (percussão), Dadi Carvalho (baixo), Gustavo Schroeter (bateria) e Mú Carvalho (teclados) –, o grupo estava estourado no eixo Rio–São Paulo, com *hits* como "Swingue menina", "Abri a porta" e "Beleza pura".

A turnê teria em torno de dez shows de cada um dos artistas, e, sem saber por onde começar com as demais praças, pois só dominava o Paraná, Helinho telefonou para a Warner, gravadora com a qual os artistas tinham contrato, pedindo indicação de algum produtor ou parceiro no Rio Grande do Sul. Passados alguns dias, alguém ligou informando que tinham ouvido falar de uma tal "Dody e Cicão Produções" em Porto Alegre, que fazia eventos estudantis e era bem-conceituada no mercado. Em uma conversa por telefone, Helinho vendeu parte dos shows e, com isso, Dody e Cicão iriam entrar no mercado do Rio Grande do Sul com artistas de enorme respeito. Começariam por cima.

Para fazer esse trabalho, que era novo, praticamente criaram um manual de como produzir shows. Era aprender fazendo, visitando cada cidade, não apenas para contratar carregador, buscar parceiros, hotéis, restaurantes, vender ingressos. A questão principal era o marketing, fazer o corpo a corpo, ir às rádios para se aproximar do comunicador que daria mais ênfase às chamadas, envolvendo, assim, o público da localidade. Criaram uma network, uma relação de amigos em cada cidade, parceiros, que tinham lá suas atividades e se envolviam baseados na cartilha que eles apresentavam. Mas havia muito que aprender no interior, como as peculiaridades que surgiram, por exemplo, em cidades como Caxias do Sul, a cidade natal de Dody.

Considerada uma das cidades mais ricas do estado, inexplicavelmente não havia um local para shows. Mas, como o potencial de receita ali era melhor que o de algumas outras cidades, ela tinha que estar na turnê. Assim, criaram um espaço ao ar livre, no clube Recreio da Juventude. Um belo gramado num terreno com declive, passava até a sensação de estar num anfiteatro. O palco era montado na parte mais baixa, eles o cercavam como era possível, e o que era mais interessante: o público não conseguia ver a maioria dos shows. Geralmente à noite a neblina ia baixando, cobria o palco e os artistas desapareciam. Ficava só aquele clima de ouvir a música e os efeitos das luzes piscando no palco.

Um dos primeiros desafios nessa turnê foi o preço dos ingressos, que não poderia ser o mesmo da capital, e a projeção de faturamento teve que ser revista. Precisavam vender ingressos para ter capital de giro, mas não havia o hábito de compra antecipada. Era uma loteria total. No dia do show, chegavam pela manhã, abriam a bilheteria com uma pilha de ingressos tipográficos, e a sorte estava lançada. Podiam vender mil, dois mil, três mil, não tinham noção. Era um mercado totalmente sem credibilidade, com muitas histórias de clubes que compraram shows por meio de um intermediário que ficava com o dinheiro e desaparecia. E ainda havia outro fator: o público não estava acostumado a shows com artistas renomados. Isso significava desbravar um terreno acreditando que seria promissor.

O improviso era constante, principalmente em relação à mão de obra especializada, que não existia. Carregadores eram convocados entre garçons, office boys, motoristas, e nem todos apareciam na hora combinada – como disse Césio Lima, que viajava com os artistas, pois já despontava como um promissor *light designer*, "show business é feito de carregadores e garrafinhas de água". Mas a grande preocupação era corresponder às expectativas do artista e do público, pois estavam plantando um novo negócio, e a prioridade era a tecnologia. Contratavam o que havia de melhor em som, luz e palco, para que público e artista se sentissem seduzidos quando vissem o anúncio para um show DODY E CICÃO.

O impacto que provocava o caminhão com equipamentos chegando às cidades era grande, mostrando a diferença. Como na música de Moraes Moreira, esses artistas oriundos do mesmo movimento, com um som baiano pulsando nas veias, era a perfeita imagem do Brasil "descendo a ladeira", do Sudeste para o Sul, trazendo o que havia de referência em shows. Um dos aprendizados foi que nem sempre um artista "estourado" no eixo Rio–São Paulo agradava às plateias do Sul, e sucesso não se explica. A Cor do Som e Baby & Pepeu foram bem, mas com Moraes a bilheteria foi menor e o prejuízo chegou, como num efeito dominó. Tinham que pagar para Helinho, que tinha que pagar a Valéria Colela, empresária do artista, que tinha que pagar a Maninho, transportador do som e da luz do Rio de Janeiro, a Roldão, que tinha o melhor equipamento de som da época, e a Césio Lima, que fazia luz. E havia a inflação galopante, um buraco sem fim que desestruturava a forma como geriam as finanças, à base de promissórias e cheques pré-datados. Chegaram ao ponto de não terem cheques, pois os talões tinham acabado, e com saldo baixo o banco não liberava novas folhas.

Para melhor compreensão de quem é do tempo do Pix: nota promissória é o registro de uma dívida, uma promessa de pagamento pelo devedor. Com assinatura e preenchida corretamente, tem valor legal e pode ser cobrada na justiça. Cheque é um instrumento de pagamento em papel, fornecido pelos bancos, que permite aos titulares de contas de depósito movimentar fundos que se encontrem imediatamente disponíveis. Cheque pré-datado é o cheque tradicional, em que a data de pagamento desejada é escrita na parte de baixo da folha.

A essa altura, o problema não era apenas de Dody e de Cicão, mas também de Helinho, que era a ponta da relação com o mercado que se abria para eles e que poderia ser fechada, caso não honrassem o combinado, acabando com as boas referências de todos. A situação foi resolvida com um empréstimo do pai de Helinho, que ocupava um alto posto num ministério em Brasília. Em tempos em que as transferências monetárias interestaduais levavam dias para chegar, o pai, aflito, pegou um avião e trouxe o dinheiro vivo para salvar os rapazes. Meses depois, recuperados economicamente, quando Dody e Cicão foram pagar o empréstimo, Dr. Hélio Pimentel abriu mão da correção monetária e selou a amizade: "Só por vocês terem honrado a dívida e serem amigos do meu filho, paguem só o que eu emprestei".

Apesar dos percalços, essa turnê deixou, entre os vários resultados positivos, o mapeamento do interior do estado, o reconhecimento entre empresários, artistas e gravadoras do eixo Rio–São Paulo de que os rapazes do Sul eram confiáveis e o fortalecimento de uma amizade que rende frutos até hoje. As festas e os bailes continuavam. Ainda à frente da UMESPA, Dody fez uma visita à Escola Nossa Senhora da Glória – o colégio das freiras –, para incentivar as torcidas e conhecer a candidata ao concurso Miss UMESPA. Cruzou seu caminho Fernanda Campos Soares, uma estudante com pouco mais de 15 anos, que a partir daquele ano faria parte dos seus sonhos.

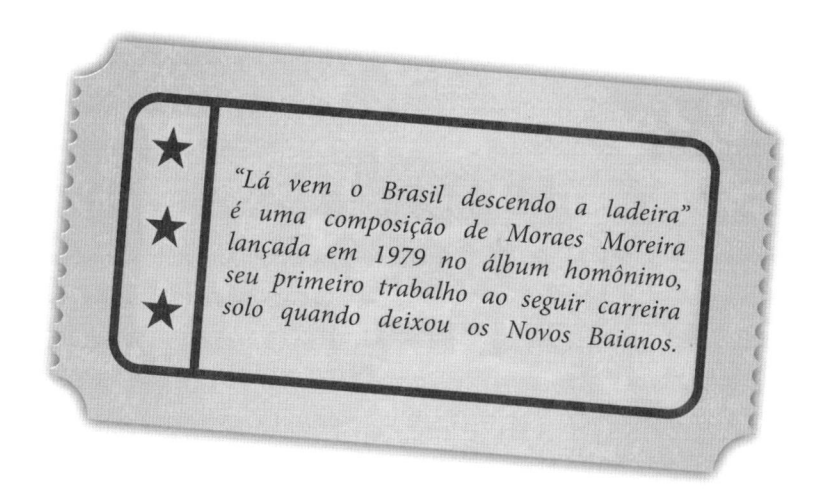

"Lá vem o Brasil descendo a ladeira" é uma composição de Moraes Moreira lançada em 1979 no álbum homônimo, seu primeiro trabalho ao seguir carreira solo quando deixou os Novos Baianos.

CAPÍTULO 5

"WE ARE THE CHAMPIONS"

Em abril de 1981, um dia antes de duas bombas explodirem um carro no Pavilhão do Riocentro (Rio de Janeiro) durante um show comemorativo precedendo o Dia do Trabalho, Dody e Cicão estreavam como produtores de shows, apresentando Kleiton e Kledir no Clube Comercial, em Porto Alegre. Mesmo já tendo uma boa relação com os irmãos Ramil, que se estabeleceu em 1978, no show com diversos artistas gaúchos em um verão na Praia de Tramandaí, a posição agora era diferente. A experiência como realizadores de bailes e concursos de beleza, as tantas incursões levando discotecas para o interior e as turnês de Baby & Pepeu, Cor do Som e Novos Baianos os credenciavam a investir em uma nova área e enfrentar os concorrentes já estabelecidos.

O período político não era dos melhores. O fato acontecido no Rio de Janeiro, quando um sargento morreu e um capitão do Exército ficou ferido, no local onde acontecia um show de MPB celebrando o Dia do Trabalho, com mais de 20 mil pessoas na plateia, era assustador. Musicalmente, mesmo no período político e econômico mais crítico, os anos 1970 haviam sido pródigos. O sucesso da *dance music* nessa época não interferiu no crescimento da MPB, que contava com o *boom* dos festivais da TV Record e depois os da Globo, em que se destacavam Caetano, Chico Buarque, Gilberto Gil, Jorge Ben, Tom Jobim, abrindo caminho para outros tantos talentos. O quarteto vocal MPB4 foi um desses novos talentos – surgiu em 1965 e sempre contestou os rumos que o país tomava. No LP *Bons tempos, hein?!* de 1980, gravaram "Circo de marionetes", música dos irmãos gaúchos Kleiton e Kledir, integrantes da banda Os Almôndegas, e esse encontro rendeu frutos. No ano seguinte, para o novo LP, escolheram duas obras dos rapazes, "Viração" e "Vira virou", sendo que a última deu título ao disco.

Kledir me ajuda a contar essa história e relembra que, no momento em que o MPB4 gravou "Vira virou" e se tornou sucesso nacional, consequentemente foi convidado para participar da excursão do quarteto, e assim nasceu a dupla Kleiton e Kledir. Eles faziam um show dentro do show do quarteto, e a apresentação no Teatro Leopoldina, em Porto Alegre, foi um acontecimento, pois havia pouco tempo eram apenas os garotos da banda Os Almôndegas, formada com amigos da faculdade.

Encarar um palco em dupla era bem diferente de fazer participação num grande show, mas Kledir vislumbrava um começo para os irmãos. Era algo como encontrar um caminho para trabalhar com os jovens da cidade e transformar isso num evento. E foi então que aconteceu o show de Kleiton e Kledir, no dia 29 de abril, às 21h, acompanhados de cinco músicos no palco. A partir desse período, a produção de shows se tornou a base profissional de Dody e Cicão, por mais de quatro décadas. O cartaz seguia a tendência do *design* da época, com a ilustração de um trem. Com auxílio de seu João e de seu Delvino no controle de acesso e na bilheteria e uma rede de parentes e amigos colaborando, um novo tempo começava.

O ano estava sendo muito revelador e se tornou mais incrível quando Dody leu em algum jornal do Rio de Janeiro que Jose Rota estava de passagem pelo Brasil, acertando detalhes para uma turnê, em 1981, da banda Queen no Brasil. O empresário da banda, Jim Beach, autorizara Rota, argentino radicado nos Estados Unidos e diretor da gravadora EMI-Odeon, a buscar produtores locais. Com pouco domínio do inglês, Dody se sentiu mais confortável em conversar com um latino e telefonou para todos os hotéis 5 estrelas, até descobrir onde ele estava hospedado. Por sorte e graças à boa vontade da telefonista do Hotel Sheraton, conseguiu falar com Rota e agendou um encontro.

Realmente, Dody não pensava pequeno. O sucesso do Queen, que começou em 1971 com o dinâmico e carismático Freddie Mercury como vocalista, Brian May na guitarra, Roger Taylor na bateria e John Deacon no baixo, vinha numa trajetória ascendente desde os anos 1970. Em 1975, Mercury atingiu o topo com "Bohemian Rhapsody", ao fazer a fusão do rock com a música clássica. A música, com quase seis minutos de duração, por mais de quatro décadas conquistou o Disco de Diamante nos Estados Unidos, com mais de 10 milhões de cópias vendidas.

Voltando a 1980, os rapazes do Queen haviam gravado *The Game*, um álbum que trouxe o sucesso pop "Another one bites the dust", homenageando o estilo Elvis Presley, e o *rockabilly* "Crazy little thing called love", e prosseguiram com "We will rock you" e "We are the champions". A gravadora EMI-Odeon estava investindo milhões de dólares nos shows europeus, e The Game Tour foi uma superturnê que iniciou no Canadá no dia 30 de junho de 1980, seguindo pelos Estados Unidos, Suíça, França, Alemanha, Holanda, Inglaterra, Bélgica, França, Japão, Argentina e Brasil, terminando no Canadá 16 meses depois.

Foi Rota quem propôs a Jim Beach essa turnê. O Queen estava no auge, e, como já tinha conquistado a América do Norte e a Europa, a América do Sul acenava com possibilidades de faturamento e novo mercado para venda de discos. Dody não titubeou, comprou uma passagem aérea em prestações a perder de vista e foi ao encontro de Rota. Apesar do "portunhol", conseguia se fazer entender e ainda tinha um facilitador: o empresário paulista Marco Antonio Tobal, que havia algum tempo atuava na contratação de artistas internacionais, assessorava os gringos.

O encontro foi incrível, houve uma empatia natural, receberam de forma positiva a possibilidade de um show em Porto Alegre, e Dody convenceu o argentino a verificar se o Estádio Beira-Rio atendia às exigências da banda. E lá foi Rota para o Sul. Sim, tudo em ordem, local perfeito. Naquele início dos anos 1980, contavam-se nos dedos os shows internacionais no Brasil. Era período pré-Rock in Rio, e, além de poucos locais com estrutura para abrigar grandes turnês, as bandas tinham que trazer todo o equipamento, do som à luz, pois a tecnologia no país estava ainda em tempos de gambiarras.

Com show marcado para o dia 13 de março, passando a constar na agenda oficial divulgada pela banda, além de mais uma praça para apresentação, havia um ponto estratégico: a apresentação na capital gaúcha favorecia a logística das 100 toneladas de equipamentos, que viajavam em caminhões e entrariam na América do Sul pela Argentina, onde aconteceriam os primeiros shows. Com Porto Alegre no roteiro, os equipamentos partiriam de Buenos Aires logo após o último show, no estádio Vélez Sarsfield, no dia 8 de março, percorreriam 1.300 quilômetros no máximo em três dias, fariam o show na capital dos pampas e seguiriam mais 1.100 quilômetros até São Paulo, para apresentação no Estádio do Morumbi dias 20 e 21. Tudo com tempo para qualquer eventualidade.

Patrocínios e parcerias acertadas, mídia na rua, ingressos prontos para venda, contrato com o estádio aprovado pelo jurídico, só faltava o presidente do Clube Internacional, José Asmuz, colocar sua assinatura. Inacreditavelmente, os deuses do show business não conspiraram a favor. Dois fatos são apontados: o medo da revolta da torcida depois de uma goleada de 4 x 0 que o Internacional levou do Vasco dia 25 de janeiro, no Maracanã, em jogo do Campeonato Brasileiro de 1981, e a perda da contratação do jogador Zenon, que estava no Al Ahli, um clube árabe. Asmuz tinha anunciado a aquisição, mas foi atropelado pelo presidente do Corinthians, Vicente Matheus, que foi pessoalmente buscar o jogador nas Arábias. A torcida estava enfurecida com as duas situações, e, com medo de ser linchado, pois naquele tempo usar o gramado sagrado do futebol era quase uma ofensa, Asmuz cancelou o show. Foi o rock'n roll que perdeu. Foi a cidade que sairia na frente como palco para grandes shows internacionais que perdeu. Mesmo chateado, a ponto de não querer assistir ao Queen em São Paulo, Dody não perdeu de vista o desejo de voar mais alto, ainda mais agora que tinha se aproximado de Jose Rota.

Com o estrondoso sucesso do Queen e a exclusividade da TV Bandeirantes para transmissão ao vivo do Morumbi e entrevista com os músicos, Rota se aproximou de Johnny Saad, na época apenas o jovem filho do dono da emissora, hoje presidente, e, junto com Dody, começaram a prospectar outros shows internacionais. Todas as vezes ao longo desses anos em que conversei com Dody sobre a entrada de Rota em sua vida, ele disse que nunca conseguiu entender como um alto executivo do show business deu tanto espaço para um rapaz gaúcho com pouco mais de 20 anos que nem falava bem inglês. A partir dessa relação, foi aberta uma ponte aérea Porto Alegre–São Paulo, com muitas reuniões na Band, em que Rota tinha uma sala. Com um incrível atrevimento, Dody dizia "deixa que eu cuido do Brasil", mas ninguém sabia quanto custava essa ousadia, nem o esforço investido para se tornar um empresário internacional.

Rota estava se desligando da gravadora EMI-Odeon e investindo num escritório em Los Angeles. Mesmo com cancelamento de shows em cidades como o Rio – por questões políticas com o governador Leonel Brizola –, Porto Alegre e outras sul-americanas, o resultado da turnê do Queen aguçou seu olhar para um próspero negócio na região. Com prestígio e bom relacionamento no mercado fonográfico e as parcerias recém-construídas, principalmente no Brasil, um novo mundo surgia. Dentro desse panorama, Rota acenou para Dody com a possibilidade de uma turnê de Stevie Wonder para meados de 1981.

Para contextualizar a envergadura de Stevie Wonder, no ano anterior "Hotter than July" havia sido o seu primeiro álbum a receber um Disco de Platina, e "Happy birthday", que compôs em homenagem a Martin Luther King, assassinado em 1968, se transformou em uma campanha, com cerca de 25 mil pessoas marchando até o Monumento a Washington, para que o aniversário do líder se tornasse feriado nacional. E foi nesse espírito desafiador, sem nunca terem saído do Brasil, que Dody e Cicão partiram para a Califórnia. O voo da Aerolíneas Argentinas saía de Buenos Aires, num longo percurso com escala em Lima, até chegar ao destino, onde foram recepcionados no aeroporto por Rota, que dirigia um Mercedes-Benz conversível e os acomodou em uma limusine rumo ao Beverly Hills Hotel. Com o melhor humor, Cicão lembra que não sabia dizer *no*, assim como Dody não sabia dizer *yes*.

O hotel era um encantamento, e ainda é. Quando inaugurado, em 1912, era cercado por campos de plantações, e o bairro, com o mesmo nome, só surgiu dois anos depois. O Pink Palace, como também é conhecido, por seu prédio cor-de-rosa no estilo arquitetônico dos tempos das missões, era o favorito de celebridades como Marilyn Monroe. Elizabeth Taylor passou ali suas luas de mel com seis de seus oitos maridos. O local também era o preferido para encontros secretos dos notáveis da indústria do entretenimento e do cinema. Tudo era novidade para os gaúchos, que, aos 21 anos, se surpreenderam com a automação das janelas da suíte, cujas cortinas subiam e desciam quando se apertava um botão, e não entenderam por que uma luz vermelha piscava no telefone. Demorou para descobrirem que a luz era aviso de que havia um recado – no caso, de uma tia de Cicão que morava em São Francisco, e já estava na hora de voltarem.

Stevie Wonder havia passado no Brasil uma única vez, em 1971, trazido pelo empresário Marcos Lázaro, para apresentação no dia 26 de junho, no Teatro Record, na entrega do Troféu Roquette Pinto. Grande festa, com celebridades nacionais como Hebe Camargo, Ângela Maria, Roberto Carlos e Ivan Lins. No dia seguinte, domingo, foi a principal atração do *Programa Flávio Cavalcanti*, na TV Tupi, Rio de Janeiro, e como assessora do apresentador tive o privilégio de assistir a essa apresentação. Stevie já era um grande sucesso como multi-instrumentista (piano, órgão, bateria e harmônica) e compositor, desfilando em suas apresentações os sucessos "For once in my life", "My cherie amour", "Yester me, yester you, yesterday", "Uptight" e a nossa "Sá Marina", cantada como "Pretty world".

Na curta viagem de negócios, em três noites no hotel nem tiveram tempo de perceber que havia uma piscina. Só conversaram com o único garçom que falava espanhol, realizaram reuniões, amaram encontrar Stevie Wonder e, finalmente, compraram os shows para Porto Alegre e outro empresário brasileiro comprou para o Rio de Janeiro. Voltaram felizes, conseguiram o empréstimo bancário necessário para arcar com os custos, mas os shows não aconteceram. O empresário carioca não honrou o contrato, e 60 dias antes da data marcada o show foi cancelado. Os 50 mil dólares investidos se perderam. Mas, como há sempre um final feliz, em 1983 finalmente conseguiram ser promotores de uma atração internacional: Van Halen.

Quem se lembra desse show é a empresária Denise Godinho, na época uma garota que acabara de voltar dos Estados Unidos. Lá concluíra a High School, ingressara na faculdade de Letras e dava aulas de Inglês no Yázigi, onde Dody se matriculou para afinar o idioma. Na verdade, ela mal começara como professora, quando foi indicada pelo titular da escola para trabalhar como intérprete. Denise nunca tinha ouvido nem lido nada a respeito do Van Halen, mas o que ia receber para ser a intérprete durante poucos dias era muito sedutor. Quando se viu no carro sentada entre Eddie Van Halen e David Lee Roth, descobriu que queria trabalhar com shows. Nascia ali um novo caminho, não apenas para Dody e Cicão, mas para todos que foram se envolvendo nos primeiros desafios dessa incrível trajetória.

O quarteto Van Halen chegou cumprindo a turnê de *Diver Down*, e quem passou pelo Gigantinho ou foi aos shows no Ibirapuera (São Paulo) e no Maracanãzinho (Rio) pôde comprovar. O jornal *Zero Hora* noticiou que, no dia 1º de fevereiro de 1983, o som, ligado em volume médio, chegava a um raio de cerca de 10 quilômetros. O grupo americano era um dos principais nomes do *hard rock* naquele começo dos anos 1980. Os grandes destaques eram o guitarrista Eddie Van Halen, reconhecido como um dos melhores de todos os tempos, e o vocalista David Lee Roth. Impressionaram o público, que lotou o ginásio, quando cumprimentaram com um "estamos em Porto Alegre e é trilegal", com sotaque gaúcho. Não apenas o som era incrível, havia também cenário e uma tecnologia até então pouco conhecida. Até hoje os roqueiros gaúchos que passaram dos 60 anos se lembram dessa noite e do clima descontraído com que a banda interagiu com a cidade, a ponto de circularem pela rua da praia em busca de hambúrguer em alguma lanchonete. Como resultado desse contrato, e por terem cumprido com sucesso o compromisso, a dupla Dody e Cicão passou a fazer parte do grupo de reconhecidos e confiáveis produtores de eventos internacionais no país. Com credibilidade, os caminhos estavam se abrindo para eles como empreendedores, aos 22 anos de idade.

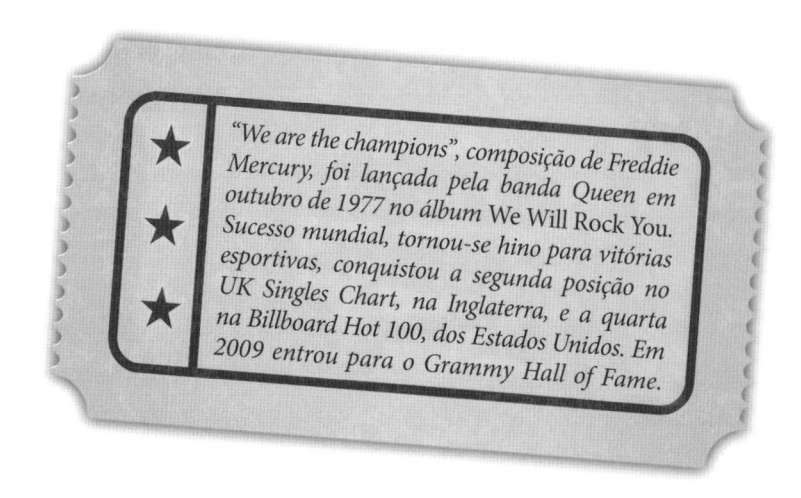

"We are the champions", composição de Freddie Mercury, foi lançada pela banda Queen em outubro de 1977 no álbum We Will Rock You. Sucesso mundial, tornou-se hino para vitórias esportivas, conquistou a segunda posição no UK Singles Chart, na Inglaterra, e a quarta na Billboard Hot 100, dos Estados Unidos. Em 2009 entrou para o Grammy Hall of Fame.

CAPÍTULO 6

"THE SHOW MUST GO ON"

Um dos bons resultados do show do Van Halen foi a relação construída com Alfredo Capalbo, o maior empresário da Argentina e dos países adjacentes. Com alguns problemas que ocorreram durante a turnê em outras cidades, os músicos queriam cancelar as apresentações na Argentina e no Uruguai. Para resolver a questão, Capalbo foi a Porto Alegre e, com a ajuda de Dody, conseguiu contornar a situação. Na despedida, ficou selado um acordo de boas parcerias entre um experiente empresário que ainda não havia conquistado o Brasil e o jovem gaúcho ávido por se realizar no mundo do show business. E, para começo de conversa, foi oferecido Julio Iglesias, um dos artistas internacionais que o argentino representava nessa região das Américas.

Para mostrar a envergadura de Julio Iglesias, é necessário um comparativo com Michael Jackson na mesma época. Jackson era o maior nome da música pop desde novembro de 1982, ao lançar *Thriller*, disco que em poucos meses chegou ao topo da parada americana e bateu o recorde de oito Grammy Awards, incluindo o de Álbum do Ano. Nos anos 1980, os Estados Unidos viviam a guerra dos comerciais de refrigerantes, e, nesse contexto, Coca-Cola e Pepsi disputavam em vendas e em criatividade. Após lançar *Thriller*, o artista fechou um acordo de 5 milhões de dólares com a PepsiCo. No dia 27 de janeiro de 1984, quando gravava um comercial para o refrigerante, ao descer uma escada do Los Angeles Shrine Auditorium, os fogos de artifício que dariam um efeito especial à cena explodiram antes do tempo, causando queimaduras no artista. Foi um baque para a Pepsi, que estava com uma grande campanha a ser lançada. A Coca-Cola viu que era uma oportunidade para se posicionar no mercado, contratou uma pesquisa para saber quem poderia concorrer com Jackson e o resultado foi Julio Iglesias. Assim, o "cantante" assinou um contrato de "más de 3 mil millones de pesetas", o equivalente na época a 20 milhões de dólares. Além de uma série de anúncios, constava também uma turnê mundial.

Iglesias, ex-jogador de futebol, desde 1968, ao vencer o Festival Internacional da Canção de Benidorm com a canção "La vida sigue igual" – que anos mais tarde foi tema do filme homônimo sobre sua vida –, construíra uma carreira de sucesso. De festival em festival foi conquistando a Europa, cinco anos depois já tinha vendido 10 milhões de cópias, e em 1977 eram 35 milhões em todo o mundo. Em uma incrível progressão, em 1984, ao lançar *1100 Bel Air Place*, entrou definitivamente no mercado musical norte-americano, vendendo mais de 3 milhões de cópias no país. O dueto com Willie Nelson em "To all the girls I've loved before" atingiu a primeira posição na Billboard Country Charts e ficou entre as cinco primeiras na Billboard Hot 100. Era nesse artista que a Coca-Cola estava de olho, e Capalbo, como agradecimento a Dody por ter resolvido a questão com Van Halen, o ofereceu a ele.

A relação de Capalbo com Julio era antiga. O cantor espanhol tinha como empresário o irmão Carlos Iglesias e fizera diversos shows em países da América do Sul, sempre produzidos pelo argentino todo-poderoso. Com o patrocínio da Coca-Cola, Carlos vislumbrava na turnê mundial uma longa passagem pelo Brasil. O encontro de Julio com os brasileiros começou a se consolidar quando, em março de 1981, a gravadora CBS o trouxe ao Rio de Janeiro para dar entrevista a três órgãos de imprensa e receber Discos de Ouro correspondentes às vendas de 150 mil cópias dos LPs *Emociones* e *Hey*. Julio foi entrevistado pela escritora deste livro para o "Segundo Caderno" do jornal *O Globo*, quando declarou que queria fazer no Brasil o mesmo sucesso que na Argentina, França, Itália, México, Estados Unidos, Japão e Filipinas, sendo que nestes dois últimos países ele cantava no idioma local. E ainda acrescentou: "Que me queiram, gostem da minha música e me aceitem". Com o sucesso rolando a toda nas rádios, Julio já estava aceito, e, no ano seguinte, em 1982, o show no Estádio do Flamengo produzido por Roberto Medina o colocou no topo.

Com essas possibilidades no mercado nacional, Dody aceitou o convite de Capalbo para um encontro com Carlos em Buenos Aires e para lá seguiu com Rota. Levava na mala uma proposta inédita para agradar ao patrocinador e ampliar a carreira do artista no país, gerando reflexos em todo o mundo: uma ousada turnê por 12 capitais, com shows apenas em estádios. Outros artistas haviam se apresentado especificamente em estádios, como Frank Sinatra e Queen, mas não em uma turnê apenas em estádios. A proposta encheu os olhos de Carlos, pois seria uma consagração para o irmão. Capalbo desejava expandir sua área de atuação para o Brasil e, estando à frente dessa turnê faraônica produzida pela DC Set, teria enorme poder na América do Sul. No entanto, depois da primeira reunião, Carlos surpreendeu ao tirar o argentino do esquema e assinar com o jovem gaúcho. "Quero ser sócio nessa turnê e confio em ti", disse Carlos ao se despedir e voltar para cuidar dos negócios do irmão na América. Dody retornou para Porto Alegre exultante. Aos 24 anos, estava a alguns passos do sonho que só esperava realizar depois dos 30. Reuniu a equipe e convidou Atílio Vanucci Jr., experiente promotor de shows internacionais radicado em São Paulo, para ser seu parceiro. Criaram um sofisticado projeto de cidades, logística, produção técnica e um eficiente plano de comunicação interagindo com todas as praças, numa parceria com a TV Globo. É importante lembrar que, nos anos 1980, fazer shows em estádios era uma operação complexa. O gramado era tido como intocável, não podia ser ocupado por uma multidão, e dois anos antes eles já tinham passado pela experiência no Estádio Beira-Rio, quando tiveram que cancelar o show do Queen.

Alguns meses depois, Carlos Iglesias foi ao encontro de Dody no Rio de Janeiro para conhecer o projeto detalhado e fechar as datas. Um momento muito esperado, afinal a DC Set era uma empresa gaúcha que começava a se posicionar no mercado do show business internacional e queria fazer bonito, não apenas com a proposta profissional, mas como anfitriã de um empresário desse porte. Com reserva feita no Hotel Everest em Ipanema, um 5 estrelas que apesar de não ficar de frente para o mar era muito bem recomendado, Dody chegou alguns dias antes. Com pouca familiaridade com o Rio de Janeiro, na chegada ao hotel, ao saber que os proprietários eram gaúchos, o sotaque fez gerar espontaneamente uma simpatia com os profissionais da recepção, garçons, camareiras e telefonistas, estas últimas sempre muito importantes.

Os encontros de Carlos no Rio não eram apenas com os responsáveis pela produção da turnê, mas com outras partes envolvidas, como Tomás Muñoz, presidente da gravadora CBS, e Walter Lacet, então diretor da TV Globo, que dirigira o show que Julio fizera no Estádio do Flamengo. Em uma reunião reservada na gravadora, Carlos foi questionado por Muñoz sobre a razão de ter escolhido um jovem empresário desconhecido, sem experiência, para fazer uma turnê de tal importância, uma vez que havia outros empresários com muito mais currículo, como Marcos Lázaro. Resposta: "Se fosse para fazer coisas fáceis, apenas venderia os shows, e como empresário de um dos maiores artistas do mundo queria ter um sócio com quem construir junto". Dody soube desse diálogo no mesmo dia, o que aumentou a sua responsabilidade com o projeto. Circulando no Rio e no hotel com seu jeito sulista, pensavam que Dody era filho de um fazendeiro milionário tentando se colocar no mercado de show business. Mal sabiam de seu esforço para comprar passagens e se hospedar em um excelente local, como um investimento no futuro.

O bom desse encontro foi Carlos ter aprovado o projeto e o contrato de parceria ter sido assinado. Carlos retornou para Miami, Dody, para o Sul, e o clima era de superprodução, acertando com fornecedores e estádios em todo o país, enfim, uma grande operação, capaz de deixar de cabelo em pé os mais experientes empresários. Em meio aos preparativos e muitos investimentos, um dia Dody foi surpreendido com a informação de que a turnê mundial tinha sido cancelada. A Coca-Cola não ia colocar no ar a campanha publicitária e Julio Iglesias estava temporariamente saindo de cena. Esse é um caso até hoje estranho na vida do cantor espanhol. Anunciado como um gesto de excentricidade do artista ao se recolher a uma ilha em algum lugar do mundo, alguns falavam em cansaço mental, outros em erro de cirurgia plástica ou na necessidade de se recuperar de um grave acidente automobilístico, que seria o segundo em sua vida, pois o primeiro o afastara dos campos de futebol. Além da interrupção do sonho, haveria um enorme prejuízo para a DC Set, uma empresa que estava começando e tinha investido pesado. Restaram dois documentos assinados pela Global Management, empresa registrada na Holanda, então um paraíso fiscal, que transferia a turnê para o ano seguinte e dava exclusividade a Dody para shows no Brasil. Ainda falavam que em seis meses se reuniriam para tratar das novas datas. Mas os seis meses não chegaram. O tempo foi passando, sem respostas de Carlos nem de Julio. Um vácuo. O jeito seria buscar outros projetos.

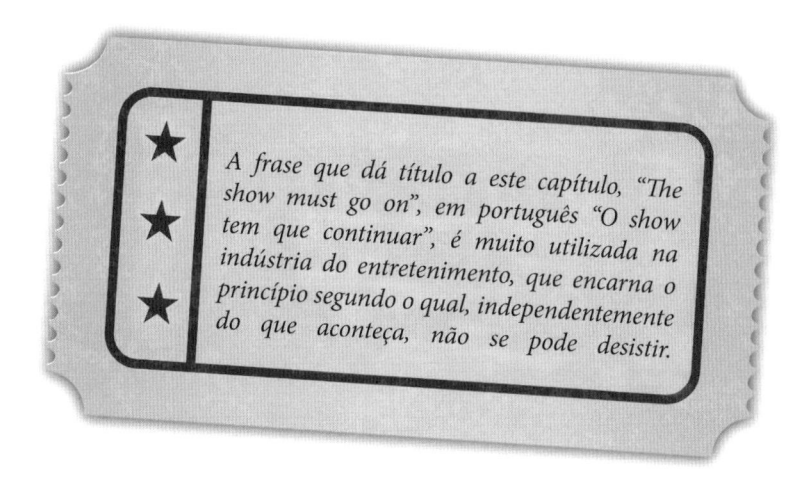

A frase que dá título a este capítulo, "The show must go on", em português "O show tem que continuar", é muito utilizada na indústria do entretenimento, que encarna o princípio segundo o qual, independentemente do que aconteça, não se pode desistir.

CAPÍTULO 7

"GRACIAS A LA VIDA"

Chegávamos ao ano de 1985 com ares de novos tempos. No dia 11 de janeiro aconteceria o esperado Rock in Rio, e em 15 de janeiro, depois de 21 anos sob o regime militar, haveria de forma indireta, por meio de um colégio eleitoral, a eleição de um presidente civil. A princípio pode parecer que eram assuntos distintos, mas ambos tinham sabor de liberdade: a volta à democracia e um festival de uma dimensão como nunca se sonhara no país. Enfim, a abertura política e o início da profissionalização do show business.

Para Dody, a não realização, nos anos anteriores, dos shows do Queen e de Julio Iglesias serviu de combustível para alimentar os sonhos. Ele ainda não tinha 25 anos e já construía um caminho na DC Set, sempre com Cicão ao lado. Desde quando começaram a produzir turnês de artistas nacionais no interior do estado, a meta era entregar com qualidade, para gerar confiabilidade e impulsionar mais negócios. Talvez não tivessem esse pensamento de forma consciente, como também ainda não sabiam que eram um "grupo de entretenimento", como hoje são. Intuitivamente, colocavam-se disponíveis para todos os segmentos: bailes, festas, shows, incursões teatrais de todos os gêneros e estilos. Em 1983, produziram o show de Sammy Davis Jr., na festa dos 25 anos da RBS, a maior empresa de comunicação do Sul, assim como a turnê no interior do comediante gaúcho Renato Pereira, com o monólogo *A Exposa*, e a versão nacional do musical inglês *Oh! Calcutta!*, um escândalo para a época, com cenas de nudez masculina e feminina. Percalços aconteciam, como na cidade de Lajeado, em que, ao final da missa de domingo, o padre recomendou aos fiéis que não assistissem ao musical, que foi o suficiente para se esgotarem os ingressos. Para toda essa operação, foram afinando as parcerias com produtores locais, montando uma rede de confiáveis profissionais.

No dia a dia, para se inserir cada vez mais no mercado, principalmente no internacional, havia um elemento importante: a comunicação. Antes do mundo digital e da internet, o correio era a saída para a chegada das novidades, por meio de cartas, envio de contratos e documentos. Em caso de mensagens rápidas, tentava-se o telefone ou mandava-se um telegrama. Sem muito tempo para perder, às vezes um dia de atraso poderia significar a perda de um bom negócio, e por isso decidiram colocar um telex no escritório, alugado dos Correios. Para quem não viveu esses tempos, telex é um sistema internacional de comunicação por mensagens impressas que foi sucesso até o final do século XX. Consistia numa rede mundial com um plano de endereçamento numérico, com terminais únicos, que poderia enviar uma mensagem escrita para qualquer outro terminal. Era como uma máquina de escrever ou um computador ligado a uma rede igual à telefônica. A grande vantagem era a garantia de entrega imediata, com autenticação dos terminais de avisos legalmente reconhecidos, de ordens de pagamento, confirmação de eventos, notícias etc. Caminhos profissionais se abrindo para novos projetos, o lado emocional se estabilizava, e a causa tinha nome, sobrenome e título de beleza: Fernanda Campos Soares.

A garota que o encantou naquele encontro fora escolhida em 1981 "Rainha das Piscinas do Rio Grande do Sul", no concurso que acontecia no Ginásio do Gigantinho, para 16 mil pessoas, perante um júri formado por celebridades locais e, naquele ano, com a participação da atriz Elizabeth Savala, destaque em novelas globais. Como "Rainha das Piscinas", no ano seguinte Fernanda foi convidada a integrar o júri do Miss UMESPA, concurso organizado por Dody e Cicão. Na promoção do evento, as candidatas faziam um passeio a Gramado e Canela, na Serra Gaúcha, e Fernanda acompanhou as garotas nessa confraternização. Foi em um pedalinho no Lago Negro que começaram a conversa, que se estendeu no retorno, no ônibus. Nos pouco mais de 110 quilômetros das rodovias RS-115 e RS-020, nem perceberam quando o cupido passou por ali. Chegando a Porto Alegre, cada um foi para o seu lado. Durante muitos meses se encontraram "casualmente", quando Fernanda ia ao escritório, com a desculpa de conversar com Cicão, sempre mais alegre e divertido, porém o interesse era em Dody. Um dia, retomaram a conversa que haviam tido no ônibus e o namoro engrenou.

Fernanda era muito popular em Porto Alegre. Era constantemente convidada para eventos, desfiles e trabalhos como modelo; destaque na mídia, participava de programas de TV, fazia fotos e desfilava, principalmente em São Paulo. Nos dias de hoje, seria uma *influencer*. Dody acreditava que a garota, tão legal, com um mundo de oportunidades, poderia ter um namorado com um futuro bem melhor que o dele, apenas um iniciante produtor de eventos. Ao longo desses anos em que conheço Dody, várias vezes ele comentou que esperava levar um fora a qualquer momento. Mal sabia que a moça se encantava com o rapaz criativo, trabalhador e muito sério com seus compromissos.

Em 1985, o tema de todos que trabalhavam com música no país era o arrojado festival que aconteceria no Rio, reunindo trinta grandes artistas nacionais e internacionais. O show business engatinhava. Alguns empresários internacionais que por aqui se aventuraram, partiram queixando-se do pouco profissionalismo e até da "perda" de equipamentos. Tínhamos muito que aprender com os profissionais que vinham do exterior, acompanhando artistas e bandas, tanto produtores como imprensa, técnicos e até advogados. Isso mesmo, pois foi a falta de uma cláusula de exclusividade com o festival que fez Nina Hagen, depois de eletrizar o palco do Rock in Rio, aterrissar em Porto Alegre para um show no Gigantinho.

Tudo aconteceu graças ao acaso e aos bons contatos. Pedro Sirotsky, então diretor do grupo RBS, recebeu a consulta do amigo Phil Rodriguez para um show da escandalosa intérprete punk em Porto Alegre. Phil era um jovem americano que havia morado no Rio de Janeiro no final da década de 1960, o pai era diretor da Pan American Airways e depois se tornou diretor dos escritórios da Globo nos Estados Unidos.

Phil havia feito *high school* na Escola Americana do Rio de Janeiro, na Gávea, e voltara para cursar a faculdade na América. Aos 25 anos, criou a Water Brother Productions para agenciar shows de artistas internacionais na América Latina. Na primeira turnê que fez, em 1977, com o The Jackson 5, em Caracas, na Venezuela, percebeu que havia uma demanda das agências que conduziam a carreira de grandes nomes, interesse das gravadoras, mas eram raros os artistas que vinham para a América do Sul, devido à falta de infraestrutura e de experiência de produtores locais. Naquele momento, Phil estava atuando como "comprador de talentos", ou seja, junto com Roberto Medina e Oscar Ornstein, contratara os artistas para o Rock in Rio e, como tinha ainda algumas datas livres para Nina Hagen, ofereceu para Pedro, que indicou a DC Set. Assim, na segunda-feira, 28 de janeiro, a cantora e sua equipe foram recebidas para um jantar na casa de Pedro. Num tempo em que pouco se falava em gastronomia vegetariana, Otília, a cozinheira da família, teve que criar um cardápio sem carne para a cantora, enquanto músicos e técnicos se deliciavam com o típico churrasco gaúcho ao som do jovem músico Borghettinho, que, com sua gaita, já era sucesso nos pampas.

No dia seguinte, Nina arrasou no Gigantinho, para uma plateia lotada e delirante. Voltou para a Alemanha sem saber quanto a sua vinda fora importante para estabelecer a parceria entre Phil Rodriguez e a DC Set, que perdura até hoje. Alguns meses depois, em abril, Phil voltava trazendo o Quiet Riot, uma das bandas de heavy metal mais importantes dos anos 1980, a primeira no gênero a colocar um álbum no topo da parada musical da Billboard. Para os aficionados gaúchos, era um sonho o Quiet Riot tocar no Gigantinho. Porto Alegre entrava no mesmo circuito em que estavam Rio de Janeiro, São Paulo e Belo Horizonte. Consta que o público não foi comparável ao de Nina, mas a paixão pelo gênero era enorme. E, se pouco valeu empresarialmente, o registro ficou em uma monografia apresentada em 2012, na Faculdade de História da Universidade Federal do Rio Grande do Sul – como requisito parcial à obtenção do título de bacharel em História de Mateus Felipe Weber, num estudo sobre o "Metal em Porto Alegre na década de 80: identidade, tribo e atuação espetacular". Uma análise pouco usual no meio acadêmico, mas comprovando que fazer show é também fortalecer cultura em todos os gêneros.

A DC Set ia caminhando para um patamar de respeitabilidade no Sul. Além da relação com Phil, era procurada por empresários de São Paulo que tinham contratos para turnês de outros artistas internacionais e precisavam de uma empresa para fazer a produção no Rio Grande do Sul e em Santa Catarina. O trabalho ia desde a reserva do espaço para o show, a venda dos ingressos, publicidade e promoção nas rádios, logística dos artistas e técnicos, como transporte, hospedagem, alimentação, segurança, até a montagem de palco, som e luz.

Mas também aconteciam as criações próprias, como a ousadia de realizar, em outubro, durante quatro sábados, no ginásio do Gigantinho, o "Atlântida Rock Sul Concert", que reunia pela primeira vez os grandes nomes do novo rock brasileiro, como Leo Jaime, RPM, Capital Inicial, Paralamas do Sucesso, Titãs, Ira, Legião Urbana, Ultraje a Rigor e Camisa de Vênus, que se mesclavam com bandas locais, como TNT, Os Eles, Engenheiros do Hawaii e Os Replicantes. Para a realização desse projeto, entrou na família DC Set Eugênio Correa, que agenciava mídia para os veículos da RBS e, junto com ele, Luiz Armando Queiroz e Raul Berta de Azevedo. O festival era uma promoção da Rádio Atlântida, e foram em busca de parceiros, captando o patrocínio do tênis Faster. Nessa sequência, em julho de 1986, B. B. King, guitarrista, cantor, compositor e um dos principais representantes do blues norte-americano, chegava ao Gigantinho para tocar durante duas horas, mais quinze minutos de bis, show que a coluna de Paulo Gasparotto, no *Zero Hora*, registrou como "simplesmente delirante".

Mas foi em outubro desse mesmo ano que tudo começou a mudar. Por meio do produtor carioca Carlos Alberto Sion, que trabalhava na equipe do programa *Chico & Caetano*, na TV Globo, Dody soube que Mercedes Sosa iria participar do programa, com Milton Nascimento e Gal Costa, e gostaria de aproveitar a viagem para fazer alguns shows. Para quem não viveu esse tempo, ela era uma das mais famosas cantoras da América Latina. Nascida na Argentina, ativista do peronismo de esquerda, perseguida politicamente, revistada e presa no palco durante um concerto em La Plata, em 1979, banida, se exilou em Paris, depois em Madri, e voltou três anos depois, consagrada. Com inúmeros admiradores, incluindo artistas renomados que a aplaudiram nas vezes anteriores que se apresentara no país, desde que começara o processo de abertura política, era vista como exemplo por ter sobrevivido a tempos difíceis, o que se adequava com a realidade de então. Sem dúvida, era uma grande atração para a DC Set estrear no Rio de Janeiro.

Não era uma estreia qualquer, seria no mais importante palco, por onde passavam os grandes artistas nacionais e internacionais. Um local tão emblemático que se tornou sinônimo de casa de espetáculos, a ponto de ser comum eu ouvir que "vão abrir um Canecão em tal lugar..." Para todos os artistas contratados eram oferecidos os serviços básicos de som, luz, camareira, equipe técnica, alguns anúncios em jornais e a assessoria de imprensa, responsabilidade da minha empresa e equipe. Como jornalista, atuei na área de entretenimento, escrevi por muitos anos sobre música no jornal *O Globo*, entrevistei dezenas de artistas, fiz a cobertura do Rock in Rio e nunca tinha ouvido falar no gaúcho que chegava de mansinho, querendo entender como funcionava o show business na Cidade Maravilhosa. Assim como eu, a imprensa desconhecia as suas investidas para contratar o Queen e Julio Iglesias, e ele chegava como produtor com um show na cidade que reverberava cultura, modismo, artes e música.

"La Negra", como era chamada por seus fãs, devido à sua ascendência indígena, e não por seus cabelos negros, dialogava com enorme intimidade com os grandes nomes da MPB que também tinham se exilado ou sofrido censura no período militar. Além das duas noites no Canecão (dias 11 e 12) e da participação no programa, ainda deu canja para 20 mil pessoas na Praça da Apoteose, uma semana antes, no show de Caetano. Se fosse feito um planejamento de marketing para a DC Set estrear no Rio de Janeiro, não teria sido melhor do que essa exposição na mídia, pois deu um gostinho de quero mais, e o Canecão, com 1.500 lugares, ficou até com clima de show intimista, mesmo com a lotação esgotada e um desfile de celebridades nas duas noites.

No palco, com uma cortina preta no fundo e como cenário o destaque para o banquinho, onde sempre se sentava para tocar o "bombo", La Negra se apresentou acompanhada dos músicos Nicolás Brizuela (violões), Oscar Alem (baixo e teclados) e Osvaldo Avena (percussão e bombo), os mesmos com quem gravara o último LP, *1986*. Desfilando no setlist vinte sucessos, como "Gracias a la vida" e "Volver a los 17", além de "Maria Maria", de Milton Nascimento, ainda contou com a participação de Kleiton e Kledir, os primeiros artistas a terem um show produzido pela DC Set, nas músicas "Vira viró" e "Siembra". Os irmãos gaúchos não caíram de paraquedas naquela noite. Conheciam Mercedes, com quem haviam se apresentado em Cuba, em Buenos Aires e no Olympia de Paris, além das gravações com ela em estúdios. De qualquer maneira, acredito que São Pedro, padroeiro do Rio Grande do Sul, passou por lá, e, a partir daí, os caminhos no Rio e em São Paulo foram se abrindo, conquistando o país. Com Mercedes, a DC Set realizou uma excursão de 33 dias por 20 cidades, entre elas São Paulo, Curitiba, Santa Maria, Pelotas, Canela, Uberlândia, Juiz de Fora, Goiânia, Brasília, Belo Horizonte. Da mesma forma como criou uma rede de parceiros nas cidades do interior do Rio Grande do Sul, nasceu outra poderosa pelo Brasil afora.

> "Gracias a la vida" é uma composição da cantora chilena Violeta Parra, gravada em 1966 em Santiago (Chile) e lançada no mesmo ano no álbum Las Últimas Composiciones. Proibida durante a ditadura chilena, tornou-se um hino entoado em marchas e lutas de diversos movimentos no mundo inteiro e foi regravada por muitos cantores, como Joan Baez e Elis Regina.

CAPÍTULO 8

"UNCHAINED MELODY"

Como bem diz Fernanda Sirena, "o Dody está constantemente procurando algo para criar". Ela fala com propriedade, lembrando 1986, quando foram passar um fim de semana no Hotel Laje de Pedra, em Canela, o mais imponente da Serra Gaúcha. O empreendimento fora inaugurado em 1978, com 250 quartos, e, se imaginarnos que na época Canela tinha pouco mais de 50 casas, é possível ter ideia do impacto que o hotel criou na região. Foi o primeiro 5 estrelas no estado, e tal grandiosidade dificultava sua ocupação total. O Laje de Pedra também tinha um condomínio, que fora construído pela Habitasul, uma empresa de muita força na área imobiliária, e contratou Mukesh Chandra, especialista em hotelaria e turismo, que veio da Inglaterra para presidir a empresa.

A estada nesse local era um dos tantos convites que Fernanda recebia, por ser uma modelo de destaque, e, naquela época, o hotel era comparado ao Copacabana Palace. Por causa dos rendimentos flutuantes de Dody, ainda iniciante como produtor de eventos, Fernanda e ele, desde que começaram a namorar, estabeleceram que as despesas seriam divididas: pagava a conta quem estivesse em melhores condições financeiras, e, no caso de convites, como esse do hotel, sempre que possível estariam juntos.

Ao chegarem ao Laje de Pedra, Dody começou a olhar a estrutura e a pensar que poderia ser um bom espaço para um evento. Em pouco tempo, já estava conversando com Mukesh, que o incentivou a criar algo na área de entretenimento para promover o local. Foi assim que nasceu o "Top Class", precursor do projeto "Emoções em Alto-Mar", voltado para um grupo seleto de Porto Alegre e região, em que, durante quatro noites, de quarta a domingo, os participantes teriam uma vasta, exclusiva e variada programação social e esportiva de alto nível. O projeto inovador estreou simplesmente com o maestro Tom Jobim, para uma plateia classe A. Na noite seguinte, Juca Chaves, conhecido como "O Menestrel Maldito", fazia sucesso com cantigas inteligentes, crítica social e humor ácido, e a programação seguia com palestras, atividades sociais, competições esportivas e atrações extras, que surpreendiam em muitos momentos. Os pacotes incluíam hospedagem, alimentação e direito a todas as atividades, até mesmo aos shows. O Top Class era transmitido pela TV Guaíba, emissora com presença apenas no Rio Grande do Sul, e entre os patrocinadores estava o Diners Club, cartão de crédito criado em 1950 que revolucionou a forma de pagamento no mundo e era utilizado apenas pela elite. O projeto fez enorme sucesso por quatro anos seguidos e muitas estrelas desfilaram por lá, como Gal Costa, o italiano Peppino di Capri, o espanhol Manolo Otero, entre muitos outros.

Foi graças ao relacionamento que Mukesh tinha com a Transbrasil, parceira dos pacotes de turismo para o hotel na Serra Gaúcha, que surgiu a ideia de levar à empresa a proposta para criação de uma revista, nos moldes daquela de sua maior concorrente, a Varig. A Transbrasil era uma das maiores companhias aéreas do país e, num encontro na sede, em São Paulo, aceitou a proposta, com a condição de não ter nenhuma responsabilidade financeira, nenhum risco, e concedeu o direito para o desenvolvimento da revista. O interesse da Transbrasil era simplesmente oferecer uma revista de bordo com qualidade, sem nenhum custo, para competir com a concorrente. Para Dody, era a oportunidade de ampliar os negócios, buscar novos caminhos, e com isso foi criada uma editora e contratada uma equipe de jornalistas, entre eles Cesar Krob e Juarez Fonseca – como a revista era bilíngue, Denise Godinho fazia a versão para o inglês. A publicação se tornou sucesso comercial logo nas primeiras edições, balançando a concorrência. A DC Set começava a ficar mais robusta e, para atender a tantas frentes, se instalou num grupo de salas. Os próximos anos foram de muitos eventos e turnês de artistas nacionais na região, como também investidas em atrações internacionais, sempre com um olhar arrojado, para fechar contratos e buscar patrocínios, uma vez que não se podia confiar apenas nas bilheterias. Eugênio Correa lembra que Lobão estava bombando com a música "Vida bandida", tinha sido preso, conquistara muitos fãs contestadores, e a Olympikus fechou o patrocínio na hora. Era a oportunidade de entrar no *target* do artista, um público jovem e rebelde.

Dody havia dado um passo além do Rio Grande do Sul e, um ano depois de ter levado Mercedes Sosa ao Canecão, retornava ao icônico local com os músicos Leon Russell e Edgar Winter. Carlos Alberto Sion era o intermediário da negociação e fez os shows em São Paulo, enquanto os do Gigantinho e do Rio ficaram com Dody. A qualidade das atrações já delineava o caminho que a DC Set queria trilhar no mercado. Leon Russell, cantor, compositor e instrumentista americano, nos anos 1970 já era sucesso, sempre comparado ao poeta Leonard Cohen, o *outsider* canadense predileto da geração "on the road". Os irmãos americanos Karen e Richard Carpenter, que formavam a dupla The Carpenters, promoveram muito a obra de Russell com as gravações de "A song for you" e "This masquerade". Por sua vez, Edgar Winter tinha sucessos como "Dying to live", "Frankenstein" e "They only come out at night". Segundo Mauro Dias, respeitado crítico de música do jornal *O Globo*, "Russel e Winter não estão em absoluto parados no tempo: são músicos cujas carreiras evoluíram e tornaram-se menos populares".

A vida de Dody se dividia entre os eventos no Rio Grande do Sul, as prospecções de artistas internacionais e um detalhe fundamental: o namoro com Fernanda, que naquele ano fora escolhida Miss Universo Rio Grande do Sul. No sábado, 25 de julho, no Ilha Porchat Clube, em São Vicente, no litoral de São Paulo, o júri presidido por José Rodolpho Câmara, jornalista da revista *Manchete*, composto por diversas personalidades, como Helô Pinheiro, a musa da canção "Garota de Ipanema", escolheu, entre 27 garotas representando os estados brasileiros, Fernanda como Miss Brasil Internacional para representar o Brasil no tradicional concurso Miss Beleza Internacional em Tóquio, no Japão. Aos 21 anos, modelo profissional, Fernanda trazia no currículo os títulos de Rainha das Piscinas do Rio Grande do Sul e 1º lugar no concurso Miss Jurerê, em Santa Catarina, e entre os prêmios ganhou um automóvel Chevette zero-quilômetro. No dia 13 de setembro, em Tóquio, entre 47 concorrentes, Fernanda ficou entre as semifinalistas do Miss Beleza Internacional, cuja vencedora foi a representante de Porto Rico. Voltou feliz com a experiência de conviver com moças de países com culturas tão diferentes, e, para a alegria de Dody, a namorada não precisaria viver no exterior para cumprir uma longa agenda de compromissos.

A consolidação como promotor de eventos internacionais era uma meta em que pensar, com o intuito de formar uma família com Fernanda, e, no final de 1987, surpreendentemente, Dody recebeu a notícia de que Julio Iglesias faria shows no Rio de Janeiro, no início do ano seguinte. Não conseguiu contato com o escritório do artista nos Estados Unidos, uma vez que Carlos já não era mais o empresário, e o da época, Ray Rodrigues, não lhe respondia. Munido dos documentos que lhe davam todos os direitos como representante legal no Brasil, Dody, numa conversa com o advogado, soube que seria fácil impedir os shows: bastava apreender o jatinho particular do artista quando aterrissasse no Rio. A apreensão serviria como garantia para o pagamento das dívidas contraídas pela turnê que não aconteceu, e para fazer valer o direito que Dody tinha como representante oficial do artista no Brasil. Não seria possível bloquear as bilheterias dos shows, pois o artista já tinha recebido o cachê; Julio Iglesias era quem devia à DC Set, não o promotor local. Mesmo com a procuração feita para o advogado tomar as medidas cabíveis, na hora de assinar, Dody desistiu. Resolveu que nunca brigaria com um artista e decidiu comprar um show para Porto Alegre, em 22 de fevereiro, no Estádio Beira-Rio, em parceria com a RBS.

Quando Julio soube que o show seria num estádio para 60 mil pessoas e que já se previa lotação total, percebeu que o evento seria positivo para a promoção de sua imagem depois de um longo período longe dos palcos e convidou jornalistas de outros países, que voaram para Porto Alegre. Entre os vários veículos de imprensa estava a revista *Hola*, criada na Espanha em 1944 e que se tornara a mais importante publicação sobre celebridades nos países de língua hispânica, inspiração para a revista *Caras* aqui no Brasil. Era o retorno de Iglesias às grandes plateias. O cantor chegou a Porto Alegre com três dias de antecedência do show e, com a costumeira hospitalidade gaúcha, foi convidado para um churrasco no sítio que Dody e Cicão tinham adquirido em parceria, a 40 quilômetros da capital. Iglesias adorou o local, o visual e principalmente a piscina, que resolvia um grande problema: o melhor hotel da cidade, o Plaza San Rafael, onde estava hospedado, não tinha tal facilidade, e, para preservar a privacidade do artista, todos os dias o motorista o levava para o sítio. Consta que o artista estava sempre cercado de belas garotas, o que sempre fez parte de sua história.

O show foi de enorme energia, vibração e emoção. No repertório, grandes sucessos, como "Hey", "Me esqueci de viver", "Coração apaixonado", "La paloma", "Por ela", "Lo mejor de tu vida", entre outros. Julio estava extremamente feliz e, já no carro, saindo do estádio, convidou Dody para acompanhá-lo até o aeroporto. No trajeto, agradeceu a receptividade, falou da alegria que tivera naquela noite, de como o evento tinha sido importante em sua vida, e não fez nenhuma referência aos problemas do passado. No aeroporto, convidou Dody e Nelson Sirotsky, então presidente da RBS, que também estava no automóvel, a subirem ao avião para brindar o sucesso com um vinho de safra especial. Em clima de alto-astral, antes de se despedir, Dody entregou o envelope com a cópia dos documentos assinados pelo irmão do cantor. Julio ficou olhando os papéis, sem saber do que se tratava, e foi o momento de contar a história que estava entalada na garganta: um ano de trabalho num projeto em que investira dinheiro e tempo, o seu direito como representante do artista no Brasil que não foi considerado, o contrato com o advogado para impedir a descida no Rio, a desistência da briga judicial e a decisão de fazer o show em Porto Alegre – exemplo do que teria feito se a turnê não tivesse sido cancelada. Foi o momento certo para as palavras certas, e um abraço selou a amizade. Como resultado, Dody se tornou empresário de Julio Iglesias no Brasil e na América do Sul, mas isso é assunto para um capítulo mais adiante.

O ano de 1988 estava apenas começando, e o mágico David Copperfield era sucesso todos os domingos no programa *Fantástico*, em uma série que mostrava como atravessara a Muralha da China, como fizera desaparecer um avião, a Estátua da Liberdade, e até como havia escapado da prisão de Alcatraz, em São Francisco. Naquele ano estaria em grande turnê mundial, incluindo uma apresentação na Coreia do Sul, no encerramento dos Jogos Paralímpicos, pois seis anos antes fundara o Project Magic, um programa de reabilitação para pacientes com deficiência motora que funcionava em mais de mil hospitais em trinta países. Carlos Alberto Sion foi acionado por Dody para a negociação: a contratação viria a ser a maior ousadia da DC Set, tanto pelo aporte financeiro como pelo tamanho da operação, que envolvia a vinda de 11 toneladas de equipamentos e uma equipe de 20 assistentes.

Quando o contrato foi assinado, para apresentações que aconteceriam em maio e começariam no Rio de Janeiro, indo depois para São Paulo, Belo Horizonte e Porto Alegre, Dody me telefonou. A estreia seria no Canecão, e ele sabia bem que a assessoria de imprensa fazia parte do contrato com a casa. Mas queria algo maior, oferecia um contrato para o lançamento nacional. Uma turnê de magia não era o mesmo que uma de rock, apesar do descolado estilo calça jeans e tênis do mágico. Por outro lado, a série de apresentações que vinha acontecendo aos domingos no *Fantástico* gerava interesse do público. A "mágica" estava em fazer a transposição do artista da tela da TV para o mundo real, mantendo o mesmo carisma e a simpatia. Aos 36 anos, Copperfield estava no topo da carreira. Começara aos 11 anos, quando, numa visita a Nova York, entrou numa loja de produtos de mágica e comprou uma série de materiais para aprender e aperfeiçoar truques de ilusionismo, tornando-se o mais jovem membro da Sociedade dos Mágicos Americanos. Em 1972, aos 16 anos, tornou-se um dos professores mais jovens, dando aulas de Arte na Magia no Departamento de Arte Dramática da Universidade de Nova York.

Para dar repercussão e produzir uma chegada triunfal, Copperfield deu uma entrevista exclusiva por telefone ao correspondente do "Segundo Caderno", do jornal *O Globo*, José Emilio Rondeau, que morava em Los Angeles, durante a temporada de shows que fazia em Las Vegas. A capa do caderno de cultura, além da entrevista, trazia também as chamadas de algumas mágicas que estariam na apresentação no Brasil e uma entrevista com mágicos brasileiros, exultantes com a possibilidade de sua arte ganhar mais destaque depois dessa visita célebre. Os mesmos mágicos o esperavam à saída do desembarque no Aeroporto do Galeão, na manhã do dia 11 de maio, tirando pombos da cartola, multiplicando lenços coloridos que saíam dos bolsos dos fraques e outros truques rotineiros em festas infantis. Copperfield estava alguns degraus acima. Tanto que, quando o recepcionei, gentilmente ele me pegou pelo ombro para que eu ficasse do seu lado esquerdo, o mais fotogênico para os fotógrafos, que nos acompanharam até o carro. Sem nenhum cansaço, no mesmo dia o mágico participou de uma entrevista coletiva e, para alegria da imprensa, andou pela praia de Copacabana para fotos. A TV Globo se colocava como grande parceira com a cobertura no jornalismo, e na temporada paulista surgiram até uns comentários na mídia sobre seu namoro com Xuxa, que subiu ao palco para participar de uma mágica. Uma turnê de sucesso, e uma plateia com muitas crianças extasiadas em vê-lo, ao vivo, superar a mesa da morte ao se libertar de 700 quilos de lanças suspensas que ameaçavam cair em seu corpo, ou, amarrado, escapar de uma serra elétrica em 60 segundos.

Enquanto Dody acompanhava eventos no Rio e em São Paulo, outros aconteciam em Porto Alegre. Cicão, cercado por uma boa equipe, só naquele ano, desde o Baile das Panteras pós-Julio Iglesias e as passagens de Mercedes Sosa e David Copperfield, realizara as turnês e os shows de Caetano Veloso, Oswaldo Montenegro, as apresentações da banda inglesa Erasure e seu pop eletrônico, Os Trapalhões, Marina Lima, The Mission – shows para todos os públicos e gostos. A parte mais difícil para o show business dos anos 1980 era a inflação. Dody e Cicão já conheciam parceiros e fornecedores, tinham credibilidade, mas o protagonismo custava caro. Em 1989, a taxa anual foi de quase 2.000%. Foram cinco planos econômicos que fracassaram para conter os preços descontrolados naquele período. Para honrar os compromissos, nem fazendo mágica, pois ainda havia um agravante: os ingressos eram comprados só na última hora. Não havia a cultura de comprar com antecedência. O promotor tinha que colocar o dinheiro na frente, enquanto perdia valor, e acreditar que a escolha da contratação era acertada para ter retorno do investimento.

Por volta de setembro, Dody foi procurado pela agência de publicidade Young & Rubicam, então dirigida pelos publicitários paulistas Eduardo Fischer e Roberto Justus, que estavam abrindo uma empresa de eventos, a Action Marketing, que seria conduzida por José Carlos Pereira e baseada no Rio de Janeiro. Os publicitários sabiam que a DC Set tinha acesso a vários shows internacionais e precisavam de atrações para abrir as portas no mercado do entretenimento. Dody estava com a proposta de realizar a turnê não de um artista, mas de trinta ginastas soviéticos que haviam participado das Olimpíadas realizadas em Seul, na Coreia, e assim surgiu a parceria. A DC Set entrava com o conteúdo e realizava a turnê, a Action Marketing, com o aporte financeiro. Era um produto bem diferente: simplesmente os maiores ginastas do mundo, com o maior número de medalhas na competição. O renomado ginasta de barra fixa Dimitri Bilozertchev declarou à imprensa, ao chegar ao Rio, que sua dedicação era total ao esporte, em troca de um salário mensal de 400 rublos, por volta de 800 dólares na época. Era uma turnê rápida, apenas uma semana, passando por Belo Horizonte, Rio, São Paulo e Porto Alegre, seguindo para outros países da América do Sul, mas que trouxe alguns ensinamentos.

Ao contrário dos artistas e bandas internacionais, que gostavam de festas e noitadas, os ginastas viviam sob uma disciplina rígida, acompanhados de perto por técnicos do Ministério dos Esportes da então União Soviética. Nos vestiários dos ginásios por onde passaram, antes das apresentações era servido um banquete de frutas, sanduíches e água. As estrelas, como Yelena Shushunova, Tatiana Toujikova, Olga Strageva, Svetlana Boginskaya, assim como todos os outros ginastas, não recebiam cachê, apenas a diária de alimentação. Como foram muito bem recepcionados com churrascos, além do farto lanche antes e após as apresentações e o lauto café da manhã continental nos hotéis onde se hospedaram, guardaram bem o dinheiro dessas diárias para gastar no comércio popular da 25 de Março, rua de comércio popular da capital paulista. De roupas a maquiagem e bijuterias, fizeram uma festa. Apesar da alta inflação, nunca o cruzado (a moeda da época) valeu tanto.

O resultado dessa primeira parceria com a Action Marketing foi muito positivo, e ambas as empresas engrenaram conversas para outro projeto. O mercado do show business começava a se mexer, com ações para unir marcas e eventos. O Rock in Rio, que nascera em 1985 para promover a cerveja Malt 90, tinha dado bons frutos. A empresa de cigarros Souza Cruz resgatara a marca Hollywood Rock, que tivera uma experiência em 1975 num festival produzido por Nelson Motta, e apostava forte nesse formato, mesclando artistas nacionais e internacionais. Além disso, realizara naquele ano quatro noites com shows na Praça da Apoteose, no Sambódromo do Rio de Janeiro e no Estádio do Morumbi, em São Paulo. Dody já estava com o contrato de Rod Stewart, então garoto-propaganda da Pepsi-Cola, para uma turnê pela América do Sul.

O cantor inglês viajava com o show "Out of Order", que Dody fez passar pela Argentina, pelo Uruguai e pelo Chile, trazendo 80 toneladas de som, uma banda de oito músicos e duas bailarinas, e estreou dia 6 de março na Praça da Apoteose, para um público de 40 mil pessoas. Tom Leão, crítico de música do jornal O Globo, assim escreveu, no dia 2 de abril: "Ele pode ser grosso, presepeiro, 'comédia', cafona, mas quando entra em cena apresenta um dos mais animados e contagiantes shows de rock do planeta". A temporada carioca foi animada, com os fotógrafos correndo atrás da modelo Luciana Gimenez, de 18 anos, por quem o inglês se encantara e a quem convidara para seguir viagem a seu lado. Dody ainda negociou com a Globo a gravação do show da Apoteose, dirigido por Roberto Talma com o título de "Roderick David Stewart", o nome verdadeiro do cantor, exibido dia 25 de abril, utilizando 800 refletores e 15 câmeras, e, como os drones ainda não haviam sido inventados, um helicóptero fez as imagens aéreas.

Quando encerrou a turnê, que passou também por São Paulo, Florianópolis e Porto Alegre, Dody voltou ao Rio acompanhando Rod, que embarcaria para o México. Depois de deixar o cantor no jatinho, ao voltar para o hotel, tomou a decisão que há muito desejava. Encerrara um trabalho de sucesso, e a cada dia tinha mais certeza da boa escolha profissional que havia feito. Sentia-se seguro, era o momento certo. Telefonou para Fernanda e pediu-a em casamento, com um detalhe: teriam pouco mais de um mês para aprontar tudo, pois depois da lua de mel seguiriam para Santa Monica, na Califórnia, onde viveriam por alguns meses, aperfeiçoando o inglês. Fernanda ainda se lembra da correria que foi organizar tudo até o dia 6 de maio, quando entrou na Igreja de Santa Teresinha de Lisieux para dizer sim e viverem juntos para sempre, como nos contos de fadas.

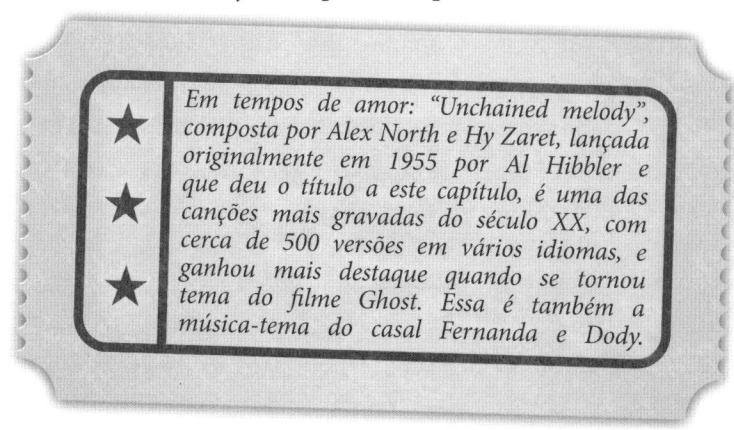

> ★ ★ ★ *Em tempos de amor: "Unchained melody", composta por Alex North e Hy Zaret, lançada originalmente em 1955 por Al Hibbler e que deu o título a este capítulo, é uma das canções mais gravadas do século XX, com cerca de 500 versões em vários idiomas, e ganhou mais destaque quando se tornou tema do filme Ghost. Essa é também a música-tema do casal Fernanda e Dody.*

CAPÍTULO 9

"SE A VIDA COMEÇASSE AGORA"

No dia 17 de dezembro de 1989, por meio de eleições diretas, Fernando Collor de Mello se tornou presidente e foi empossado em 15 de março do ano seguinte, enquanto o país vivia uma hiperinflação. Mas, a despeito de todos os problemas econômicos, desde janeiro um grupo já se reunia para definir a volta do Rock in Rio, e eu estava dentro. Na primeira edição, em 1985, eu era repórter do jornal *O Globo* e fiz desde a primeira entrevista do lançamento até a cobertura de todo o projeto. Com isso, fiquei próxima do realizador, Roberto Medina, que me convidou para integrar a equipe em uma próxima edição. Por obra do destino, eu deixara o jornal logo após o festival para ser assessora de imprensa do Canecão, e foi enorme a alegria quando soube que Dody tinha sido contatado por Michaela de Penasse, assessora do criador do festival, para uma conversa. O presidente da premiada agência Artplan era também o responsável pela memorável apresentação de Frank Sinatra no Maracanã, em 1980, ano em que Dody começara a produzir shows. Medina queria conhecê-lo. Fizera uma escuta no mercado fonográfico em busca de um profissional para assumir a contratação de artistas na nova edição, e as referências eram excelentes. Apesar de atuar havia pouco tempo fora do Sul, Dody já tinha deixado a marca nacional de profissionalismo. Phil Rodriguez, que tinha participado da contratação do elenco da primeira edição, em 1985, também o referendara. E havia outro detalhe: na turnê de Rod Stewart, no ano anterior, tinha construído uma boa relação com Bruce Glatman, um dos grandes nomes da Mama Concerts, agência criada em 1968 que revolucionara o conceito de produção de grandes eventos. Transformara os campos de futebol nos Estados Unidos e na Europa em salas de espetáculos a fim de receber um público bem maior do que os tradicionais teatros e casas de shows, e em seu *cast* tinha, entre outros, Prince e Michael Jackson.

O Rock in Rio já estava na mídia. Uma nota publicada na coluna de Carlos Swann no dia 25 de fevereiro, com direito a chamada de capa no jornal O Globo, anunciara o contrato entre Artplan e Coca-Cola no valor de 16 milhões de dólares para realizar a segunda edição do festival, no estádio do Maracanã, de 13 a 21 de julho. Algumas salas na torre do Shopping RioSul, no bairro de Botafogo, começavam a ser preparadas para receber a produção do festival, quando, um dia após a posse do novo presidente, a ministra da Economia, Zélia Cardoso de Mello, com o objetivo de controlar a hiperinflação, que no ano anterior tinha chegado a quase 2.000%, anunciou um pacote econômico. E de repente o dinheiro sumiu da conta de todos os brasileiros, com o confisco das cadernetas de poupança por 18 meses, limitando os saques nos bancos a 50 mil cruzeiros, algo em torno de R$ 18.000,00. Em tempos de inflação, a caderneta de poupança era a forma mais efetiva para garantir menor perda monetária, utilizada por todas as classes sociais. De um dia para o outro, todos ficamos pobres.

A Coca-Cola suspendeu o contrato e, num efeito dominó, tudo foi cancelado. A agência Artplan mantivera o atendimento a seus clientes, e Dody, com a DC Set, seguira com outros shows já programados para Porto Alegre e interior do estado, como Legião Urbana e Kaoma em maio; Paralamas e Ray Charles em julho; Technotronic em agosto; Eric Clapton em setembro; New Order, Legião Urbana e Chico Buarque em dezembro, numa animada agenda de eventos. Tempos em que os empresários recolhiam seus projetos, os rapazes do Sul, sem medo, montavam turnês, acrescentando ainda mais marketing e promoção para vender ingressos, pois as parcerias comerciais haviam encolhido diante da incerteza na economia do país.

Nos primeiros dias de junho, Dody me procurou para fazer a assessoria de imprensa do grande show que a banda Legião Urbana faria no Jockey Club do Rio de Janeiro. A relação da DC Set com os rapazes da banda (Renato Russo, Marcelo Bonfá e Dado Villa-Lobos) e o empresário Rafael Borges era excelente. Já tinham feito diversas turnês, daí o chamado para a parceria nessa produção. Desde o cancelamento do Rock in Rio eu estava como *free lancer,* atendendo alguns clientes, e, entre eles, havia um da Artplan. No dia 6 fui à agência, sem imaginar o que me reservava, pois acabei me tornando testemunha do sequestro de Roberto Medina e alçada à condição de assessora de imprensa do caso. Ao chegar em casa, telefonei para Dody para dizer que não tinha condições de aceitar o trabalho; não sabia quanto tempo a situação iria durar. Estavam ocorrendo vários casos de sequestro no Rio e em São Paulo, alguns longos, e tive rapidamente que aprender a conduzir a imprensa diante de uma crise. Tempos estranhos, até a tarde de 21 de junho, quando Roberto Medina foi libertado e o recebi à porta de sua casa.

No dia seguinte, Jorge Gigante, presidente da Coca-Cola Brasil, procurou Paulo Marinho, empresário carioca que negociara o patrocínio antes de tudo parar com o anúncio do Plano Collor, avisando que o contrato seria retomado e que o festival aconteceria em janeiro de 1991. O show da Legião Urbana, dia 7 de julho, para 60 mil pessoas, foi um sucesso e se tornou emblemático. O público presenciou um Renato Russo comovido, ao informar à plateia a morte de Cazuza, que ocorrera naquela manhã. Muitos ainda não sabiam que aquele dia se transformara em luto para o rock nacional, e, não muito distante dali, um novo time corria contra o tempo para fazer o Rock in Rio acontecer.

Um pequeno grupo se instalou no segundo andar da Artplan. Paulo Marinho, que trataria da parte comercial, Dody, cuidando do elenco nacional e internacional, além da produção geral, Denise Godinho e Gabriela Barros, assistentes e produtoras, eu, montando uma equipe de comunicação, aos poucos fomos tomando todos os espaços livres que havia na agência. Outros tantos profissionais espalhados em seus escritórios, como Manoel Ribeiro, responsável pela engenharia e transformação do Maracanã em Cidade do Rock, Peter Gasper, com os projetos de iluminação, o casal Cacá e Mario Monteiro, cuidando da cenografia, o maestro e autor do tema do festival, Eduardo Souto Neto, criando um novo arranjo, e aos poucos o time foi crescendo. Cansado de ficar pulando de hotel em hotel, casado havia pouco mais de um ano e sabendo que as temporadas no Rio seriam cada vez mais longas, Dody comprou um apartamento na Rua Barão da Torre, em Ipanema. No dia 13 de julho, a Coca-Cola assinou o contrato para o festival, no valor de 20 milhões de dólares, e as negociações para a transmissão pela TV Globo já estavam acertadas. Apesar de ainda estar impactado com o sequestro, Roberto procurava voltar à vida normal e, no dia 24 de julho, em um disputado almoço em sua casa, recebeu diretores das gravadoras, empresários e alguns artistas, como Moraes Moreira, Lobão e Elba Ramalho, para desenvolver uma relação de parceria e abrir os caminhos para as negociações com os artistas nacionais e internacionais. Roberto mostrou o vídeo institucional, o cartão de visita para as agências nos Estados Unidos, anunciou as datas do festival – de 18 a 20 e de 22 a 27 de janeiro –, falou sobre o projeto de transformar o Maracanã numa nave e apresentou Dody Sirena como diretor artístico e de produção.

Em entrevista para o jornal *O Globo* publicada no dia seguinte, Dody falava sobre a viagem que fariam no início de agosto para Los Angeles, depois para Nova York, para contratar o elenco. Dody havia convidado o amigo Phil Rodriguez para integrar a equipe na contratação do elenco internacional. Estavam indo às "compras" com uma extensa lista, em que se destacavam Rolling Stones, Prince, Sinéad O'Connor, Pink Floyd, U2, Stevie Wonder, Dire Straits, Paul Simon e George Michael. Haveria artistas de diversos gêneros musicais e épocas distintas, como dos anos 1970, e de jazz. No dia 10 de agosto, Roberto, acompanhado da esposa, Maria Alice, da assessora Michaela e de Dody, seguiu para Los Angeles.

Mas nem tudo eram flores. Estava difícil "adquirir" o que constava na lista, era preciso ter novas opções. Já estavam havia algumas semanas aguardando um grande nome que não aparecia. Dody havia algum tempo acompanhava a distância a trajetória de uma banda criada em estúdio e que estava na estrada abrindo os shows dos Rolling Stones. A música era muito executada nas rádios e Dody sugeriu a banda a Medina, que não aprovou. Estamos falando de Guns N' Roses. Impaciente com a indefinição, num domingo, tomando sol na piscina do hotel, aguardando as novidades que a segunda-feira traria, ao folhear o jornal *Los Angeles Times*, na seção do horóscopo encontrou o perfil dos signos e suas características. Referente a Leão, constava que "não gosta de ser colocado contra a parede, quando pressionado, costuma não concordar". O descrito se enquadrava com o que estava acontecendo com Medina e, assim, decidiu mudar o discurso. Na primeira oportunidade, comentou que, como o festival não tinha interesse no Guns, ele tiraria o assunto da pauta e contrataria o grupo pela DC Set para uma turnê no meio do ano. Nada mais disse, mudou de assunto e se surpreendeu no dia seguinte, quando, libertado da pressão, Medina autorizou a contratação da banda. Vale lembrar como foram as noites dos Guns: ingressos esgotados, sucesso total.

O Maracanã, transformado em Cidade do Rock, não se comparava ao que fora a primeira edição, na zona oeste, mas tinha vantagens. Por ser de fácil acesso, e com o pouco tempo para colocar o festival em pé, o local estava "semipronto". O engenheiro Manoel Ribeiro e sua equipe trabalhavam praticamente 24 horas por dia nas adaptações, como acesso das arquibancadas ao gramado, vestiários e áreas internas que se transformavam em salas de produção, camarins, espaço para a Globo instalar sua central de transmissão, enfim, uma enorme infraestrutura. Uma área foi transformada em shopping, muito bem comercializada: vendia de pizza a tênis, camisetas e selos – sim, exatamente, selos dos Correios homenageando Cazuza e Raul Seixas, uma proposta bem inovadora. A informática engatinhava, a internet começava a aparecer, ainda muito restrita, desde 1988, e o festival fechou parceria com a Unysis, uma empresa americana de alta tecnologia em TI e software. Com isso, a sala de imprensa disponibilizava aos jornalistas, em português, inglês e espanhol, tanto na tela como para impressão, as informações dos shows do dia anterior e dos que aconteceriam no dia. Era simplesmente o máximo da tecnologia, em cinco gigantes computadores que hoje se assemelhariam a terminais de banco.

Roberto Medina testou no Maracanã um celular que mais parecia um aparelho comum de telefone sem fio e ficava dentro de uma caixa de madeira. As equipes de assessoria de imprensa do exterior com os quais eu trabalhava, Lee Solters (Estados Unidos) e Laister Dickson (Europa), já conheciam e conviviam com moderação com os chamados computadores portáteis. Praticamente todos os profissionais da Mama

Concerts usavam computador. E eu, que era feliz com o fax e uma máquina de escrever elétrica, enlouqueci quando entrei na produção e vi os monitores monocromáticos em quase todas as mesas. Pareciam aparelhos de TV. Lembro-me de ficar olhando, magnetizada, alguém que teclava um texto que aparecia na tela e, na sequência, apertando um simples botão, saía impresso em outra máquina. E o máximo era saber que todos os textos ficavam armazenados no que chamavam de memória e poderiam ser usados em outras situações.

Era um mundo bem novo, que mesclava culturas distintas e que algumas vezes entravam em choque. Problemas não foram poucos, desde as centenas de exigências dos artistas internacionais às reclamações dos brasileiros que se consideravam pouco prestigiados. Não vou entrar nos detalhes das dezenas de toalhas brancas exigidas por Prince, da chuva de latinhas que Lobão recebeu, da alimentação kosher de George Michael, mas sim no que um evento desse porte representava para uma geração de profissionais e seus desafios.

O palco era constituído por três praticáveis que se moviam por meio de rodas de rolimã, para não haver um longo tempo de espera entre os shows. Assim, enquanto estivesse acontecendo uma apresentação, os equipamentos da próxima já estariam montados e iam se intercalando. Tudo testado, perfeito, até que um dia, antes da estreia, Prince foi fazer a passagem de som, e o peso dos equipamentos, mais do que o dobro dos de qualquer outro artista, travou o palco. As rodas não se moviam, e todos os equipamentos estavam em cena. Uma noite inteira tentando uma solução, e o único jeito seria retirar os equipamentos e consertar o palco, mas não haveria tempo para recolocá-los. Assim, decidiram que Prince, em lugar de ser o "headline" e encerrar a primeira noite, faria a abertura. No final do show, fariam a desmontagem o mais rápido possível, para entrada do outro artista, e assim foi, até a última atração, com Alceu Valença, que até hoje celebra o fato de ter sido o único artista brasileiro para quem Prince abriu um show.

Recentemente, numa conversa com Roberto Medina, relembramos que a proposta dessa edição era produzir um evento mais profissional, mais empresarial, mais estruturado. Com isso, Medina montou uma equipe com pessoas mais experientes e sentiu a necessidade de ter um âncora para as contratações de elenco. Ele queria alguém que conhecesse o Brasil e também tivesse relação com o exterior, e assim Dody entrou no grupo, a princípio contratando artistas e depois abraçando toda a produção. Desenvolveram uma relação de parceria, e Medina conta que, em um momento, o que seria conflito acabou se transformando em admiração. Dody insistia na contratação do A-Ha, trio norueguês formado em 1982, que se mudou para Londres e, três anos depois, com o single "Take on me", estourou. Vendeu mais de 1,5 milhão de cópias no mundo todo em apenas um mês. Apesar dos indícios de sucesso, o realizador do festival não levava fé, mas, diante da insistência, acabou concordando, e como resultado o trio pop teve o maior público, levando 198 mil pessoas ao Maracanã durante seu show, quebrando o recorde no *Guinness Book*. Em pesquisa realizada em 2015, nos trinta anos do festival, o show do A-Ha foi escolhido como a cena mais memorável de todas as edições, e o segundo lugar ficou com o trecho do show do Queen, em 1985, quando a plateia cantou "Love of my life".

Não foi um festival simples, pois o temor de uma terceira guerra mundial assustava a todos. No dia 2 de agosto de 1990 começara a guerra no Golfo Pérsico, um conflito militar travado entre o Iraque e forças da coalizão internacional, lideradas pelos Estados Unidos, para libertar o Kuwait, ocupado e anexado pelas Forças Armadas do Iraque sob as ordens do seu então presidente, Saddam Hussein. Na véspera da abertura do festival, dia 17 de janeiro, teve início a última fase dos ataques aéreos, que visavam enfraquecer o poder de fogo terrestre dos iraquianos para a retomada, e foi quando a luz vermelha de perigo acendeu em todo o mundo. Além do apoio dos Estados Unidos, Inglaterra, França, Arábia Saudita e Egito estavam envolvidos e entraram em alerta. Diversos aeroportos nesses países foram fechados, como em Londres, impedindo que o cantor Robert Plant viajasse para se apresentar no festival. Além do clima tenso mundialmente, outro fator gerou problema, referente à transmissão do festival. Diferente do primeiro Rock in Rio, em 1985, quando as transmissões de TV ficaram apenas no nível nacional, nessa nova edição havia contrato com a Radio Vision, um grupo de TV americano que distribuiria para o mundo as imagens captadas com 12 câmeras pela Rede Globo, a maioria manipulada por controle remoto, e ainda contava com um helicóptero para as imagens aéreas. Por causa da guerra, alguns países não tinham como receber as imagens, pois a prioridade da programação era saber o que acontecia nos campos de combate.

No entanto, apesar de todas as dificuldades, foram dias inesquecíveis, e, só para matar a saudade, este foi o casting do festival: Colin Hay, Jimmy Cliff, Joe Cocker, Prince, Alceu Valença, Billy Idol, Engenheiros do Hawaii, INXS, Santana, Supla, Vid & Sangue Azul, Faith No More, Gun N' Roses, Hanói-Hanói, Titãs, Inimigos do Rei, New Kids on The Block, Roupa Nova, Run-D.M.C., Snap!, Judas Priest, Lobão, Megadeth, Queensrÿche, Sepultura, Laura Finocchiaro, Alceu Valença, Deee-Lite, Ed Motta, Elba Ramalho, George Michael, Happy Mondays, Capital Inicial, Debbie Gibson, Information Society, Nenhum de Nós, Paulo Ricardo, A-Ha, Lisa Stansfield, Moraes Moreira e Pepeu Gomes. Dody, que já era um empresário reconhecido no mercado de show business e mundial de eventos, nas relações com patrocinadores e investidores, ganhou ainda mais destaque. Como se todos os refletores utilizando os 1.500 quilowatts que os magos da luz Patrick Woodroffe e Peter Gasper prepararam para o festival tivessem se voltado apenas para ele. Todos sabiam quem era o gaúcho com pouco mais de 30 anos que não temera assumir as responsabilidades em um projeto daquela dimensão. Profissionalmente e pessoalmente, a vida trazia novos desafios e mais responsabilidade: Fernanda estava grávida.

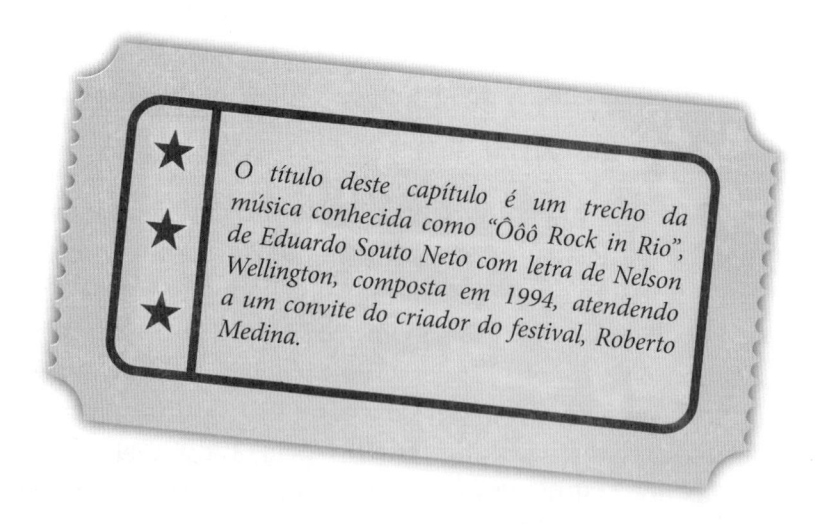

O título deste capítulo é um trecho da música conhecida como "Ôôô Rock in Rio", de Eduardo Souto Neto com letra de Nelson Wellington, composta em 1994, atendendo a um convite do criador do festival, Roberto Medina.

CAPÍTULO 10

"VAI, BRASIL, DÁ UM SHOW"

Desde quando começou a jogar basquete como atleta convidado no Lindoia Tênis Club e depois na Sogipa, o esporte, para Dody, muitas vezes era visto como uma possibilidade de futuro. Aos 15 anos, destacando-se nos campeonatos estaduais, foi contratado pelo Grêmio por 100 cruzeiros – hoje algo como R$ 50,00. Muito pouco, mas, para um garoto, era o máximo entrar num time que estava sendo formado. O Ginásio David Gusmão, ao lado do estádio, que já fora espaço de grandes jogos e shows, tinha sido destelhado por um grande vendaval, em 1975, e preparavam o retorno desses novos atletas. Era um período glorioso para o basquete no país. Nesse ano, a Confederação Brasileira de Basketball criara o 1º Campeonato Nacional de Clubes de Basquete, nos moldes do que ocorrera com o futebol anos antes. A National Basketball Association – NBA –, liga profissional dos Estados Unidos e do Canadá, jogara no Rio de Janeiro, enfrentara duas vezes a seleção brasileira, e havia inclusive perdido na primeira partida. Havia um futuro interessante e promissor, mas o projeto do time do Grêmio não foi em frente; Dody continuou nos bailinhos, mas o esporte sempre estava em seu radar e, como todo brasileiro, era apaixonado por futebol.

Quando conheceu Joaquín Martorell, administrador da carreira de Julio Iglesias, a parceria com o empresário espanhol foi além da música e se tornou amizade. Assim como o artista, Martorell tinha fortes relações com o futebol do país e percebeu grandes oportunidades, que surgiram quando a TV espanhola deixou de ser estatal e foram feitas concessões, por volta de 1996. Uma foi para a Antena 3 (atualmente Atresmedia Televisión), propriedade de Antonio Asensio Pizarro, associado ao americano Rupert Murdoch, acionista majoritário da News Corp, um dos maiores grupos de mídia do mundo, que a transformou em líder no país.

Martorell e o jornalista esportivo Jose Antonio Martin entraram para assumir o comando dos contratos de transmissão dos jogos de futebol e convidaram Dody para se associar a eles. O governo espanhol fizera uma operação determinando que todos os clubes teriam um ano para resolver suas dívidas com o Estado. Os que não o fizessem teriam que se transformar em empresas, e a TV estatal, que anteriormente exibia os jogos, liberou o direito de negociar as transmissões. Martorell, Martin e Dody criaram um projeto para entrar de maneira agressiva no mercado, uma estratégia imbatível para enfrentar a concorrência. Para qualificar as transmissões dos jogos era necessário ter bons jogadores, pois só assim poderiam oferecer um grande espetáculo para atrair patrocinadores e público, e valeria a pena comprar os direitos dos clubes.

Representando os interesses da Antena 3 na América do Sul, Dody saiu em busca de bons jogadores. Em 1994, o Brasil havia conquistado o tetracampeonato mundial e tinha excelentes nomes, assim como havia outros bons jogadores na Argentina e no Uruguai. Como as emissoras tinham que pagar aos clubes alguns milhões de dólares para as transmissões, negociavam oferecendo como parte do pagamento jogadores que eram estrelas e, assim, garantiam a qualidade do show no gramado. Entre tantos jogadores, foram contratados Bebeto para o Deportivo de La Coruña e Palhinha para o Mallorca. Para dimensionar os negócios, no primeiro ano, levando a maioria das estrelas da América do Sul para a Europa, Dody negociou o passe dos jogadores por alguns milhares de dólares, cuja rentabilidade era acima do que imaginava, e sem os riscos dos shows, que dependiam de uma série de variantes. Até um dia chuvoso podia derrubar um evento ao ar livre.

Até 1997 Dody permaneceu na operação com a Espanha, mas, com a venda da Antena 3 para a Telefônica, apesar das propostas para permanecer nos negócios e convites de outros países, resolveu voltar. Como bem me disse Martin por telefone, Dody poderia ter se consolidado como o maior empresário esportivo da América Latina. "O talento que tem de negociar é incrível. Fizemos um jantar reunindo num restaurante dois grupos espanhóis que não se relacionavam. No final da noite, eram amigos."

Mesmo na ponte aérea com a Europa, prospectando outras possibilidades, Dody continuava acompanhando os projetos no Brasil. Os meios de comunicação já eram bem mais fáceis com a telefonia celular e com a internet, e, apesar de Dody já ser protagonista na área de entretenimento, o futebol trazia uma expectativa financeira muito maior. Era bem mais simples do que administrar turnês de artistas, mesmo que a DC Set estivesse abrindo outros espaços com eventos corporativos, como na Copa do Mundo de 1994, quando, no dia 17 de julho, domingo, assistimos ao final da Copa no Japão no escritório da Rua Manuel Guedes, no Itaim Bibi. Estávamos em pré-produção de um evento que, caso a Seleção Brasileira se tornasse pentacampeã, aconteceria na chegada dos jogadores, no sábado seguinte, na Praia de Copacabana, no Rio de Janeiro, e no Vale do Anhangabaú, em São Paulo.

A agência de publicidade Fischer & Justus, por meio do seu cliente Brahma, tinha feito um gol de placa. Mesmo sem ser patrocinadora da CBF ou do Mundial, a marca de cerveja teve uma exposição maciça ao fechar patrocínios individuais com diversos jogadores, entre eles, Romário, Bebeto, Raí, Zinho, Jorginho e Ronaldo Fenômeno. A trilha dos comerciais foi parar na boca da torcida, e os filmes com os jogadores mostrando com o dedo indicador o número 1 invadiram os intervalos das exibições dos jogos, o que fazia crer que eram patrocinadores. Para celebrar a vitória da "Número 1", tínhamos menos de uma semana para produzir dois shows, com atores, cantores e bandas, além dos jogadores e da equipe técnica, com Parreira, Zagalo e Felipe Scolari, e fizemos tudo com enorme profissionalismo. No Vale do Anhangabaú, em São Paulo, e na Praia de Copacabana, no Rio, foram montados dois enormes palcos, onde atores eram mestres de cerimônias de um show com cantores que se intercalavam com a presença dos jogadores campeões. Havia transmissão por satélite entre os dois palcos, com as imagens projetadas em telões nos locais, numa grande celebração pela vitória da Seleção Brasileira.

Mas foi na Copa de 2002 que de forma inesperada a interferência de Dody no futebol ficou ainda maior. Bia Aydar, produtora e amiga desde os tempos em que empresariava Lulu Santos e a DC Set fazia as turnês do cantor no Rio Grande do Sul, o procurou. Estava na função de assessora do presidente Fernando Henrique Cardoso e tinha um problema para resolver: um protocolo do governo determinava que as equipes vencedoras de campeonatos internacionais, na chegada ao país, fizessem a primeira parada em Brasília, quando seriam recebidas e homenageadas pelo governo. Chegávamos ao final da Copa, o Brasil campeão se preparando para voltar, e o então presidente da CBF, Ricardo Teixeira, estava com relações rompidas com o presidente da República.

O fato ocorrera em razão de alguns escândalos após a Copa do Mundo de 1998, na França, que envolviam Teixeira e geraram a abertura de uma Comissão Parlamentar de Inquérito (CPI), conhecida como a "CPI da Nike", que debatia os relacionamentos entre a entidade e a empresa de produtos desportivos, no governo anterior, do mesmo Fernando Henrique. Naquele momento, a questão era sobre a chegada do avião a Brasília, pois Teixeira estava disposto a apoiar Ciro Gomes, então candidato à presidência, e decidira que o primeiro pouso no país seria em Fortaleza. Isso era inconcebível, um enorme desprestígio para o governo. Bia não conhecia Teixeira, mas lembrou-se da relação de Dody com o futebol e foi à procura do amigo, que no mesmo dia viajou para Brasília.

"Ele falou com Deus e o mundo, passamos a madrugada negociando com Ricardo Teixeira no telefone, Dody acionando todos os contatos que tinha no futebol, internacional e nacional, e, como estavam na Coreia, tivemos a sorte de ter um dia a mais nessa operação. Na escala, em Los Angeles, Dody já tinha acertado com Teixeira que o voo desceria primeiro em Brasília. Aí começava a segunda parte do problema: com o impasse entre o governo e a CBF, nenhuma estrutura fora preparada para receber os jogadores. "Éramos nós dois e mais ninguém", lembra Bia. "Fomos esperar a Seleção na base aérea e, quando chegamos, havia uma multidão."

Um caminhão do Corpo de Bombeiros estava a postos, esperando os jogadores e a equipe técnica, mas a multidão que tomara conta das ruas da capital federal impedia que o veículo desenvolvesse a velocidade necessária para chegar ao Palácio do Planalto no horário previsto. Seguindo o caminhão dos bombeiros, estava o trio elétrico da Brahma, bem mais divertido, com cerveja em profusão, e, diante do trânsito lento, alguns jogadores resolveram trocar de meio de transporte, causando uma grande confusão. Foi uma operação complicadíssima, pois a Globo ameaçava interromper a transmissão ao vivo, diante da grande exposição do trio elétrico da Brahma no cortejo, que não era uma das marcas patrocinadoras da Copa. Foi a antiga relação de Dody com o técnico Felipão, também gaúcho, que permitiu que colocassem ordem na casa, trazendo os jogadores de volta para o carro dos bombeiros e, assim, puderam chegar ao Palácio para serem condecorados pelo presidente Fernando Henrique. Relembrando esses fatos, Bia comenta que até hoje tem gente que acredita que eles ganharam fortunas para fazer essa ação, considerada uma incrível oportunidade de marketing.

Paralelamente a esse fato, outro muito delicado acontecia. No relacionamento com o futebol europeu, entre as muitas conexões com o mundo dos esportes, uma delas, no final dos anos 1990, foi com a International Sport and Leisure – ISL –, a maior agência esportiva dos anos 1980 e 1990. Fundada em 1982 pelo executivo da Adidas Horst Dassler, era associada à Fifa, ao COI e à Associação Internacional de Federações de Atletismo (IAAF). A ISL tinha tanto poder que chegou a deter os direitos comerciais da Copa do Mundo e da Olimpíada e, entre algumas ligas esportivas, foi proprietária das de atletismo e basquete, e, das 22 modalidades olímpicas, chegou a ter 18. Em conversa com o presidente da ISL, Heinz Schurtenberger, percebendo que o interesse do suíço era investir no Oriente, Dody mostrou que a América do Sul era um mercado com muitas possibilidades. Foi tão convincente que o contrataram para buscar parceiros e boas negociações, tanto com jogadores como com times de futebol. O objetivo da ISL era criar uma grande empresa, que administraria marketing e transmissões de TV, com um investimento de 1 bilhão de dólares. Mas havia também outro interesse, as eleições da Fifa. E o que o Brasil tinha a ver com isso? Simplesmente era a terra do Pelé, e eles queriam estar ainda mais próximos do parceiro que influenciava os votos de 23 confederações da América e da África.

O empresário de Pelé, Hélio Viana, conseguiu que a ISL investisse no Flamengo por meio da Pelé Sports, e, após dez meses de negociação, assinaram contrato, em cerimônia na Gávea. Na ocasião, Schurtenberger afirmou que em pouco tempo o clube seria o número 1 do Brasil no futebol, nos negócios, e estaria na lista dos dez clubes mais bem-sucedidos do mundo. De início, prometeu dois ou três jogadores de prestígio internacional para alavancar campanhas. O acordo assinado por quinze anos foi no valor de 80 milhões de dólares (cerca de R$ 150 milhões na cotação da época) – 40 milhões seriam investidos no futebol. O projeto também previa a construção de um estádio, que seria custeado pela empresa, além da compra do "Fla-Barra", local onde o time treinava. Mas a ISL queria mais que o Flamengo.

De olho no Brasil e em toda a América do Sul, por meio de um head hunter, a empresa chegou a Wesley Cardia, que era vice-presidente de marketing do Internacional e foi contratado para comandar o escritório da ISL Brasil. Dody continuava na relação direta com a matriz, prospectando parcerias com o Palmeiras, Vitória da Bahia, além do Boca Juniors, na Argentina, e fechando contrato com o Grêmio. Havia um real interesse no mercado, porém, no meio de tudo isso, surge um grande escândalo na Suíça. A ISL era acusada de pagar R$ 189,8 milhões aos cartolas da Fifa e, por administração temerária, fraude e corrupção, com um rombo nas contas de US$ 300 milhões, a ISL foi à falência.

No sul do país, por sua vez, o Grêmio, em que a ISL tinha investido R$ 90 milhões – mais de R$ 300 milhões, em valores atualizados –, caiu para a segunda divisão no Campeonato Brasileiro. Apesar de gremista, Dody nada tinha a ver com a situação.

Diante da vergonha do rebaixamento, com a pressão da torcida e da imprensa, começou uma caça às bruxas para identificar o mau uso do dinheiro colocado no clube. O presidente fizera um grande investimento em jogadores, mas, com a queda para a segunda divisão, nas investigações das causas descobriram que houve desvio de recurso na compra e venda de atletas. Com isso, foi aberto um inquérito policial para identificar os responsáveis. Foram indiciadas 12 pessoas, e, como acontece num processo judicial, o inquérito foi oferecido ao Ministério Público, que aceitou a denúncia, diante do clamor popular. Passado um mês, foram indiciadas mais duas pessoas no processo, e uma delas era Dody.

A partir daí, foram dois longos e bem difíceis anos. De repente, seu nome estava envolvido num grupo acusado de corrupção, roubo, doleiros atuando na compra e venda de jogadores, e aconteceram algumas prisões. Lembro-me desse tempo, do sentimento de injustiça, em que o importante era Dody manter o foco na DC Set. Nada se podia fazer, a não ser aguardar a verdade vir à tona, acompanhando o inquérito e participando de audiências, sempre que convocado. No final do processo criminal, o Ministério Público teria que ter provas de acusação e reconheceu que fora cometida uma injustiça, pois a única coisa que Dody fizera foi apresentar a ISL ao Grêmio. Excluído do processo, sem nada a dever, muitos anos depois, no dia 29 de novembro de 2022, o empresário recebeu a maior honraria do governo do Rio Grande do Sul: a Medalha do Mérito Farroupilha. Indicação do deputado Ernani Polo, essa comenda é destinada àqueles que se destacam em sua área de atuação, como reconhecimento da sua relevância e notoriedade na indústria do entretenimento.

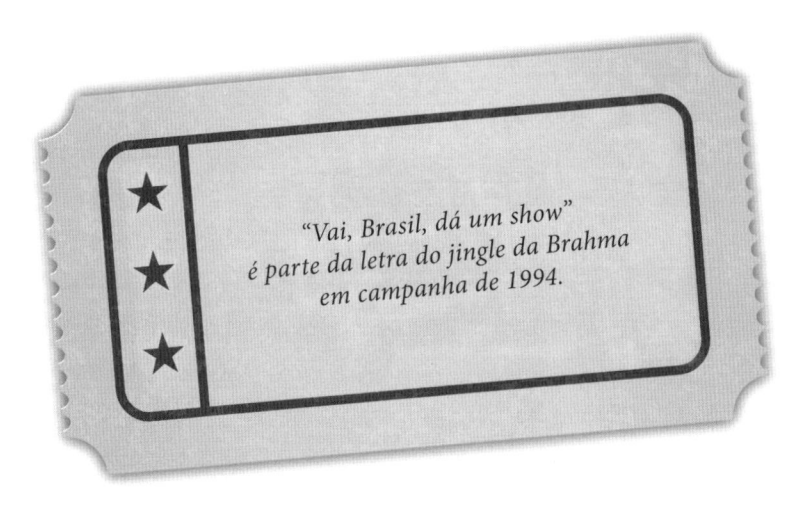

"Vai, Brasil, dá um show" é parte da letra do jingle da Brahma em campanha de 1994.

CAPÍTULO 11

"WELCOME TO THE JUNGLE"

Desde os bailinhos nas garagens, Dody demonstrava facilidade no trabalho em equipe e em parcerias. Foi assim com os amigos da Vila Floresta, depois quando conheceu Cicão, com as primeiras turnês no Sul, com Helio Pimentel, sempre formando redes que ao longo dos anos somavam representantes do Oiapoque ao Chuí e se estendiam à América do Sul, depois aos Estados Unidos e à Europa. As empresas com mais tempo de estrada, como a WTR, de William Crunfli, Marco Antonio Tobal e Romualdo Hatt, negociavam contratações internacionais por meio de Phil Rodriguez, sabiam da confiabilidade dos rapazes do Sul e continuavam produzindo juntos, à medida que a DC Set foi crescendo. Dody se dividia entre Rio, São Paulo e Porto Alegre. No ano anterior nascera Matheus, no dia 29 de junho, e ele queria estar mais junto da família, para ver o filho crescer, ao mesmo tempo que os apelos para novos negócios eram constantes. Em algum momento, necessitaria de um escritório e de uma casa em outra cidade, e já percebia que o mais certo seria em São Paulo.

No final do Rock in Rio, vários artistas e bandas concluíram que o Brasil era uma terra fértil para suas turnês e começaram a se organizar. Os primeiros foram os rapazes noruegueses do A-Ha, aqueles que Dody insistira na contratação e foram o maior sucesso. A banda voltou para uma excursão em 14 cidades e a DC Set, com tantos outros compromissos, optou por ficar apenas com o encerramento, no dia 7 de junho de 1991, no Gigantinho.

Em setembro foi a vez do Faith No More, que começou por Manaus, e o sonho dos cinco rapazes de São Francisco (Califórnia) era conhecer a Amazônia. A popularidade que a banda conquistou no país impressionou os próprios integrantes, Mike Patton, Billy Gould, Roddy Bottum, Mike Bordin e Jim Martin, que também se apresentaram em Recife, Brasília, Belo Horizonte, São Paulo, Rio, Santo André, no ABC Paulista e em Curitiba e se despediram em Porto Alegre.

Os britânicos do Iron Maiden retornavam sete anos depois do primeiro Rock in Rio, com "Fear of the Dark", uma turnê iniciada dia 3 de junho em Norwich, na Inglaterra, e vinham para shows no Rio (31/7), São Paulo (1/8) e Porto Alegre (4/8). Apesar do som pesado, no convívio social os rapazes do Iron Maiden eram tranquilos. Não era o caso da banda que chegou para fechar o ano. De todas, o Guns N' Roses era a mais emblemática (e problemática). Tinha suas particularidades. Por exemplo, no Rock in Rio, só permitia que o seu fotógrafo registrasse as apresentações. Mas um esperto profissional, que já tinha feito todo o material da primeira edição do festival, descobriu uma forma de driblar a segurança. Ele se instalou no teto do palco, no *grid* de luz, e ali ficou quase o dia todo, aguardando o show. Imaginava fazer fotos incríveis, em um ângulo único. Para se alimentar, levou algumas balas no bolso e, despreocupadamente, foi comendo, até um papelzinho cair, ele ser descoberto e retirado de lá. Mas isso nada mudou, pois, no final, o guitarrista, Slash, declarou que "tocar para 260 mil pessoas tinha sido a experiência mais alucinante" e queriam voltar.

E voltaram, em dezembro de 1992, para a América do Sul com a turnê "Welcome to the Jungle", título da primeira canção de *Appetite for Destruction*, o álbum de estreia da banda, lançado em 1987. Para promover os shows em São Paulo e no Rio, alguns meses antes a DC Set realizou uma festa temática na Floresta da Tijuca. O convite era para uma experiência na selva, que se aproximou bem do proposto. Tochas iluminavam o caminho, uma onça amestrada recebia os convidados na entrada do restaurante Os Esquilos, uma casa construída em 1862, e muito rock rolando no coração da floresta. Malabaristas, engolidor de fogo, um show exótico para os convidados jornalistas, radialistas, celebridades... Era o esquenta da turnê, que passaria por Caracas, Bogotá, Santiago e Buenos Aires, com momentos muito atribulados. Na chegada à Argentina, ainda no aeroporto e diante do assédio da imprensa, os músicos baixaram as calças e fizeram gestos obscenos. Essa cena, amplamente divulgada pela mídia, levou o presidente Carlos Menem a conclamar a população a boicotar o show. Para mostrar que o clima estava ameno, Axl desfilou pelo hotel vestindo uma camisa da seleção de futebol do país, e os outros músicos foram gentis e conversaram com os jornalistas. O estádio do River Plate recebeu 70 mil pessoas no dia 5 de dezembro, e a banda despediu-se de Buenos Aires em clima de paz e amor, mas surpresas iriam acontecer em São Paulo.

O constante sentimento de perseguição pela imprensa fez com que, na madrugada do dia 9, o intempestivo Axl Rose jogasse uma cadeira do mezanino do Hotel Maksoud Plaza em direção aos jornalistas que estavam na calçada. Ninguém se feriu, mas a polícia deteve o músico, alegando que colocara a vida de seres humanos em perigo ao arremessar o objeto de uma altura de cerca de dez metros. Foi um grande trabalho para a produção, que precisou contratar uma equipe de advogados para ficar a postos, enquanto os rapazes da banda estavam no Brasil. Sabia-se que um processo poderia ser aberto, até com possibilidade de detenção do músico, e o assunto rendeu na mídia, deu enorme trabalho, mas, ao menos fora do palco, o artista se aquietou. No dia 10 de dezembro, no estacionamento do Anhembi, os 250 mil watts de som, as 9 mil lâmpadas e os monstros de 6 metros de altura que decoravam o palco esperavam o público, ansioso para que repetissem o encantamento do show do Rock in Rio. No entanto, logo no início, durante a execução de "Live and let die", por causa de uma pancadaria na plateia, Axl parou de tocar e saiu de cena. Ao voltar, chamou um intérprete para falar mal da imprensa, e, diante de uma sucessão de ataques entre público e artista, o show terminou morno e antes do tempo. No show do dia seguinte, chovia tanto que a apresentação precisou ser adiada.

Essa mudança gerou sérios problemas, pois a produção perdeu um dia livre, quando seria feito o transporte do equipamento para o Rio de Janeiro, que receberia o show no Autódromo de Jacarepaguá no dia 13. As chuvas também castigavam os cariocas. Um dia antes, 600 operários ensopados montavam o palco, enquanto uma draga retirava a lama do local. As divisórias importadas dos Estados Unidos, que permitiriam com segurança e conforto separar a área do público em dois setores, com preços diferenciados, não puderam chegar. Para garantir que os ingressos comprados em frente ao palco tivessem prioridade no acesso, os portões dessa área foram abertos primeiro. Na sequência, porém, tiveram que abrir os outros, ficando os dois setores misturados. Os que se sentiram lesados receberam dos 400 seguranças e da equipe de produção a informação para deixar seus dados na delegacia montada no local e que seriam ressarcidos. Todos os meios de comunicação foram utilizados para divulgar a devolução da diferença do valor do ingresso, até um anúncio no jornal.

Apesar de todo o caos que acontecia, independente da produção, o rebelde Axl era extremamente carinhoso com Dylan, o menino de 2 anos, filho da namorada, a modelo Stephanie Seymor que chegara dos Estados Unidos. No dia que antecedeu o show, pude a distância testemunhar uma cena num fim de tarde com uma réstia de sol. Da sala de imprensa, de frente para a piscina, eu pude observar Axl e a criança brincando na água, sem qualquer importunação, enquanto, distante poucos metros, na portaria do Hotel Intercontinental, a confusão dos fãs era enorme. No dia 13 de dezembro, depois de "Knockin' on heaven's door", Axl, Slash, Matt, Gilby e Duff encerraram a turnê na América do Sul, com a participação maciça do público. Um alívio para a produção.

O ano chegava ao fim e tinha trazido novas experiências. Além de o rock internacional ter descoberto um país com dimensões continentais disponível para receber todos os estilos, a parceria com a Mama Concerts se consolidava. Com o respeito conquistado como produtora e contratante, a DC Set ficou mais forte no mercado internacional, recebendo muitas ofertas para shows e turnês, mas nem sempre foi assim. Lembro-me de que cinco anos antes a DC Set entrara na disputa para realizar o show de Tina Turner, único da turnê "Break Every Rule" no Rio de Janeiro. Em sociedade com a Eventus, empresa de Aloysio Legey,

Jerson Alvim e Walter Lacet, que fazia a direção artística do Canecão, criou um projeto lindo, que foi levado a várias reuniões, houve visitas técnicas, recepção à equipe da artista, trocas de propostas para turnê em todo o país. O verdadeiro interesse de Tina com esse show era gravar um especial para a HBO com imagens do carnaval, da Amazônia e de todas as belezas de um país tropical. A DC Set acabou perdendo para um produtor paulista. Mas, como nem sempre se acertava da primeira vez, a equipe ganhava mais força para continuar disputando o mercado.

Enquanto isso, continuavam produzindo turnês e shows únicos, como foi o da banda Metallica no Parque Antarctica, em São Paulo (atual Allianz Parque), na zona oeste. Três anos antes eles tinham passado pela cidade, sem grande destaque. Agora os metaleiros de São Francisco (Califórnia) vinham para a América Latina, numa turnê que começara no México, passara por Venezuela, Chile e Argentina, e chegavam ao Brasil para dois shows. Trazendo 150 toneladas de som, encontraram um outro cenário, resultado da venda de 6 milhões de cópias do último disco apenas nos Estados Unidos. Os 35 mil ingressos se esgotaram e havia fila de fãs acampados na porta do estádio dias antes de os portões serem abertos, caravanas de todo o país, principalmente do interior de São Paulo, e as noites foram inesquecíveis.

Entretanto, enquanto o rock rolava no palco, o foco da DC Set estava em outro evento, que havia dois anos vinha negociando. Tratava-se simplesmente de realizar a turnê do artista que vendeu o maior volume de discos em toda a história, mais de 110 milhões de cópias de *Thriller* – ninguém menos que Michael Jackson.

> "Welcome to the jungle" é de autoria de Axl Rose e é a primeira canção de Appetite for Destruction, o álbum de estreia da banda Guns N' Roses, lançado em 1987 e considerado um dos melhores álbuns de rock da história.

CAPÍTULO 12

"BLACK OR WHITE"

A relação com a Mama Concerts, a maior agência americana de artistas, tinha se solidificado ao longo dos anos, com muitos shows, e as conversas sobre Michael Jackson vinham acontecendo desde o final do Rock in Rio. No início de 1993, a DC Set inaugurou seu primeiro escritório em São Paulo, um andar inteiro num edifício comercial na Rua Manuel Guedes, no Itaim Bibi. Era um ano de grande impacto para Dody, que começava a empresariar o artista Roberto Carlos, e para a DC Set, que assumia seu protagonismo como uma das mais importantes produtoras de eventos no país, com o show de Michael Jackson.

Dody passara duas semanas com Bruce Glatman em Los Angeles acompanhando os ensaios de Michael Jackson, em um galpão na Sony Pictures. Foi nesse período que tomou conhecimento da obrigatoriedade de os promotores divulgarem o artista como "Michael Jackson – o rei do pop", e até hoje não se sabe quem deu esse título a ele, mas o fato é que se tornou verdade. Em agosto, um representante da DC Set tinha ido a Santa Cruz de Tenerife, nas Ilhas Canárias, por onde a turnê estava passando, para conhecer a complexidade do projeto e foi recebido por MacGyver, ou melhor, Décio Zitto, o único brasileiro, entre 400 profissionais, que viajava com a equipe do artista. Produção em pleno vapor e, de repente, surge uma novidade.

Marlene Mattos, empresária de Xuxa, fez uma proposta em nome da artista, oferecendo um valor bem maior do que o que estava sendo negociado. A oferta chegou por meio do empresário espanhol Pino Sagliocco, que representava a Mama Concerts na Espanha. Xuxa, alguns anos antes, quando tinha um programa na TV americana, visitara o cantor em sua casa em Neverland. Segundo o documentário da artista e outras declarações na mídia, ele propôs que ela se tornasse mãe de seus filhos, o que a deixou em choque. Mas, naquele momento, sua carreira estava em franca expansão, ela já se tornara "rainha dos baixinhos" na Argentina e havia possibilidade de conquistar o mercado espanhol. Com isso, Sagliocco e o advogado da artista, Luiz Cláudio Moreira, entraram na disputa.

A realidade é que a turnê já estava organizada para a América do Sul, e, nesse meio-tempo, apareceu uma oferta mais alta. Por mais amizade e respeito que houvesse entre a Mama Concerts e a DC Set, com grande admiração de Marcel Avram (presidente da empresa americana) por Dody, os dólares em dobro foram irrecusáveis.

A economia no Brasil era bem complexa, com a inflação chegando a 2.000% ao ano, 1 dólar correspondia a 14.768,00 cruzeiros reais e 1 salário mínimo podia comprar 223 dólares. Era um investimento de muito peso, e, como tudo que envolve o show business, também de risco. Mas o universo conspirava a favor. Em uma das etapas para o contrato, a empresa de Xuxa não cumpriu no tempo marcado uma solicitação da contratante, abrindo espaço para a DC Set assumir a proposta. Avram, muito interessado no negócio com novo aporte financeiro, confiante em que a DC Set, mais experiente, entregaria uma turnê de qualidade, sugeriu que as partes se unissem, e Dody foi ao encontro de Luiz Cláudio, no apartamento que a rainha dos baixinhos tinha em Los Angeles; assim nasceu a parceria: a DC Set teria o comando geral da produção e a empresa de Xuxa entraria como investidora.

Seguiram firmes na complexa produção do espetáculo. Os equipamentos corriam o mundo em dois aviões russos Antonov, os maiores do mundo, e por terra eram transportados por mais de 60 carretas e 20 caminhões, com peso total de duas toneladas. O palco levava três dias para ser montado, por uma equipe de 168 homens. Dois telões de cristal líquido, 1.000 luzes e mais de 10 mil cabos elétricos compunham a parafernália do maior espetáculo da Terra. O Estádio do Morumbi sofreu uma mudança radical – as cabines de imprensa e rádio foram transformadas em camarotes, e ainda havia um Hospitality Center, em uma área superexclusiva, ao preço de US$ 450 por pessoa. As exigências do *rider* técnico, uma espécie de manual detalhado das necessidades do artista, ocupavam muito espaço na mídia. Desde a retirada dos cinzeiros da suíte de 720 m² que ocupava todo o 22º andar do Sheraton Mofarrej, onde o artista ficaria instalado, até a linha telefônica desbloqueada para uso exclusivo. Todas essas notícias nos jornais, rádio e TV aumentavam ainda mais o interesse pelo show. Havia excursões sendo organizadas em diversas cidades, como em Porto Alegre, onde três agências criaram pacotes com ingressos ao preço de US$ 110. Hoje não seria menos de R$ 500,00 na arquibancada e R$ 1.400,00 na pista em frente ao palco.

Um dos momentos mais esperados era a chegada do cantor. Com a certeza do interesse dos fãs, um grande esquema de segurança foi montado. Num calor de 30 graus, com mais de uma hora de atraso, às 15h33 Michael Jackson desembarcou de seu Boeing 727 particular no Aeroporto Internacional de São Paulo, em Guarulhos. Antes de descer do avião, pediu um guarda-chuva para se proteger do sol, e esse era um dos tantos elementos que constavam do *rider* técnico. Denise Godinho, quando saiu de casa, verificou se todas as solicitações do *rider* estavam atendidas. Não acreditava que seria necessário um guarda-chuva, um dos elementos solicitados, afinal estava um dia lindo. Por garantia, tinha um no carro, que recebera do possível patrocinador de um festival de verão que estava para acontecer. Quando de dentro do avião solicitaram o guarda-chuva, pegou o que estava no carro, sem imaginar que no dia seguinte, na capa de todos os jornais, estaria a marca M2000, uma fábrica de tênis que nada pagou por esse merchandising, mas patrocinou o M2000 Summer Concert no ano seguinte.

Debaixo do guarda-chuva verde, vestindo camisa e calça pretas, *blazer* cinza estilo militar, chapéu e óculos escuros, o cantor acenou para uma multidão de 1.500 pessoas que o aguardavam desde cedo, recebeu flores de algumas crianças, entre elas Sandy e Junior, filhos de Xororó, caminhou a uma distância de dez metros da cerca onde estavam os fãs, acenou, entrou na limusine e seguiu para o hotel, acompanhado por uma comitiva de 18 pessoas. O Playcenter, primeiro grande parque de diversões de São Paulo inspirado nos americanos, foi fechado naquela noite apenas para o artista se divertir com seus 300 convidados. Na trilha sonora, apenas as canções dos Beatles, pois o anfitrião era detentor dos direitos das obras.

Na união das empresas de Xuxa e de Dody para realizar os shows, o publicitário Duflair Pires estreitou relações com a DC Set. Como negociava patrocínios para Xuxa, foi-lhe dada a missão de buscar uma cota de apoio. A Pepsi-Cola era a patrocinadora mundial, consta que estava investindo US$ 4 milhões na turnê pela América do Sul, e que nem sempre permitia a entrada de outras marcas em seus shows. Duflair percebeu o interesse da Nestlé em comprar uma cota de apoio para entrar com uma bebida à base de leite, a Pepsi não permitiu, mas, com interferência de Dody, concordou com o patrocínio do chocolate Rock, que entrava no mercado substituindo o chocolate Lollo.

Como esperado, os ingressos se esgotaram, porém, um dia antes da chegada do cantor, uma carga de bilhetes foi roubada a caminho de um dos pontos de venda. Era um tempo em que não existia venda pela internet, apenas nos locais dos shows, nesse caso nas bilheterias do Estádio do Morumbi. Em uma parceria com a C&A, em algumas lojas podia-se adquirir ingressos, além da venda por telefone para os que estavam em outros estados. E foi na entrega da loja no Shopping West Plaza, no bairro da Lapa, que dois homens armados interceptaram o descarregamento de 4 mil ingressos e fugiram. Mesmo sendo ingressos de arquibancada, com valor mais baixo, era uma quantia considerável. Certamente cairiam nas mãos dos cambistas, e o caso foi amplamente anunciado na mídia, com a recomendação de não comprarem ingressos fora dos postos autorizados. O que os ladrões não sabiam era que a organização trazia uma tecnologia inédita: os ingressos tinham um chip que era lido através de uma tarja eletrônica ao passarem nas catracas de acesso ao estádio. Com isso, os ingressos roubados tiveram seus lotes bloqueados no acesso, e os que compraram dos cambistas tiveram de ouvir o show do lado de fora do estádio.

A revista *Veja* de 6 de outubro trazia na capa Michael Jackson e Madonna, e a matéria começava com a seguinte frase: "No final da próxima semana um brado retumbante de guitarras irá soar no Estádio do Morumbi, em São Paulo, para anunciar que abriu uma nova era no país". Michael Jackson em outubro e Madonna no mês seguinte faziam com que o país vivesse momentos únicos, com ofertas de grandes artistas. Segundo Roberto Augusto, presidente da Sony Music, em entrevista à revista, "os dois artistas estavam em fase de mundialização de suas carreiras", e essa competitividade deixava mais sedutor todo o mercado do entretenimento. Turnês desse porte envolviam a economia de diversas formas, e uma parte considerável era o mundo do disco. Em 1992 o Brasil era o maior mercado musical do mundo, com 32 milhões de CDs, elepês e cassetes. Estava à frente da Espanha, da Bélgica e da Austrália, e, com essa carga de promoção de duas grandes estrelas, as vendas iriam subir ainda mais.

Michael Jackson era o artista mais importante do planeta. Em 1992 fundara a Heal the World Foundation, que ajudava milhões de crianças ao redor do mundo. Em junho do mesmo ano, saiu com a turnê para divulgar o álbum, quebrando recordes de público firmados por ele mesmo durante a "Bad World Tour", em 1987 e 1988. Enquanto Dody negociava a vinda de Michael ao Brasil, a turnê foi interrompida, depois de o artista ter sido acusado de abusar sexualmente de uma criança. Mas nem esse escândalo impediu seu sucesso. Para divulgar o álbum *Dangerous*, no dia 31 de janeiro, o astro se apresentou no intervalo do Super Bowl XXVII, a famosa final do campeonato de futebol americano organizado pela NFL, exibido pela NBC para 103,4 milhões de pessoas. No final dessa apresentação, um vídeo mostrava o artista participando de campanhas humanitárias por todo o mundo e, na sequência, 3.500 crianças se juntavam para cantar "Heal the world". E, para fechar essa promoção, dez dias depois ele concedeu uma entrevista a Oprah Winfrey, que foi vista por 100 milhões de telespectadores. Era a primeira entrevista em dez anos. Com isso, *Dangerous* voltou ao top 10, um ano após seu lançamento. A turnê "Dangerous World Tour" foi vista por 3,5 milhões de pessoas, em 69 concertos em estádios. Todos os lucros foram revertidos para projetos sociais. No entanto, com tantas acusações de abuso sexual, várias apresentações foram canceladas, e a turnê terminou dia 11 de novembro, no México.

Vinte e três anos depois da passagem de Michael Jackson pelo Brasil, em 2016 um avião Antonov pousou em São Paulo, e me lembro de Dody comentar que estava lendo a notícia no jornal quando Mariana, sua filha, na época com 16 anos, ficou interessada no assunto. Afinal, não é todo dia que se vê um avião que pode levar até 250 toneladas, com 88 metros da ponta de uma asa até a extremidade da outra e 84 metros de comprimento (em posição vertical, teria a altura correspondente a um prédio de 28 andares), voando nos céus do Brasil. E foi nessa conversa que Dody se lembrou do esquema para a vinda de Michael Jackson: "Mariana, nós trouxemos dois Antonovs!". Ela não acreditou, fez uma pesquisa na web e só então foi ver o tamanho da operação realizada. Hoje, cerca de quatro décadas depois, "Dangerous World Tour" permanece entre os dez maiores shows apresentados no Brasil em todos os tempos.

"Black or white" foi composta por Michael Jackson e lançada em 11 de novembro de 1991, no álbum Dangerous. É o single mais vendido e bem-sucedido da década de 1990, bem como o que permaneceu em primeiro lugar por mais tempo, em mais de 20 países. A música promove a unidade racial e tornou-se o segundo maior sucesso do cantor, atrás somente de "Billie Jean".

CAPÍTULO 13

"É VERÃO E O QUE IMPORTA É A EMOÇÃO DE ESTAR AQUI"

Lembro-me de que nas primeiras conversas, em 1991, sobre o local onde seria construído o segundo Rock in Rio, Dody falava sobre um espaço que poderia ser até o autódromo do Rio, pois a corrida de Fórmula 1 tinha sido transferida para São Paulo, e Roberto Medina gostara da proposta. Não podíamos voltar à Cidade do Rock, que fora demolida, e ainda havia uma questão política, com má vontade do governo.

A ideia era ter um espaço onde, além de um megapalco para as grandes estrelas, houvesse palcos para novos artistas, área de esportes radicais e setor de alimentação, assim o público passaria um dia com diversas atividades. Os festivais em que as atenções do público estivessem voltadas apenas para um palco teriam seu tempo contado. Com a escolha do Maracanã para sediar o evento, mesmo com espaço limitado, ainda foi possível incorporar as lojas e a área de alimentação. O formato de áreas com muitas opções de entretenimento em pouco tempo se tornou uma tendência mundial.

Dody continuou com o pensamento de realizar um festival inovador. Foi desenvolvendo a ideia, até que, depois de quatro anos, surgiu o momento de colocá-la em ação. Quem me ajuda a contar como tudo aconteceu é Geraldo Corrêa, na época diretor da RBS. A DC Set já era a parceira de eventos do grupo de comunicações com maior liderança no Rio Grande do Sul, formado por rádios, TV e jornal, e em 1995 foi chamada para conversar sobre a celebração dos 20 anos da Rádio Atlântida, que deveria ocorrer no ano seguinte. Renato Sirotsky, diretor das rádios, trouxe para a empresa a aspiração de fazer uma celebração robusta e enxergou a DC Set como ideal para essa formulação. Pensavam em vários shows no verão, em alguma praia, e a mais próxima que abrigava um estádio era a de Cidreira, que não se enquadrava com o pensamento. Dody foi a um encontro com Geraldo, no qual também estavam Marcos Dvoskin, vice-presidente da RBS, e Claro Gilberto, diretor de eventos da emissora, quando apresentou o projeto em que, além da música, haveria uma área para esportes radicais, como pistas de *roller, kart indoor* e paredão para montanhismo. Era uma proposta inovadora, e assinaram um termo reconhecendo que a criação do projeto era da DC Set.

Assim nasceu o Planeta Atlântida, que estreou dia 9 de fevereiro de 1996, no Balneário de Atlântida, em Xangri-lá, no litoral gaúcho, distante pouco mais de 130 quilômetros de Porto Alegre. Para isso, tiveram que transformar a sede campestre da Sociedade dos Amigos do Balneário de Atlântida (SABA), uma área com mais de 90 mil m², em um parque com múltiplas atrações e palcos. No palco central, os Mamonas Assassinas foram a atração principal. A banda conquistara sucesso rapidamente, por suas apresentações irreverentes e excêntricas, além das composições, que conciliavam pop rock com gêneros musicais populares, como sertanejo, pagode romântico, música portuguesa e forró. O primeiro álbum vendera mais de 3 milhões de cópias só no Brasil, mas a banda acabou tragicamente, com a morte de todos os seus componentes num acidente de avião, um mês após a participação no Planeta. Nessa estreia estavam também os Titãs, Fernanda Abreu, Rita Lee, o argentino Charly García e os gaúchos Maria do Relento e Papas da Língua, além da extinta Harmadilha. A empresa americana Show Power enviou técnicos para a instalação de 300 mil watts de som e 600 mil watts de luz. O que seria apenas a celebração de aniversário de uma rádio se tornou um projeto vitorioso – mais do que isso, o maior festival de música do Sul do Brasil.

Acompanhando as evoluções na área de entretenimento, o Planeta seguiu as tendências, as dinâmicas, as mudanças de comportamento, se inseriu nas novas plataformas e se adaptou à nova realidade com enorme competência. Desde 1996 acontece no mesmo lugar e já recebeu mais de 1.300 atrações nacionais e internacionais de todos os estilos. Nos palcos, panoramas dos ritmos representativos dos últimos 25 anos, com rock, pop, axé, funk, sertanejo, eletrônico, reggae, surf music, rap, samba e pagode, em mais de 800 horas de música. Já são mais de 2,2 milhões os "planetários", como são chamados os frequentadores do festival, e começa a surgir a segunda geração. Interrompido em 2021 e 2022 devido à pandemia de covid-19, no seu retorno, em 2023, recebeu 80 mil pessoas. Aproximadamente 350 toneladas de estrutura utilizadas se traduziram em dois palcos principais e diferentes espaços de ativações exclusivas, distribuídos ao longo da arena, do camarote, do Premium e do *lounge* para convidados.

A economia e o turismo da região têm sido amplamente beneficiados com o evento, que, com sua longevidade, desenvolveu boas parcerias com patrocinadores, como as lojas Renner, juntos desde o início. Um time de 150 profissionais se envolveu ao longo de meses até a realização do festival, que contou com uma equipe de aproximadamente mil pessoas para, em pouco mais de um mês, colocar o evento em pé. O faturamento da edição de 2023 foi 63% superior ao da edição anterior, que antecedera a pandemia. Foram 19 parcerias, tendo Renner, Banrisul, Unisinos, Coca-Cola e Dado Bier como patrocinadores máster e, ainda, os apoios de Red Bull, Infinita, 3 Corações, Salton, Mastercard, Expochurrasco, Panvel, Secretaria de Turismo do Estado do Rio Grande do Sul, Docile e Mr. Jack.

Nessa edição aconteceu a primeira transmissão através dos canais digitais da rádio Atlântida, atingindo mais de 1 milhão de visualizações nos dois dias de festival, contemplando shows, bastidores e entrevistas. As marcas Panvel e Mr. Jack, junto com Bib's, iPlace, Quiero Café e Bourbon Shopping, assinaram o patrocínio. O festival também tem a sua responsabilidade social e, por meio do ingresso solidário (mais barato que o ingresso inteiro e parte vai para doação), repassou mais de R$ 185 mil, distribuídos entre as ONGs Associação da Cultura Hip

Hop de Esteio e Associação Amigos Casa da Música (AACAMUS). A Fundação Maurício Sirotsky Sobrinho (FMSS) selecionou as instituições que seriam contempladas. Um dos três festivais mais longevos do mundo, o Planeta Atlântida se tornou, em 26 edições, "mais que um festival, é um momento de conexão dessas marcas, que dizem muito do Rio Grande do Sul, com o público jovem". A afirmação é de Caroline Torma, diretora de marketing da RBS, que vê o festival como "um rito de passagem dos jovens, o ápice do verão dos gaúchos". Foi em torno da SABA, onde acontece o evento desde sua primeira edição, que se desenvolveu o Balneário de Atlântida, e essa tradição enriquece a intensa relação afetiva que há entre essas duas marcas em momentos de enorme alegria e diversão.

A relação de Dody e Cicão com shows no litoral gaúcho é histórica. No início dos anos 1980, realizaram num verão uma série de shows ao ar livre, e havia o pensamento de que voltassem a acontecer em outras praias, com um novo formato. Seriam shows itinerantes gratuitos em áreas públicas, misturando artistas de diversos gêneros musicais, e o desejo se tornou realidade em janeiro de 1994, com o M200 Summer Concert. A indústria de tênis que assinava o evento estava em conversas sobre o patrocínio desde antes do show de Michael Jackson. Daí o fato, totalmente casual, de o artista descer do avião com o guarda-chuva estampando a marca. Nos dias de hoje, essa ação de exposição valeria uma fortuna. Mas o festival itinerante saiu do papel e aconteceu em quatro fins de semana, oito shows em quatro localidades: Santos (São Paulo), Barra da Tijuca (Rio de Janeiro), Canasvieiras (Florianópolis) e Capão da Canoa (Rio Grande do Sul). Contou com artistas nacionais e internacionais: Chico Science & Nação Zumbi, Gabriel o Pensador, Cidade Negra, Chaka Demus & Pliers, Inner Circle e Three Walls Down, Cidadão Quem, Dr. Sin, Anything Box, Deborah Blando, Robin S., Fito Páez, Helmet, Rollins Band, Mr. Big, The Lemonheads e Raimundos.

Santos se transformou na capital do reggae num dia e do rock no outro, num circuito dividido em duas etapas, janeiro e fevereiro. A primeira edição atraiu 180 mil pessoas, que assistiram a shows das 19h às 3h da manhã. Na segunda etapa, em fevereiro, saíram os fãs com *dreads* nos cabelos e roupas coloridas, para entrarem os roqueiros vestidos de preto e tatuados. No dia 8 de janeiro, um enorme congestionamento foi provocado na entrada da Barra da Tijuca. Além do tradicional tráfego dos fins de semana, uma multidão de jovens residentes dos bairros próximos, como Rocinha e Jacarepaguá, disputava o espaço para chegar ao Quebra-Mar e assistir aos shows. Segundo a Polícia Militar, cerca de 100 mil pessoas estavam na plateia. O atual prefeito do Rio de Janeiro, Eduardo Paes, na época era "prefeitinho da Barra da Tijuca", um cargo criado pelo então prefeito César Maia, que deu aos administradores da região uma posição de mais destaque, e é testemunha de tudo que aconteceu.

Nesse ano de 1994, o M2000 Summer Concert foi o maior festival internacional de música no país e, lamentavelmente, não teve desdobramentos por questões de patrocínio, mas, entre os muitos acertos, abriu espaço para artistas como a banda Raimundos, que ali fez o primeiro grande show da carreira. Não era um "festival alternativo", mas tinha um *cast* eclético, foi o primeiro grande show de Toni Garrido no grupo Cidade Negra, e, em depoimentos de muitos jovens encontrados na internet, alguns pela primeira vez viajavam sozinhos e viveram o sentimento de liberdade.

Mas outros festivais podiam rolar, e foi assim com a parceria da DC Set e a RPC, que nasceu nos anos 1980 e rendeu novos frutos, como o Lupaluna, um festival criado no Paraná com o compromisso de promover o debate sobre a preservação de áreas naturais e que estreou nos dias 12 e 13 de abril de 2008.

Foi o primeiro festival na América Latina a criar uma grande vitrine sobre a preservação dos recursos hídricos e de áreas naturais. Aconteceu num espaço de 300 mil metros quadrados em Piraquara, a 22 quilômetros de Curitiba, onde foi construída uma cidade exclusiva, com o objetivo de estimular as pessoas a saírem do grande centro para um lugar diferente, próximo à natureza. Com capacidade para receber 60 mil pessoas, o espaço foi dividido em quatro partes, em que constavam palco central e outros três secundários, com atrações simultâneas. Combinar cuidados com a natureza e muitas horas de música era o objetivo para compensar o nível de emissão de carbono, e a produção projetou adotar uma área de preservação a fim de cuidar dela.

A preocupação ambiental levou à realização de um trabalho conjunto com a Sociedade de Pesquisa em Vida Selvagem e Educação Ambiental (SPVS), que calculou o impacto do evento no meio ambiente, a ser compensado por meio de um projeto batizado de Condomínio Ecológico Lupaluna. As atrações, O Rappa, Lulu Santos, Charlie Brown Jr., NX Zero, Claudia Leitte, Skank, Capital Inicial, Armandinho, Zeca Baleiro, além de artistas locais, se dividiram nos palcos.

Em 2009, o Lupaluna, já reconhecido pela mídia como "o maior festival de música do Paraná", aconteceu nos dias 20 e 21 de novembro, em novo endereço, no Bioparque, uma área com mais de 50 mil metros quadrados, seis lagos e extensa área verde preservada, a oito quilômetros do centro da capital paranaense. Encontro de vários estilos musicais em meio à natureza, além das arenas de shows, o local ainda contava com uma praça de alimentação que oferecia 14 tipos de *fast food*. Durante os dois dias, mais de 40 atrações, entre elas Jorge Ben Jor, O Rappa, Donavon Frankenreiter (EUA), Victor e Leo, Skank, Chimarruts e Fresno, que se dividiram em três palcos: LunaStage (arena principal), EletroLuna (tenda de música eletrônica) e EcoMusic (espaço para MPB e bandas alternativas). Foi criado um sistema de transporte coletivo, com ônibus que saíam do centro de Curitiba. A segunda edição do Lupaluna trazia também o pré-lançamento do projeto Águas do Amanhã, uma iniciativa da RPC para despoluir a bacia do rio Iguaçu, em parceria com as prefeituras de Curitiba e de municípios da região metropolitana, a Fundação Roberto Marinho e a Agência Nacional de Águas.

A terceira edição, em 2011, foi realizada nos dias 13 e 14 de maio, seguindo a proposta de alinhar música com sustentabilidade, reunindo mais de 40 artistas e bandas no já citado Bioparque, divididos nos palcos LunaStage, EcoMusic e EletroLuna. No palco principal, as atrações Paralamas do Sucesso e Frejat, Ivete Sangalo, Capital Inicial, Charlie Brown Jr., além dos internacionais The Cult e Sublime with Rome. O festival, como sempre, abriu espaço para bandas locais mostrarem seu trabalho no palco EcoMusic e, no quesito sustentabilidade, adotou ações de reciclagem do lixo gerado no evento, utilização de óleo diesel vegetal, projeções de vídeos ambientais, disponibilização de lixeiras adequadas para a separação do lixo e o incentivo à carona solidária.

Em 2012, apesar do frio, o festival aconteceu nos dias 18 e 19 de maio e se superou com o número de palcos e estrelas. Mais de 50 artistas e bandas, como Nando Reis, Jota Quest, Los Hermanos, Seu Jorge, Lenine, Skank, Arnaldo Antunes, Marcelo D2, Buena Vista Social Club e Criolo, se dividiram nos palcos LunaStage, Arena Mundo, Gaz Stage, Lago, Curta Curitiba e EletroLuna.

Numa parceria entre a prefeitura de Curitiba e a organização do festival, um ônibus foi adaptado, com capacidade para receber até 150 pessoas, que poderiam dançar ao som de dois DJs. O Biobalada Ligeirão, movido a biodiesel, com uma redução de 63% na emissão de poluentes em relação aos demais ônibus da frota, tinha o objetivo de despertar a consciência ambiental e incentivar o uso do transporte coletivo. Nessa edição do festival, foram recolhidas quatro toneladas de lixo e mais de 600 quilos de latas, e 20 catadores associados do programa Ecocidadão, da prefeitura de Curitiba, coletaram e separaram todo o material reciclável. O objetivo era despertar a consciência ambiental e mostrar aos jovens curitibanos a importância do trabalho dos catadores para o sucesso da cidade como pioneira e detentora de recordes de separação de lixo.

No entanto, apesar do pioneirismo, conforme lembra Cicão Chies, o "projeto não se viabilizava financeiramente e resolvemos interrompê-lo". Mas um sonho nunca termina, às vezes fica guardado, e quem sabe a qualquer hora sai da caixa e retorna.

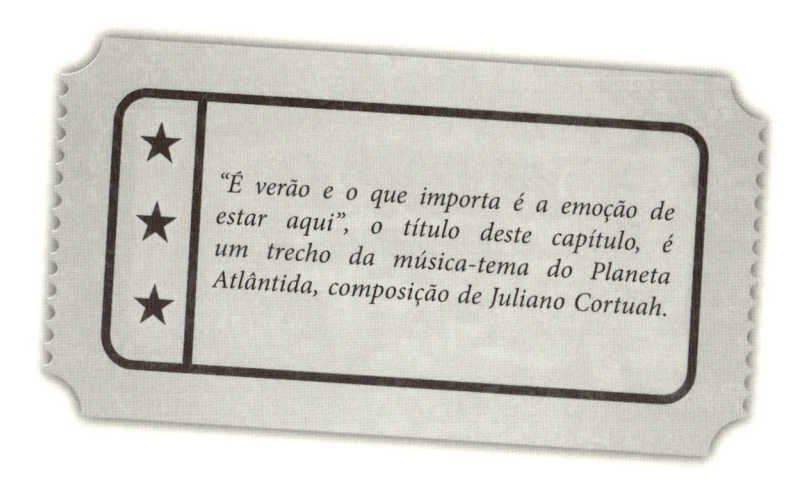

> "É verão e o que importa é a emoção de estar aqui", o título deste capítulo, é um trecho da música-tema do Planeta Atlântida, composição de Juliano Cortuah.

CAPÍTULO 14

"A COR DO MEU BATUQUE TEM O TOQUE, TEM O SOM DA MINHA VOZ"

Produzindo turnês internacionais que passavam pelo país, Dody foi conhecendo um formato interessante de funcionamento de agências que administravam carreiras de artistas. Naquele momento, ele não tinha interesse em atuar nessa área, mas sempre esteve atento às oportunidades. Das boas relações desenvolvidas com as gravadoras, no início de 1992 foi convidado por Edison Coelho e Miguel Plopschi – respectivamente, diretor de marketing e diretor artístico da gravadora RCA – para prestar consultoria para um artista que fazia enorme sucesso como cantor e compositor e que, acreditavam, poderia ter maior projeção. Desde meados dos anos 1970, quando gravou "Luzes da ribalta" (Candilejas) em espanhol e vendeu cinco milhões de produtos no México, Espanha, Argentina, Peru, Colômbia, Costa Rica, Equador, Venezuela e grande parte latina dos Estados Unidos, a gravadora tentava entender por que, mesmo considerado ao lado de Roberto Carlos e Julio Iglesias como um dos melhores intérpretes românticos da América Latina, ele não tinha tanto destaque na mídia. Em 1990, com a gravação de "Aguenta coração", tema da novela *Barriga de Aluguel* (Rede Globo), além do estouro nacional, regravou em espanhol e italiano e durante meses ficou na parada latino-americana da revista *Billboard*, recebendo o Prêmio Aplauso na categoria de melhor cantor latino. O que faltava para ser reconhecido no Brasil?

Era sobre José Augusto que a gravadora pedia orientação. Lembrando-se dos tempos em que estudara publicidade, Dody começou a analisar as colocações da gravadora, os números de vendas, agenda e locais de shows, foi se aproximando do artista e estabelecendo uma relação de amizade com ele para entender sua essência. Logo nos primeiros encontros, José Augusto o convidou para assistir a um show que Roberto Carlos estava fazendo no Canecão, em que cantava no *pot-pourri* "Coração" um trecho de "Aguenta coração". Depois do show, no momento dos cumprimentos no camarim, José Augusto apresentou Dody a Roberto – e ninguém poderia prever que no final daquele ano Dody se tornaria empresário do artista, mas isso é outra história, para daqui a pouco.

Voltando ao cantor em questão, como primeira ação Dody sugeriu à gravadora contratar uma pesquisa para identificar quem era o artista para o público. O resultado apontou fatos interessantes e um surpreendente: o nariz protuberante e um desvio de septo deixavam-no menos atraente. Essa foi uma das colocações trazidas nos grupos de discussão que reuniram mulheres de várias faixas etárias e sociais, em que viam fotos de diversos cantores, ouviam suas músicas e eram convidadas a comentar, sendo levadas a uma análise mais detalhada. Havia tempos o cantor sentia um desconforto na respiração, havia recomendação para cirurgia, e isso, acompanhado de uma plástica, favoreceria o bem-estar e a estética. A pesquisa também percebeu que o artista precisava ampliar o mercado, buscar apresentações com outras parcerias e fazer shows mais sofisticados, em locais nobres.

Apesar de ter músicas gravadas por Chitãozinho e Xororó, Fafá de Belém e Alcione, a proposta que Dody levou à gravadora era de promover o encontro com um artista internacional, e criou-se a oportunidade de fazer um dueto com Dionne Warwick. "Quase um sonho", de Augusto

César e Paulo Sérgio Valle, foi gravada na madrugada do dia 17 de junho, no estúdio da BMG em Copacabana, e na sequência foi registrada num clipe exibido no *Fantástico*. Seguindo o sugerido pela pesquisa, em novembro José Augusto estreou no Imperator, uma grande casa de shows no bairro do Méier, na zona norte do Rio de Janeiro, com uma outra pegada. Dody trouxe os diretores globais Roberto Talma e Paulo Ubiratan para conduzirem o show, e foi produzido um figurino especial. Começava um novo tempo para o cantor, mas ainda não era o momento de Dody ter dedicação exclusiva a um artista.

Precisou de um tempo até que, em dezembro de 1993, por causa de uma série de casualidades, começasse a agenciar a carreira do artista Roberto Carlos, criando um núcleo exclusivo na DC Set, que recebia as propostas para shows, produzia turnês, criava projetos, buscava parcerias. A experiência junto aos grandes empresários internacionais estava sendo como uma pós-graduação na área do entretenimento. Seu olhar sempre ia além da venda de shows, o que será detalhado em outro capítulo. Naquele momento, o que fortalecia a visão de futuro de Dody era criar no Brasil uma agência seguindo o modelo desenvolvido no exterior.

Nessa época eu fui nomeada assessora de eventos da prefeitura do Rio de Janeiro, estreando na gestão pública com o prefeito César Maia. Em pouco tempo estava criando eventos e parcerias com promotores que desejavam utilizar as áreas públicas. Por indicação de Dody e Phil, em 1993 participei da International Live Music Conference – ILMC – em Londres, o principal encontro anual de profissionais envolvidos nas indústrias globais de turnês, festivais e entretenimento ao vivo. Assisti a painéis incríveis, como o de um produtor que realizava shows em áreas inóspitas, às quais tinha que levar até água, outros preparavam turnês ousadíssimas, e havia, ainda, mostra dos mais sofisticados equipamentos e tecnologia. Para esse seleto público, apresentei as oportunidades que o Rio oferecia para grandes eventos. No ano seguinte, no World Economic Forum, em Davos, na Suíça, representando o Rio de Janeiro, fui a única da América do Sul a participar de um fórum paralelo reunindo vinte cidades que levaram propostas para celebrar a virada do milênio. Para um júri formado por técnicos mundiais capitaneados por Quincy Jones, apresentei um projeto, e ficamos entre as cinco cidades que teriam os eventos patrocinados pelo Banco Mundial. Mas a gestão pública tem um movimento às vezes mais lento, limitado, e começou a bater uma saudade da agilidade da iniciativa privada. Foi assim que aceitei o convite de Dody para colaborar na montagem da agência DC Set e fui morar em São Paulo.

Quando a agência DC Set foi anunciada, teve excelente receptividade das gravadoras, como também de empresários de artistas, e aos poucos foi formando um elenco de peso, com Simone, Tom Cavalcante, João Bosco, Emílio Santiago, Raça Negra, os artistas representantes do Boi de Parintins, David Assayag, Arlindo Junior, entre outros. Não demorou para José Augusto se somar a eles. A proposta seguia o formato das agências internacionais: cada artista tinha seu núcleo, com produtor e equipe técnica, e em comum tinham o setor de vendas dos shows, jurídico, contabilidade, promoção de rádio e TV, marketing e assessoria de imprensa. O setor de agenciamento e venda de shows permitia que, se um contratante procurasse um artista para uma data que já estivesse ocupada, ou se percebêssemos que o perfil do evento não se adequava, ou até por questões de orçamento, poderia ser atendido por outro artista, e não se perdia o negócio. A rede montada com produtores em todo o país que tinham atendido turnês internacionais entrava com força nesse movimento, principalmente no lançamento de discos, propiciando muitas viagens. Era um tempo sem redes sociais nem plataformas digitais. Era muito trabalho de divulgação em rádios, mídia impressa e TVs, espalhar lambe-lambes pelas ruas, pôsteres nos locais dos eventos... Para tocar esse projeto, foi montada uma equipe de peso em diversas áreas, com Carla Affonso, Décio Zitto (MacGyver), Guto Romano, Juliana Braga, Marcos Soares, Mirko de Blasis, Nara Pinto, Patricia Lamounier, Safira Hirsch Santanna, Simon Fuller e Vanusa Spindler, e, no jurídico, Cristiane Olivieri, Luciana Signoreli e Marcelo Saraiva.

Um caso interessante surgiu logo no início, quando um produtor de eventos de Salvador procurava um artista, mas acabou levando outro. Rivaldo Guimarães era o produtor, e o artista em que estava interessado não tinha a data livre. Foi sugerido Emílio Santiago, arrasando com os discos da série *Aquarela*, e foi acertada uma apresentação para 5 mil pessoas no "Concha Seis e Meia", um projeto na concha acústica do Teatro Castro Alves. Rivaldo lembra-se do resultado: "Ingressos esgotados em 72 horas, e ainda ficaram mais de 800 pessoas do lado de fora para ouvir o show". Foi esse negócio a princípio tão simples que gerou a relação do produtor baiano com a DC Set, com muitos desdobramentos na área comercial, *cases* incríveis, dos quais falarei mais adiante. Emílio estava em um excelente momento, desde que havia começado, em 1988, a série *Aquarela Brasileira*, com um disco exclusivo, com repertório da MPB, que passeava entre o samba, o bolero e a música romântica, lançado pela gravadora Som Livre. Foram sete discos da série que vendeu mais de 5 milhões de cópias, e as músicas "Saigon" (Claudio Cartier, Paulo César Feital e Carlos Costa) e "Verdade chinesa" (Carlos Colla e Gilson) estouraram nas paradas. Apesar do resultado das "Aquarelas", Emílio não queria ficar como artista de um disco só, ainda havia muito o que queria cantar. Em 1995, coube à agência fazer a virada, com um disco tributo a um cantor que ele admirava muito, Dick Farney, apelido do carioca Farnésio Dutra e Silva. Cantor, compositor, multi-instrumentista, uma voz potente e ao mesmo tempo terna, fez fama internacional nos anos 1940. Era chamado de "Sinatra brasileiro", não só por sua amizade com o cantor americano, mas pelo seu estilo, que misturava jazz com bossa nova. Assim nasceu *Perdido de amor*, produzido por Marco Mazzola com arranjos de César Camargo Mariano, um disco elegante para um artista do mesmo patamar, abrindo um novo caminho, mas as "Aquarelas" permaneceram no setlist de todos os seus shows.

Simone foi a maior vendedora de discos da década de 1980, um período em que se destacavam as grandes intérpretes da MPB, e coube à DC Set acompanhar a realização do disco *Simone Bittencourt de Oliveira*, último da artista lançado pela Sony Music, que lhe rendeu mais um Disco de Platina. Dody também era o empresário de Simone, e lembro da operação que fez para trazer de Salvador as mulheres ritmistas da banda Didá, a primeira banda brasileira feminina afro percussiva, para participar da música "Procissão". Esse disco se tornou base do show "Sonho e Realidade" e o jornal *O Globo*, na capa do "Segundo Caderno", o anunciava como "Novo salto da leoa ferida". Para a cantora, era uma grande realização ter José Possi Neto à frente do espetáculo, o diretor disputadíssimo entre as estrelas femininas. E, para ter essa grife, Simone adiou por dois meses a estreia. Voltava aos palcos depois de dois anos, com um roteiro costurado a quatro mãos com Possi, e estreou dia 13 de julho no Metropolitan, Rio de Janeiro. No repertório, vinte músicas, no qual incluíra sete composições do último disco e ainda relembrava seus grandes sucessos, como "Yolanda", "Alma", "Sob medida", "Maria Maria" e "O amanhã". Além da banda, trazia também 13 ritmistas da Portela, e, segundo a crítica de Mauro Ferreira, dois dias depois da estreia, o espetáculo "é um sonho que se torna realidade para os que admiram sua voz emocionada e emocionante".

A relação de Tom Cavalcante com Dody era antiga, desde quando o humorista estreou na *Escolinha do Professor Raimundo*, com o personagem João Canabrava. Naquele momento, Tom estava no auge com o Ribamar, no programa *Sai de Baixo*, exibido nas noites de domingo na TV Globo, e fazia shows em clubes e teatros. Num encontro com Dody, surgiu uma conversa de que poderia alçar voos maiores, e topou a proposta de grande ousadia. Numa manobra fantástica, saiu dos teatros e casas de shows, para se apresentar em ginásios e estádios. A experiência das turnês em grandes ginásios e estádios com cantores propiciava a Dody abrir espaço também para o humor, com espetáculos que chegavam em duas carretas que carregavam iluminação, cenário e até as cadeiras para montar, com direção de profissionais reconhecidos por seus trabalhos na TV Globo, como Jorge Fernando e Aloysio Legey. Nordeste, Sul, Sudeste… Nas cidades mais importantes, o show chegava em grandes espaços. Não havia limite de público nem de espaço, e Tom foi criando familiaridade em trabalhar com multidão. Lembra que em Ilhéus, na Bahia, foi montada num galpão gigantesco "uma operação de guerra, e quem via pensava: quem é o louco que está promovendo isso aí?". A relação seguiu em vários momentos. Mesmo quando deixaram de estar juntos na agência, sempre que Tom precisou de um consultor, um parceiro ou simplesmente um amigo, Dody estava junto. Atualmente, Daniela Busoli, experiente profissional do ramo de audiovisual, e Patricia Cavalcante, esposa de Tom, são sócias da Formata Produções Artísticas.

* * *

Foi com *Na Onda que Balança*, o 16º disco de carreira, que em 1994 João Bosco chegou à agência DC Set, por indicação da Sony Music. Compositor, cantor, violonista, aplaudido e respeitado nacional e internacionalmente, o primeiro trabalho foi com o lançamento do disco no mês de setembro, no Canecão, seguindo por turnê em diversas cidades. No ano seguinte, como anfitrião da noite MPB do Heineken Concert, João selecionou com quem gostaria de se apresentar, e a agência teve a responsabilidade de fazer a produção, que incluía a contratação dos músicos.

O festival tinha um perfil interessante, propunha aos artistas anfitriões que trouxessem convidados para apresentações únicas em São Paulo e no Rio de Janeiro, um show superexclusivo, no mês de abril. João trouxe dos Estados Unidos John Patitucci, Paulinho da Costa e César Camargo Mariano e, entre os nacionais, Paulo Moura, Victor Biglione, Jamil Joanes e Marçal. Paulinho da Costa, percussionista residente há anos nos Estados Unidos, voltava ao Brasil depois de muitos anos. Atuara em discos de centenas de artistas e sua percussão está na gravação de "We are the world", hino composto por Michael Jackson e Lionel Ritchie, que reuniu as principais estrelas do pop em uma campanha para acabar com a fome na África. A primeira turnê internacional para a Europa, que a agência intermediou para João, foi em outubro de 1995. Décio Zitto, conhecido como MacGyver, o brasileiro da equipe de Michael Jackson, voltara ao Brasil e se tornara produtor de João, com quem partiu acompanhado da artista plástica Ângela Bosco, esposa do artista, e dos músicos Jamil Joanes e Victor Biglione. Apresentaram-se na França, Holanda, Dinamarca, Inglaterra, Áustria, Eslovênia, Itália, Bélgica, Noruega, Suécia, Alemanha e Espanha, tendo realizado 30 shows. Em setembro do ano seguinte, fizeram 10 shows nos Estados Unidos, passando por Los Angeles, São Francisco, Boston e Nova York.

* * *

O Raça Negra, nos anos 1990, já tinha aberto o caminho para muitos grupos de pagode que brilharam nos anos seguintes, mas ainda não tinha chegado a palcos do tamanho de sua fama. Com o estilo chamado "samba paulista", era capitaneado pelo vocalista Luiz Carlos e também autor dos maiores hits. Começou na periferia da zona leste de São Paulo e, desde o primeiro disco, entrou nos primeiros lugares de vendas e invadiu as rádios populares. Até então, nunca tinha se apresentado numa casa de espetáculos que recebia os maiores artistas nacionais e internacionais, e estreou no Metropolitan, no Rio de Janeiro, em abril de 1995. O grupo era contratado da RGE, que fazia parte da Som Livre, e até então o presidente da gravadora, João Araújo, não tivera oportunidade de assistir a um show ao vivo do seu campeão de vendas num espaço com essa qualidade. Lembro-me de seu olhar de admiração vendo a casa lotada, com ingressos esgotados, e o delírio dos fãs, no melhor camarote da casa, acompanhado por sua mulher, Lucinha Araújo. Naquele ano, "É tarde demais", faixa do disco lançado alguns meses antes, entrou para o *Guinness Book* como a música mais tocada em rádios em um único dia. Foram 600 execuções em todo o país, para se ter uma ideia da dimensão do sucesso. Na celebração do Dia do Trabalho em São Paulo, foi reunido 1,5 milhão de pessoas, e coube à agência DC Set abrir os caminhos no mercado internacional, com shows nos Estados Unidos – um deles para 700 mil pessoas, em praça pública –, em Luanda (Angola), que reuniu mais de 80 mil pessoas, e outros tantos. Entre os inúmeros hits (eternos) estão "Cigana", "Doce paixão" e "Cheia de manias", e eles continuam se renovando com o passar dos anos.

* * *

Foi através de Dora Cortez que chegou o convite para a DC Set conhecer o Festival de Parintins, em junho de 1995. Dora era produtora de audiovisual, de eventos nacionais e internacionais, criadora de projetos culturais, muito articulada, que circulava entre celebridades, artistas e políticos. Nascida em Natal, Rio Grande do Norte, aos 17 anos ganhou o mundo, morou em diversos países e foi na França que ouviu pela primeira vez a música que vinha da Amazônia. Conheceu Dody ainda nos anos 1980, quando ele começou a fazer negócios no Rio, e naquela época Dora era contratada pelo governador Amazonino Mendes para promover o festival. A ação era uma parceria do governo com a Coca-Cola, que tinha uma fábrica em Manaus, e o diretor de marketing Marcos Simões acreditava na importância de dar destaque nacional ao evento que patrocinava. O Festival de Parintins acontecia no final de junho havia quase trinta anos, em uma ilha no meio da floresta, com acesso difícil. Por via aérea Dora, saindo de Manaus, eram cerca de 370 quilômetros, uma hora de voo. A maior procura era por via fluvial, levando aproximadamente 18 horas descendo o rio Amazonas; já a viagem de retorno à capital amazonense era mais longa, durando em média 24 horas. Mesmo com todas essas dificuldades, a cada ano aumentava o número de turistas que viajavam para assistir durante três dias às apresentações dos grupos de boi-bumbá, Caprichoso e Garantido.

O aeroporto, criado três anos antes, ao longo do ano recebia aviões de pequeno porte, mas na época do festival chegavam aviões mais robustos, como os Boeings. Foi num desse porte que saímos do Rio num voo fretado, com escala em Brasília, para recolher mais convidados, e, depois de um bom tempo sobrevoando a selva, de repente, um clarão surge na floresta. Era a pista de pouso. Ainda do alto conseguíamos ver a beira do rio Amazonas coalhada de barcos diversos, lanchas, iates e navios, que além de transportar os turistas serviam como hospedagem, pois não havia hotéis e pousadas suficientes na ilha para receber tanta gente.

A Coca-Cola, principal patrocinadora, produzia latinhas do refrigerante customizadas. A logomarca ficava azul para prestigiar o Boi Caprichoso, e a tradicional vermelha homenageava o Garantido, já que essa era a cor do boi. Tanto a Coca-Cola como o governo sabiam que a Região Amazônica era pequena demais para reter aquela demonstração cultural, que vinha no ritmo da toada e já despertava interesse inclusive no exterior. O espetáculo no Bumbódromo, uma arena coberta com capacidade para 25 mil pessoas, que ficavam distribuídas em cadeiras, arquibancadas e camarotes, era algo inacreditável, tal a quantidade de fantasias, adereços e efeitos luxuosos. Cada "boi" tinha duas horas e trinta minutos para contar sua história. Praticamente uma ópera popular, uma encenação com centenas de participantes, no ritmo contagiante da toada, repetido durante três dias, com muitas surpresas.

O impacto do evento como um todo foi enorme para toda a equipe. Dody e Cicão, os rapazes do Sul, atravessaram o país e resolveram levar para a DC Set a promoção dessa cultura e, para tanto, criaram a DC Set Discos. Era uma forma de o ritmo ganhar o mundo. Os discos traziam as vozes dos intérpretes Arlindo Junior, do Boi-Bumbá Caprichoso, e David Assayag, do Boi-Bumbá Garantido, que foram levados para gravação em São Paulo. Para promoção, entre muitas ações, no meio da semana, na hora do almoço, invadimos o vão livre do MASP, na Avenida Paulista, com cantores, músicos e bailarinos vestidos a caráter, e a toada do boi fez a festa. O ritmo da Amazônia ficou mais conhecido, com a execução nas rádios e participação em programas de TV, como o cult *Jô Onze e Meia*. Foi devido a esse movimento que a canção "Vermelho", de Chico da Silva, interpretada por David Assayag, foi gravada por Fafá de Belém.

A agência DC Set foi desarticulada quatro anos depois de sua criação. Estava à frente do seu tempo, os artistas voltaram ao mercado com um resultado muito positivo em suas carreiras e permaneceram parceiros e amigos para sempre.

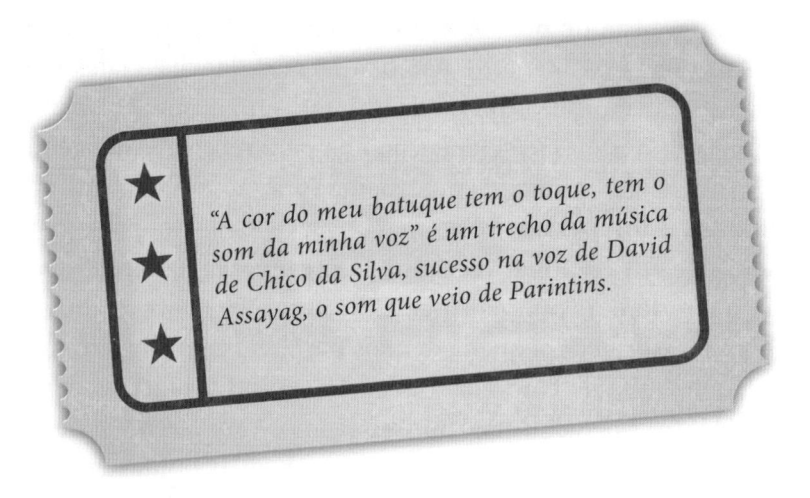

"A cor do meu batuque tem o toque, tem o som da minha voz" é um trecho da música de Chico da Silva, sucesso na voz de David Assayag, o som que veio de Parintins.

CAPÍTULO 15

"OLHE BEM, PRESTE ATENÇÃO: NADA NA MÃO, NESTA TAMBÉM"

Em meados dos anos 1990, a DC Set estava em grande expansão. Tanto a agência DC Set como a DC Set Discos caminhando a passos largos, com ofertas para produzir turnês nacionais e internacionais, eventos corporativos, e tudo isso tinha algo em comum: a criatividade e uma equipe enxuta disponível para desenvolver projetos sob medida. Estavam prontos para ser protagonistas ou simplesmente parceiros. Um exemplo vinha desde 1992, quando foram convidados por Aloysio Legey a produzir para a Rede Globo o programa *Criança Esperança* no ginásio do Gigantinho, em Porto Alegre. Pela primeira vez o programa aconteceria fora do Rio de Janeiro, e a iniciativa fazia parte das comemorações dos 35 anos da RBS TV. O que aconteceria no palco a direção do programa sabia perfeitamente, como também selecionar o elenco, criar o espetáculo. Como montar tudo isso em outra cidade era o desafio da DC Set, desde o acesso ao Gigantinho, que conheciam bem depois de tantos eventos, até a equipe de carregadores, seguranças, atendimento aos camarins, transporte local e um sem-número de ações. E tudo deu certo. No dia 11 de outubro, quando os Trapalhões – Renato Aragão, Dedé Santana, Mussum e Zacarias – abriram o programa ao vivo, um elenco de primeira entrou em cena. Antônio Fagundes, Cássia Kis, Nuno Leal Maia, Lucinha Lins, Flávio Silvino, Mylla Christie, Paulo Figueiredo e Isabela Garcia se dividiram na apresentação dos cantores Leandro & Leonardo, Chitãozinho & Xororó, Zezé Di Camargo & Luciano, Fábio Júnior, Sandra de Sá, Elba Ramalho, além de Xuxa e as Paquitas. Durante cinco anos, tanto no Ginásio do Ibirapuera, em São Paulo, como no Mineirinho, em Belo Horizonte, a DC Set colaborou para a festa se tornar realidade, e, apesar de o show em si acontecer em apenas algumas horas, a logística era enorme e o trabalho consumia muitos meses.

O Teatro Gran Rex, de Buenos Aires, construído nos anos 1930, palco de grandes musicais e artistas consagrados, com capacidade para mais de 3.000 pessoas, no mês de maio de 1997 realizou 29 apresentações com lotação esgotada do mágico David Copperfield. Em uma dessas apresentações, eu estava como anfitriã dos correspondentes brasileiros na Argentina, uma forma de gerar mais notícias no Brasil para a nova temporada. O mágico estava voltando para 18 apresentações no Rio e em São Paulo com o espetáculo "Sonhos e Pesadelos", que no ano anterior lotara o Martin Beck Theater, na Broadway, em que faturou 22 milhões de dólares. Com direção do cineasta Francis Ford Coppola, tinha recebido excelentes críticas nos Estados Unidos, e o ponto alto do espetáculo era o voo do mágico. Fora da lista dos correspondentes, inesperadamente surgiu uma repórter da revista *Veja*. Viajara exclusivamente para ver o espetáculo e escrever uma matéria, insistindo muito para "umas palavrinhas" com o ilusionista. Não haveria encontro com a imprensa naquela noite, mas, diante da importância do veículo, acabamos convencendo-o a receber a repórter por dez minutos.

No sábado, 31 de maio, a cidade de São Paulo acordou com as bancas de jornal estampando na capa da *Veja* o sorriso do ilusionista, com o seguinte título: "Os truques do mágico – os bastidores do show de David Copperfield". A revista só chegava ao Rio aos domingos, e foi via fax que cada uma das oito páginas da matéria foi entrando em minha casa. O texto descrevia as mais impactantes mágicas do espetáculo, acompanhado de explicações detalhadas de como eram realizadas. A entrevista exclusiva se transformara em um *box* no pé da página. Por sugestão de Dody, encaminhei o material para o *manager* do artista não ser pego de surpresa ao chegar ao Rio de Janeiro na segunda-feira, e recebi como resposta: "Aguardo as páginas traduzidas quando descer no aeroporto". Foi um fim de semana animado para quatro tradutores, e, quando Copperfield chegou, acompanhado da namorada, a *top model* alemã Claudia Schiffer, o envelope foi entregue. O ilusionista seguiu direto para um enorme galpão na zona norte da cidade transformado em loja, onde gravou cinco comerciais para o Ponto Frio, na época cliente da agência Fischer & Justus. A campanha-relâmpago foi veiculada enquanto as apresentações aconteciam em São Paulo, custara cerca de US$ 2,5 milhões. O ilusionista participava das cenas ao procurar produtos da Sony e da Consul, e o ator Antônio Fagundes, protagonista das campanhas da rede de lojas, encerrava com a frase: "Nem o bonzão da mágica acredita que o bonzão dos preços baixos é imbatível". Apesar de a rede de lojas não ser patrocinadora da turnê, a negociação com o mágico foi intermediada pela DC Set, que cumpria assim a sua função como agente de talentos.

Diante da matéria na revista, aumentou a demanda dos pedidos de credenciamento para a entrevista coletiva marcada para terça-feira, dois dias antes da estreia. Foi preciso encontrar um salão maior e também distribuir as equipes de TV em diversos locais do hotel. Fátima Bernardes, por exemplo, que entrevistaria o mágico para o *Jornal Nacional*, como já estava no sexto mês de gestação, acomodaríamos numa suíte, e, após atender a grande mídia, eu sairia com ele por vários cantos para as exclusivas em diversas emissoras – até Gugu Liberato iria. Eu não tinha a menor ideia do impacto que a matéria havia causado no artista, mas, antes de descer para o encontro com a imprensa, ele pediu que me entregassem pilhas de grupos de folhas grampeadas e as colocasse na mesa onde ele ficaria. Quando entrou no salão repleto, antes de qualquer pergunta, pegou uma das pilhas de folhas e saiu pela plateia distribuindo aos jornalistas. Cada grupo de folhas grampeadas mostrava um tipo de mágica que ele fazia no espetáculo, como a de um corpo dividido por uma serra elétrica em duas partes, como passar por dentro de um ventilador ligado, desaparecer em cena, e as diversas formas com que poderiam ser realizadas. E suas primeiras palavras foram: "O grande segredo não é descobrir como se faz o truque, mas experimentar a beleza do momento".

Com isso, a imprensa não tinha mais o que perguntar, mas sim ouvir sobre como começou a sua paixão pelo ilusionismo, os acidentes que já sofreu em cena, a sua percepção do público no Brasil – que prefere mágicas de grande impacto e, por isso, acreditava no sucesso que faria o voo em cena –, o fato de aliar a mágica com tecnologia. Mesmo viajando, estava acompanhado de dez profissionais de computação, com quem desenvolvia novos números. Contou sobre as 75 toneladas de material técnico que trazia os 250 quilômetros de cabos elétricos e 2 mil kW de energia, suficientes para iluminar uma cidade de 35 mil habitantes, que faziam o espetáculo acontecer. No dia seguinte ao da estreia no Metropolitan, como publicado num jornal, na plateia estavam um rei, uma rainha e um mago: Roberto Carlos, Xuxa e Paulo Coelho. Além de centenas de súditos encantados, principalmente com o voo final. Na temporada paulista, os ingressos se esgotaram antes mesmo de estrear, e nem a revelação de como se fazem as mágicas tirou o brilho daquela temporada.

E por falar em mágica, no início de 1999, Junior Azzi, um brasileiro que fizera sucesso em Las Vegas se apresentando em uma moto no globo da morte, chegou à DC Set por meio de amigos comuns e, em conversa com Cicão, contou que conhecia Val Valentino, nome artístico de Leonard Montano. Para quem não ligou o nome à pessoa, era nada mais nada menos que Mr. M, o ilusionista que fazia enorme sucesso nas noites de domingo no *Fantástico*, mostrando como as mágicas eram feitas. A série "Quebrando o código dos mágicos" fora lançada nos Estados Unidos em novembro de 1997 pela rede de TV Fox, alcançando a audiência recorde de 24 milhões de telespectadores. A Globo começara a apresentar os quadros no dia 9 de janeiro, e em março estava havendo a maior confusão com uma proibição determinada pela justiça. A recém-formada "Associação dos Mágicos Gaúchos Vítimas do Programa Fantástico" entrou com uma medida cautelar pedindo a suspensão da exibição do quadro e teve uma liminar concedida. No domingo, 21 de março, a Rede Globo entrou com um agravo de instrumento no Tribunal de Porto Alegre pedindo a suspensão da liminar, que foi negada e ainda ameaçava: em caso de descumprimento da decisão, a emissora teria que pagar R$ 1 milhão por apresentação.

Quanto mais se discutia, maior era o interesse, e não demorou para uma liminar permitir que a série voltasse ao ar. Foi quando surgiu a ideia de trazer Mr. M para uma turnê no Brasil. Junior seria responsável por fazer o contato e criar junto com a DC Set o espetáculo, pois naquele momento o ilusionista não tinha um show pronto. Todos os elementos a serem usados nas mágicas seriam construídos em Las Vegas e viriam com as duas assistentes de palco e uma equipe de montagem. Mr. M chegou ao Rio de Janeiro na segunda-feira, 26 de julho, com uma agenda disputada. Desfilou pela orla de Copacabana num carro conversível acompanhado de segurança e das duas assistentes, Natasha e Catherine; para o jornalismo da Globo, deu entrevista para o *Fantástico*, além de outra para o programa da Xuxa, foi ao aniversário de 1 ano de Sasha, visitou as crianças na Fundação São Martinho, no bairro da Lapa, no centro do Rio e, antes de viajar para tratar de negócios na Argentina, deu uma entrevista coletiva.

Devido ao sucesso do programa, resolveu-se fazer algo diferente nessa coletiva, fora do padrão sala fria de hotel. Foi sugerido que se usasse a Villa Riso, a casa que pertenceu à pianista Cesarina Riso, transformada em espaço para festas e eventos. Um endereço mais do que nobre, no coração do bairro de São Conrado, ocupando uma área de 6,5 hectares, cuja construção remontava ao início da Colônia no Rio de Janeiro, um dos primeiros assentamentos portugueses. Ao longo de sua história, por lá passaram o imperador Pedro II, Leonard Bernstein, Igor Stravinsky, Arturo Toscanini, Maria Callas, Franco Zeffirelli, e agora seria cenário de Mr. M por um dia. Localizada num ponto mais alto que a rua, só se alcançava a casa subindo por uma pequena floresta; era o local perfeito.

O convite para os jornalistas indicava a entrevista no Hotel Intercontinental, e no horário marcado lá estavam muitos repórteres, fotógrafos e cinegrafistas, que, ao chegarem, foram comunicados da mudança do lugar. A justificativa era real, o artista estava sendo ameaçado por mágicos brasileiros pelo fato de revelar os segredos da profissão, e precisávamos garantir sua segurança. Poderíamos montar um superesquema de proteção para ele no hotel, mas a troca daria um clima de suspense e magia. Os jornalistas não reclamaram e entraram nos ônibus de turismo que havíamos disponibilizado, partindo para o local secreto do encontro. Depois de algumas voltas por São Conrado, chegamos à casa e todos foram recebidos por Mr. M, no alto de uma sacada, no seu tradicional estilo mascarado, vestido de preto e os braços cruzados. Um *brunch* aguardava a imprensa antes da conversa com o mágico, que tinha a companhia de duas assistentes louras. Mr. M era um personagem muito popular em todo o país e em todas as classes sociais, assim começaram as aventuras com "o paladino mascarado, o mago negro das sombras, o senhor de todos os segredos", como anunciava Cid Moreira no programa aos domingos.

Desde a sua chegada, iniciou-se a operação de montagem dos cenários e equipamentos, num total de 8 toneladas, que tinham sido construídos numa central de cenografia em Las Vegas. A expectativa da estreia de "Quebrando as Regras" era enorme. Uma grande procura de ingressos, pedidos de convites, e, quando retornou de seu QG secreto, no dia 4 de agosto, Mr. M foi para o ensaio geral no Metropolitan. Palco montado, a casa de shows vazia, apenas a equipe técnica e os profissionais envolvidos. A uma mesa em frente ao palco, Dody e Cicão aguardavam a apresentação. Abriram-se as cortinas e começou o espetáculo. Silêncio total. Uma mágica, a segunda, a terceira, até a 13ª, quando se constatou que ainda faltava muito para o espetáculo estar à altura de um grande show ou próximo ao apresentado aos domingos na TV. Assisti a essa cena à mesma mesa em que estavam Dody e Cicão, e o que mais me impressionou foi a tranquilidade com que, ao se acenderem as luzes, os dois se levantaram, chamaram Junior e comunicaram: "Vocês têm menos de 24 horas para esse espetáculo ficar bom".

Não houve acusação, gritos, estresse, apenas a constatação de que o espetáculo deixava a desejar e havia uma grande expectativa. Era uma situação inusitada. Em qualquer véspera de estreia, o ensaio geral é tenso – pode ser um instrumento fora do tom, a rouquidão do artista, a insegurança do ator com um texto, um foco de luz desajustado, mas com a mágica corríamos riscos reais. O pior nem era a vergonha de o mistério ser revelado, mas o fato de que qualquer erro poderia ferir o mágico ou as assistentes. E, sendo afinado a cada espetáculo, viajando pelo país, assim rolou a temporada. Em São Paulo, no Olympia, no bairro da Lapa, Mr. M fez uma apresentação gratuita para alunos de projetos sociais da então primeira-dama do estado, Sra. Lila Covas. O mágico sempre procurava visitar instituições que atendiam crianças, dizia ter tido uma infância difícil. Na equipe, além de técnicos, iluminadores, montadores, produtores e motoristas, seguiam também advogados, pois em muitas cidades havia associações de mágicos protestando e querendo impedir as apresentações. No cenário, que parecia um galpão abandonado, similar ao mostrado no *Fantástico*, os 13 números impactavam. Em alguns, o mágico revelava os truques e depois repetia, sem mostrar o segredo da nova ilusão. Em um número que fazia uma assistente levitar, mostrava que a empilhadeira atrás de uma cortina segurava a moça, mas, como bom mágico, no final fazia a empilhadeira levitar. Como bem disse Copperfield, "o grande segredo não é descobrir como se faz o truque, mas experimentar a beleza do momento"[2].

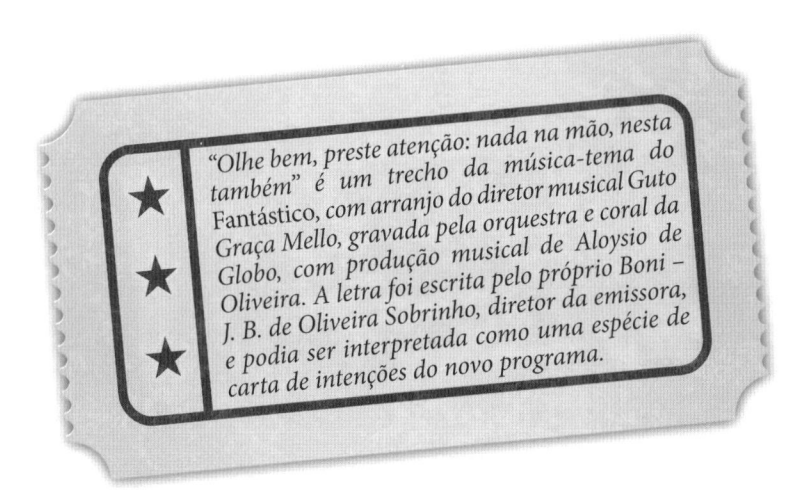

"Olhe bem, preste atenção: nada na mão, nesta também" é um trecho da música-tema do Fantástico, com arranjo do diretor musical Guto Graça Mello, gravada pela orquestra e coral da Globo, com produção musical de Aloysio de Oliveira. A letra foi escrita pelo próprio Boni – J. B. de Oliveira Sobrinho, diretor da emissora, e podia ser interpretada como uma espécie de carta de intenções do novo programa.

---

2 Em 2012, por decisão do Superior Tribunal de Justiça, a TV Globo foi desobrigada de indenizar o grupo de mágicos que durante muitos anos reclamou dos supostos prejuízos causados pela exibição do quadro "Mister M – o Mágico Mascarado", no programa *Fantástico*. Nota da autora.

CAPÍTULO 16

"O SOLE MIO, STA 'NFRONTE A TE"

Quando se pensava em fazer algo grandioso no Rio Grande do Sul, a primeira ideia era chamar a DC Set. Não por ser uma empresa local e, mesmo com todo o crescimento, ter mantido a razão social no estado, mas por ter experiência e excelentes relacionamentos. Ela estava pronta para atuar em várias frentes e, por indicação de Nelson Sirotsky, a DC Set foi convidada a apresentar a proposta de um evento para atender a área social do encontro de membros da YPO (Young Presidents' Organization) que aconteceria em Manaus, durante uma semana, em abril de 1996. A organização tem entre seus integrantes apenas executivos que alcançaram sucesso em liderança ainda jovens, à frente de empresas de grande porte e alto faturamento no mundo. Na época, a maioria era composta por empresas dos Estados Unidos, mas começava a se expandir para o Brasil, com o próprio Nelson Sirotsky participante. Hoje são 34 mil membros, que movimentam em seus negócios 9 bilhões de dólares. Em reuniões ouvindo sobre o que deveríamos criar, o *briefing* era claro: "Temos que oferecer experiências únicas. São líderes em cujas festas, em suas casas, se apresentam artistas como Barbra Streisand".

Era o primeiro encontro mundial da YPO na América do Sul, e estar na Amazônia já era um diferencial. Para o evento foi fechado o Hotel Tropical, considerado na época referência em hotelaria de luxo e que chegou a hospedar celebridades e figuras importantes, como o príncipe Charles e a princesa Diana, Bill Clinton e Bill Gates. Em uma área de 400 mil m², às margens do Rio Negro, com 611 apartamentos, era perfeito para receber um grupo tão grande e ainda com espaço para fóruns e debates.

Criamos um projeto com eventos únicos no Teatro Amazonas, onde os presentes poderiam, além de admirar a arquitetura imponente do edifício construído em 1896, apreciar uma orquestra formada pelo maestro Júlio Medaglia. Essa orquestra reuniu músicos do próprio teatro e da Orquestra Sinfônica da Bahia – OSBA –, tendo a atriz Kate Lyra como mestre de cerimônias, com a participação de um tenor e uma soprano, e os músicos Robertinho do Acordeon, Renato Borghetti e Sivuca representando a Orquestra Sanfônica Brasileira. No repertório, o melhor da música brasileira desde Villa-Lobos. Na programação ainda aconteceram encontros com artistas amazonenses de diversas áreas e uma mostra de artesanato. Os visitantes experimentaram dormir uma noite em barcos no rio Amazonas para sentir o silêncio da floresta e sair na madrugada para ver os jacarés nos igarapés e, como "grand finale", um misto de ópera e carnaval encomendado ao premiado carnavalesco Joãosinho Trinta. A história do Brasil foi contada com bailarinos, atores, cantores e músicos do Rio de Janeiro desfilando nos jardins do hotel, como se fosse uma escola de samba. *Performance* nas piscinas, como se fossem as caravelas chegando com os portugueses. Era uma apoteose! Um fato interessante: nos ensaios para o concerto, o maestro percebeu a fragilidade da orquestra do teatro e, por essa razão, tivemos que trazer os músicos da OSBA. Em conversa com o então governador, Amazonino Mendes, ele sugeriu a criação da Amazonas Filarmônica, uma orquestra de formação compacta, com 44 músicos, que na sua constituição tinha apenas 11 brasileiros (2 amazonenses) e 33 foram recrutados no Uruguai e na Europa, sendo 13 vindos da Bielorrússia e 10 da Bulgária. A orquestra, hoje reconhecida como uma das melhores do país, foi dirigida por Medaglia até 1999. E pensar que para esse movimento acontecer foi preciso uma empresa sair do Sul do país e chegar ao Norte para fazer um evento!

Mesmo com apartamento em São Paulo e durante um tempo também no Rio, Dody mantinha (como até hoje mantém) as suas bases no Rio Grande do Sul, residência em Porto Alegre e veraneio no Balneário Atlântida. Em janeiro de 1995, quando o jornalista gaúcho Antonio Brito tomou posse como governador do Rio Grande do Sul, os profissionais da cultura tinham o sentimento de que alguma coisa iria mudar, pois havia uma demanda desde a campanha eleitoral. E mudou mesmo. Num encontro após um show de Roberto Carlos no Theatro São Pedro, em Porto Alegre, o governador convidou Dody e Cicão para uma conversa no Palácio Piratini.

Tive a oportunidade de ouvir o ex-governador sobre esse encontro e ele lembrou que não tinha uma convivência próxima com Dody e Cicão, "mas quando os recebi no palácio sabia quem eram, o que faziam, e, por terem uma empresa regional, mesmo atuando em todo o país, eram de casa e tinham a sensibilidade gaúcha". O tema do encontro foi a criação de um projeto de lei que promovesse eventos culturais e ao mesmo tempo contribuísse para a divulgação da potencialidade do estado. Era um sonho de Brito antes mesmo de ser eleito, e não demorou para ter a lei aprovada.

"Foi um grande orgulho ter criado a lei com renúncia fiscal em um estado com dificuldades financeiras", comenta Brito. Era uma estratégia muito interessante, pois com a renúncia fiscal o estado deixaria de arrecadar, mas estaria abrindo condições para investimentos fortes em favor do setor cultural, desenvolvendo uma série de ações em reconexão com uma política de promoção para divulgação das potencialidades do Rio Grande do Sul por meio do turismo. Dody e Cicão aceitaram o desafio, e assim nasceu o projeto "Jose Carreras nas Missões".

Enquanto se preparava o grande evento, uma das primeiras ações para unir cultura e turismo aconteceu em agosto de 1996, quando subimos a Serra Gaúcha levando a atriz Faye Dunaway para prestigiar o Festival de Cinema de Gramado. Além de trazer a premiada atriz americana, a DC Set desenvolveu diversos movimentos visando maior visibilidade ao evento, como festas de abertura e encerramento, shows, decoração da cidade e convites a outras celebridades. A revista *Caras* criou a sua casa, para receber amigos e ser cenário de matérias, gerando quase que uma edição especial. Faye, consagrada no filme *Rede de intrigas*, foi simpática, gentil e amou os dias em que se dividiu entre sessões de cinema e fartos almoços e jantares.

Em 1997, estávamos preparados para receber o tenor lírico espanhol José Carreras, um grande nome, que estava com datas disponíveis na América do Sul para aquele ano. Com uma bela trajetória, o tenor fez sucesso ainda criança ao cantar uma ária de *Rigoletto* na Rádio Nacional Espanhola. Aos 28 anos, já tinha desempenhado o papel principal em 24 óperas na Europa e na América do Norte e pisado nos palcos das mais importantes casas de ópera do mundo. Foi diagnosticado com leucemia em 1987 e, superada a doença, criou a Fundação Internacional de Leucemia José Carreras, por meio da qual promovia e apoiava a investigação científica. Em 1990, o primeiro concerto de Os Três Tenores, ao lado de Plácido Domingo e Luciano Pavarotti, foi originalmente criado para arrecadar fundos para a sua fundação e gerou um sucesso inesperado, popularizando o canto lírico. Aconteceu nas Termas de Caracala, em Roma, marcando o fim da Copa do Mundo de 1990, e, diante do sucesso mundial, o encontro se repetiu 34 vezes e a apresentação em Los Angeles, em 1994, foi transmitida pela televisão e vista por 1 bilhão de pessoas.

O projeto apresentado pela DC Set era de um concerto de José Carreras nas ruínas de São Miguel das Missões, um dos mais importantes monumentos históricos brasileiros. Foi tombado em 1937 pelo Instituto do Patrimônio Histórico e Artístico Nacional, o Iphan, órgão do governo federal responsável pela preservação do patrimônio cultural brasileiro, e em 1983 declarado Patrimônio Mundial, Cultural e Natural pela Unesco. Foi por meio da recém-criada Lei de Incentivo à Cultura do Rio Grande do Sul, também conhecida como Pró-Cultura, que a DC Set buscou recursos para realizar o espetáculo. No dia 18 de julho de 1997, a Magnashow Artes e Promoções (empresa DC Set) deu entrada na Secretaria de Cultura do Estado a um projeto com o seguinte descritivo: "Apresentação do concerto com o cantor lírico José Carreras, dia 30 de novembro, nas Missões, com acompanhamento da Orquestra Sinfônica de Porto Alegre, com a justificativa de divulgação da ópera lírica e do patrimônio histórico das Missões, com apresentação da obra musical 'Misa Criolla'". O valor solicitado e captado era de R$ 1.073.340,00, conforme publicação no *Diário Oficial*, e a rede de supermercados Zaffari estava disposta a repassar 20% do valor do seu ICMS para colocar a sua marca nesse evento.

Com o artista acertado, recurso aprovado, mãos à obra para a realização de um projeto bem complexo, e, como lembra o governador, a localidade "não estava no meio de rotas ou passagens de turistas ou mesmo de setores econômicos", o que fazia disso um desafio especial. Distante 500 quilômetros de Porto Alegre, na época a cidade tinha aproximadamente 5 mil habitantes, e a região era carente em equipamentos turísticos para receber um público estimado de 20 mil pessoas para o concerto. Era importante, no processo de produção do evento, mostrar aos moradores que eles tinham um tesouro e que eram guardiões de um patrimônio inacreditável, apesar de serem municípios pequenos, com poucas estruturas. Diante da necessidade de preservação da sua arquitetura, cada movimento em torno dessa preciosidade tinha que ser muito bem estudado, garantindo a preservação do espetacular cenário. Era preciso pensar em como atender a demanda com os serviços básicos.

Uma logística complexa para a produção. Sem telefonia celular na região, a comunicação era por telefone fixo ou orelhão – para os que não viveram esse tempo, assim eram chamados os telefones públicos cujas ligações eram feitas com a inserção de fichas compradas em bares e bancas de jornal. A expressão popular "caiu a ficha", quando se tem um *insight*, faz referência exatamente aos telefones públicos, pois, quando "caía a ficha", havia um sinal sonoro que habilitava a ligação. Isso é só para efeito de entendimento de que não era simples produzir um espetáculo com um premiado tenor espanhol, acompanhado de um coral vindo do Uruguai, que seria gravado para um especial na Rede Globo, com um público enorme, com a assinatura do governo estadual. Nada podia dar errado.

Gabriela Cheli, diretora-geral de produção, lembra do impacto quando chegou ao local cuja infraestrutura era mínima. Para hospedagem em São Miguel das Missões, havia apenas o simplório Hotel Barrichello, ao lado da rodoviária, com 15 quartos sem banheiro privativo, onde a produção se instalou por alguns dias. A primeira iniciativa foi procurar casas que pudessem receber a produção, os técnicos e até servir como escritório. Foi assim que começou o relacionamento com os moradores, e seria de grande importância para o desenvolvimento do projeto. Por solicitação do governador, havia a recomendação de contratar o máximo possível da mão de obra local, uma forma de perceberem quanto os eventos poderiam ser transformadores para o turismo da região. Os moradores foram receptivos às propostas de aluguel, um dinheiro extra que chegava, e por alguns dias ficariam na casa de amigos e familiares. Muitas casas serviram de hospedagem, e perto de uma centena de pessoas trabalharam na montagem, moças foram treinadas para atuar como recepcionistas e para indicar às pessoas os assentos na plateia.

Décio Zitto, o MacGyver, estava à frente da produção técnica operacional no local e lembra que em Santo Ângelo, a cidade mais próxima das ruínas, havia um pequeno aeroporto que seria fundamental para a chegada do cantor e de algumas autoridades. Mas tudo era bem complexo, e, como todo concerto ao ar livre com orquestra, os instrumentos sofriam efeitos com a mudança da temperatura. Se fossem afinados pela manhã, à noite, na apresentação, já estariam desafinados. Além disso, para evitar danos ao sítio arqueológico, uma semana antes do espetáculo foi suspensa a visitação às ruínas, para a montagem da estrutura e colocação de 7.500 cadeiras distribuídas sobre um tablado. As ruínas eram o cenário para o palco, que foi construído com 480 m² e cobertura translúcida, pesando 100 toneladas, e boca de cena com 21 metros. Espaço suficiente para receber a Orquestra Sinfônica de Porto Alegre, regida pelo maestro espanhol David Giménez, além de um coral de 40 vozes regido pelo maestro uruguaio Ariel Ramírez. No roteiro, a "Misa Criolla", obra de natureza religiosa e folclórica criada em 1964 pelo maestro do coral, inspirada em duas religiosas alemãs, Elisabeth e Regina Brückner, que durante o nazismo ajudaram com alimentos os prisioneiros de um campo de concentração. Havia também canções natalinas e, finalizando, "Torna a Surriento", "O sole mio" e a abertura da ópera *Carmen*.

A iluminação foi um espetáculo à parte. Césio Lima, que acompanhava a DC Set desde os anos 1980, quando saíram pelo interior na turnê com a Cor do Som, Moraes Moreira, Baby e Pepeu, lembra que foram utilizadas 500 lâmpadas de 1.000 watts e 36 *moving lights* de última geração, sustentadas por quatro geradores da Showpower, empresa americana que estava chegando ao país. Era o que havia de mais sofisticado no mercado de *light design*. Foram desenvolvidos projetos de iluminação para as ruínas, o cenário natural, e para o cenário construído, palco e plateia. Nesses novos tempos, Césio pondera que a quantidade de luz e geradores movidos a óleo diesel estariam fora do padrão e comenta que "para não agredir o meio ambiente, hoje utilizamos geradores movidos a óleo vegetal, refletores de LED e, com o mínimo de energia, temos o máximo de *performance*".

O pequeno município de São Miguel das Missões, além do incremento na energia elétrica, recebeu reforço estrutural, com hospitais de campanha, ambulâncias, UTIs móveis, helicóptero e policiamento nas estradas de acesso. Um estacionamento para ônibus de turismo foi criado, e o ingresso para o espetáculo tinha o objetivo de ser bem popular, custava de R$ 2,00 a R$ 15,00. Nessa época, 1 real correspondia a 1 dólar, o que nos dias de hoje equivaleria a algo em torno de R$ 10,00 e R$ 75,00, respectivamente. As gravações para o especial foram feitas em dois dias. No primeiro, apenas cenas fechadas nos músicos executando seus instrumentos, e a gravação no dia seguinte com câmera aberta, mostrando a grandiosidade do espetáculo.

Com todo o movimento na região, a mídia foi procurar informações sobre os habitantes do local. Em 2006, num trabalho de pós-graduação em Turismo na Universidade de Caxias do Sul desenvolvido por Elza Maria Guerreiro Marcon intitulado "O turismo como agente de desenvolvimento social e a comunidade guarani nas ruínas jesuíticas de São Miguel das Missões", é citado que o jornal *Gazeta Mercantil de Porto Alegre*, de 28 de novembro de 1997, publicou reportagem afirmando que dez índios guaranis, descendentes dos habitantes originais dos Sete Povos das Missões, assistiram ao espetáculo como convidados especiais, ao lado das autoridades. A matéria intitulava-se "Como 33 condenados" e ocupava quase uma página, levantando a questão da posse das terras. A realidade é que, após esse evento, com enorme sucesso e repercussão na mídia, destaque na exibição do especial, o turismo começou a ganhar força na região, que hoje já possui vários hotéis, pousadas e *campings*, e até um site turístico.

Outro momento extraordinário aconteceu no ano seguinte. Em 4 de abril de 1998, no Estádio Beira-Rio, para uma plateia de mais de 60 mil pessoas, Roberto Carlos e o tenor Luciano Pavarotti se encontraram. O espetáculo foi gravado numa parceria da Rede Globo com a Rede Brasil Sul (RBS), mas isso também é história para um outro capítulo.

A realidade é que, independentemente do gestor público, o Rio Grande do Sul será sempre um palco relevante para a DC Set. Foi onde tudo começou.

> ★
> ★
> ★
> Este capítulo tem como título o trecho final de uma das mais famosas canções napolitanas, "O sole mio", escrita em 1898 pelo poeta Giovanni Capurro, com música de Alfredo Mazzucchi, gravada por cantores líricos e populares, como Elvis Presley e Frank Sinatra. Foi também uma das canções que encerraram o concerto de José Carreras nas Missões.

CAPÍTULO 17

"LET'S DANCE"

Com artistas de A a Z e desde 1980, a DC Set realiza shows e turnês que, se juntadas todas as plateias, seriam aplausos de quase 8 milhões de pessoas. E não estou incluindo os shows do artista Roberto Carlos. Do Oiapoque ao Chuí, mais de 300 artistas nacionais e internacionais se apresentaram, e, em tempos em que ainda não havia computador, foi tudo anotado em cadernos, guardado em pastas, registrado em contratos, recortes de jornais e fotos. Da new age à disco music, do jazz ao rock, todos os ritmos, estilos e tendências estiveram na estrada com a empresa, como Eric Clapton, que realizou dois shows, em Porto Alegre e Florianópolis, em sua primeira visita à América do Sul, em 1990.

Nesse entra e sai de produções de eventos, a demanda era tanta que, em 1995, com diferença de 15 dias, foram realizados dois espetáculos para públicos muito distintos: "Walt Disney's World on Ice" e "The Rite of Spring". O primeiro, um evento para famílias, pela primeira vez no país, em parceria com a Ringling Bros. and Barnum & Bailey, trazendo mais de 200 artistas que patinavam no gelo representando personagens da Disney, com o tema "O Rei Leão", com apresentações no Maracanãzinho (Rio de Janeiro) e no Ginásio do

Ibirapuera, em São Paulo, de 14 a 17 de setembro. "The Rite of Springs" (O Ritual das Cordas), o encontro dos maiores astros mundiais em seus instrumentos: Stanley Clarke (baixo), Al Di Meola (guitarra) e Jean-Luc Ponty (violino), era o que havia de mais sofisticado em jazz. Cinco apresentações no Brasil, a última oportunidade para assistir ao trio, pois depois da turnê cada integrante voltaria à sua banda de origem. Estrearam no Olympia, em São Paulo, no dia 3 de outubro, depois foram ao Rio no dia 5, a Curitiba no dia 6, terminando em Porto Alegre no dia 7, e as críticas foram sensacionais.

Na categoria "Lendas do Rock", no dia 14 de agosto de 1991 Bob Dylan abriu a primeira turnê pelo país tocando em Porto Alegre. Tinha vindo no ano anterior participar de um festival de rock em São Paulo. Dylan era de muitas facetas: cantor, compositor, escritor, ator, pintor e artista visual. A base da sua obra surgiu na década de 1960, quando canções como "Blowin' in the wind" (1963) e "The times they are a-changin'" (1964) se tornaram hinos dos movimentos pelos direitos civis e de oposição à Guerra do Vietnã. Desde 1965, vendera mais de 1 milhão de discos, números incríveis para a época. Ele chegou ao Aeroporto Internacional Salgado Filho fugindo da imprensa. Vinha acompanhado dos músicos Tony Garnier (baixo), John Jackson (guitarra) e Ian Wallace (bateria), e, segundo Marcio Pinheiro, do site AmaJazz, Dylan se hospedou no Hotel San Raphael, onde "lavou as próprias roupas, estendeu-as num varal dentro do quarto, não saiu de seu apartamento, comeu apenas o que foi preparado pela cozinheira particular e foi para o show, no ginásio Gigantinho, a pé".

Os guitarristas gaúchos Duca Leindecker e Frank Solari foram convidados para abrir o show no Gigantinho, e Dylan gostou tanto da apresentação da dupla que os levou para abrir os demais shows da turnê. O Jornal *Zero Hora* relata que Dylan "levantou e enlouqueceu a massa, cantou junto e fez tremer o Gigantinho" e que "foi um show limpo, em que não faltou nada", diante de um público estimado em 12 mil pessoas. Essas possibilidades que a DC Set oferecia ao público do Rio Grande do Sul, com artistas tão diversos, encurtando o caminho aos bons espetáculos, colaboraram para a formação de plateias e incentivaram artistas locais. Duca já tocava na noite de Porto Alegre desde os 13 anos. Aos 15 fora eleito pela crítica o melhor guitarrista do estado, aos 18 anos gravou o primeiro disco solo, formou a banda Cidadão Quem ao lado do irmão Luciano e do baterista Cau Hafner, e seu caminho foi próspero. Frank Solari também foi prodígio. Aos 6 anos começou a estudar piano, aos 9 ingressou no curso de extensão musical da Universidade Federal do Rio Grande do Sul, e concluiu aos 13 anos a formação em piano clássico e teoria musical. E do piano foi para a guitarra elétrica, como autodidata. Apresentou-se interpretando músicas dos mestres da guitarra, formou duas bandas e chegou ao palco de Dylan. Com o tempo, tornou-se uma das grandes referências brasileiras da guitarra e lembra, numa conversa por mensagem, que aquele 14 de agosto de 1991 foi inesquecível: "Tocamos bem, o povo adorou, a crítica falou bem e o próprio Dylan nos convidou para seguir abrindo a *tour*. Momento muito especial! Foi minha primeira saída do Rio Grande do Sul tocando, e fui visto por vários artistas consagrados da música que posteriormente vim a conhecer". Era essa a diferença que a DC Set fazia, sem mesmo ter ideia de aonde poderia chegar.

No início dos anos 1990, sem redes sociais, a telefonia celular engatinhando e raros computadores, fazer assessoria de imprensa era um trabalho manual. A DC Set trazia para o Brasil praticamente todos os grandes shows internacionais, e, quem diria, retornaria aos tempos dos bailinhos com uma turnê de Donna Summer. Era abril de 1992, e a volta da "diva disco" aconteceu depois de um período de relativo ostracismo, por causa de uma briga entre gravadoras. O rock 'n roll estava em seu ápice, e, nadando na maré contrária, a DC Set viria com a "Rainha Disco", como assim foi consagrada. Era preciso colocar a mão forte no marketing, cutucar a memória afetiva dos tempos da brilhantina e levantar a artista, quase esquecida, que estava fora das paradas e cujo último disco fora lançado em 1983. Mas havia uma certeza: as divas são eternas, e a DC Set foi ao trabalho.

E foi exatamente esse o gancho utilizado para recolocar a moça nas páginas dos jornais e revistas, em execução nas rádios, com grande estardalhaço. Estávamos falando de uma cantora que na década de 1970 emplacara três hits seguidos em primeiro lugar nas paradas. Sucessos como "Last dance", "Bad girls" e "She works hard for the money" não só lotaram as pistas das discotecas espalhadas pelo mundo como atravessaram duas décadas e influenciaram uma infinidade de artistas. Pioneira numa era de libertação e expressão do corpo, a artista sofreu com o apelo sexual imposto pelo mercado fonográfico à sua imagem. Donna Summer nasceu LaDonna Adrian Gaines em 1948, em Boston, recebeu uma educação rígida e religiosa dos pais, tornou-se popular em apresentações na igreja e na escola, aos 18 anos fez um teste para uma montagem alemã do musical *Hair*, foi aprovada e mudou-se para a Europa. Casou-se com o ator austríaco Helmuth Sommer [com quem teve uma filha], cujo sobrenome deu origem à versão americanizada de seu nome artístico, e em 1974 gravou seu primeiro disco, que não emplacou no mercado americano. Um ano depois, um produtor italiano percebeu o potencial para criar uma estrela e iniciou sua carreira de sucessos. A sensual "Love to love you baby", boicotada por algumas rádios devido aos seus 17 minutos de gemidos, se transformou rapidamente em um grande sucesso, chegando ao topo das paradas americanas e alcançando a marca de mais de 10 milhões de discos vendidos em todo o mundo. Em 1978, veio o estouro mundial, com "Last dance", parte da trilha sonora do filme *Até que enfim é sexta-feira*, que ganhou o Oscar de melhor canção original. Nesse ano, ela conquistou o Grammy de melhor *performance* vocal feminina em R&B.

Com um belo currículo e a carreira já consagrada, começou a questionar a necessidade de se manter como um produto sexual para o mercado, pois já havia mostrado seu talento em diversos trabalhos. Na década de 1980 foi diminuindo o ritmo de shows e colocou a vida familiar em primeiro plano, após casar-se com o cantor e compositor americano Bruce Sudano, com quem teve mais duas meninas, Brooklyn e Amanda, e chegava ao Brasil com quinze anos de atraso. Tínhamos o propósito de emplacar uma grande matéria e conseguimos uma bela capa no caderno "Ilustrada" da *Folha de S.Paulo*, que não podia ser mais favorável. Além de fotos, vinha ilustrada com elementos ícones da disco music, como a enorme bola de espelhos dos salões das discotecas e uma viagem no tempo, no figurino "dancing days". Essa reportagem foi o estopim para colocar Donna Summer no seu posto de estrela. Alicerçada por uma grande campanha em anúncios de página inteira nos principais jornais e mídia nas rádios, os ingressos se esgotaram para todos os espetáculos.

No Brasil, a turnê começou dia 23 de abril no Gigantinho, em Porto Alegre, vinda de apresentações na Argentina e no Chile. Donna Summer estava com suas lentes de contato azuladas ao gravar uma entrevista exclusiva para o *Fantástico* no Hotel Sheraton, no Rio. Sua energia no palco, com o vestido preto com bustiê bordado e saia rodada com pedrinhas de strass, na noite de 25 de abril, transformou o Maracanãzinho numa enorme discoteca. Depois incendiou as noites de 27 a 29 no Olympia, em São Paulo. Donna voltou mais duas vezes ao Brasil, que a reinventou, e, em 1995, uma cortina de veludo azul-escuro com pequenas lâmpadas que piscavam, dando a impressão de uma noite estrelada, servia como cenário de suas apresentações e foi adquirida pela DC Set. O material produzia um efeito tão deslumbrante que anos depois foi cenário de shows de um grande artista nacional. Donna seguiu com suas estrelas para o céu em maio de 2012.

Na categoria shows de excelente qualidade e fora da curva, em novembro de 1994, com o país entrando na rota da "new age music", chegou o multi-instrumentista Kitaro, apelido do compositor japonês Masanori Takahashi. Vivendo numa montanha a 3 mil metros de altitude, no Colorado (EUA), onde ouvia os animais e a natureza, Kitaro trazia para o palco um aparato de sintetizadores e mais nove músicos. A mistura de tecnologia com os instrumentos fazia com que o show tivesse a sonoridade de uma orquestra. Utilizando recursos visuais, ele projetava no palco as emoções que as músicas transmitiam em forma de imagens coloridas, e destacava-se no meio do cenário um imenso gongo, instrumento de percussão originário das regiões leste e sudeste da Ásia, que tinha o dobro do tamanho do artista. Era impossível aquilo passar despercebido, tão forte era a presença do instrumento, aquele enorme disco de metal plano e circular. Pesava algumas toneladas e causara transtorno na operação de transporte internacional.

Kitaro estava lançando um novo disco, *Mandala*, mesclando influências musicais de diversas regiões e épocas, referências orientais com arranjos feitos com instrumentos latinos, que definia como "um encontro atemporal, do moderno ao clássico". Com todos os simbolismos, o seu espetáculo tinha no ambiente um convite para um momento meditativo. As centenas de incensos que o artista trouxera do Japão, distribuídos pela plateia, criavam um clima bem diferente do que normalmente acontece nos shows nessas casas. No Palace, em São Paulo (29 e 30 de novembro), e no Metropolitan, no Rio (1º e 2 de dezembro), o público se mantinha passivo, apenas absorvendo as emoções. Eu assim estava na plateia da estreia, magnetizada pela imagem do gongo. E o tempo foi passando, o show chegando ao fim, o gongo inerte, e nada acontecia. Dentro da minha praticidade capricorniana, eu me perguntava se valera o esforço e o custo, pois, se o efeito fosse apenas decorativo, poderiam ter criado um gongo cenográfico. E com esses pensamentos percebi que havia um movimento diferente no palco. Kitaro se encaminhou para o gongo, pegou um grande martelo e o golpeou no centro. Um golpe só, fatal, e o som ficou ecoando no ambiente durante muito tempo, enquanto o público deixava a casa de shows completamente em outra vibração. Mágico e inusitado o grande Kitaro.

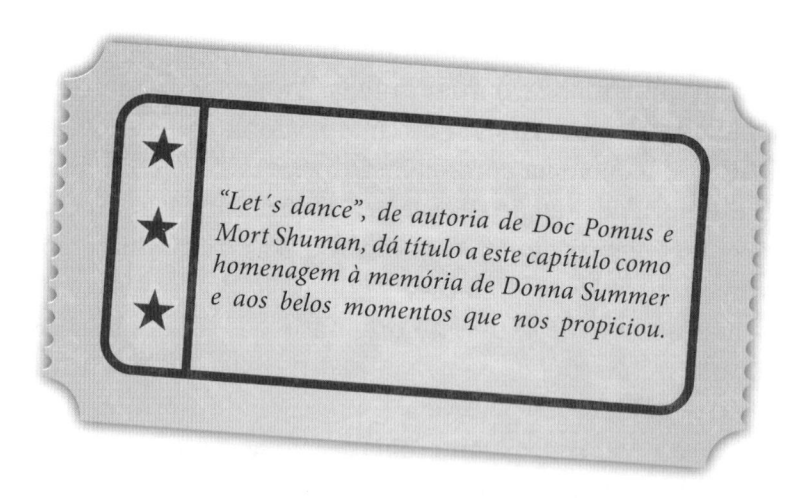

"Let´s dance", de autoria de Doc Pomus e Mort Shuman, dá título a este capítulo como homenagem à memória de Donna Summer e aos belos momentos que nos propiciou.

CAPÍTULO 18

"ALL'ALBA VINCERÒ! VINCERÒ, VINCERÒ!"

O tenor italiano Luciano Pavarotti, depois de ter dividido o palco com Roberto Carlos em Porto Alegre, em 1998, criou uma relação de confiança com a DC Set. Reconhecido como o tenor que popularizou mundialmente a ópera, com mais de 100 milhões de discos vendidos, e depois de sua participação com José Carreras e Plácido Domingo no concerto "Os Três Tenores", aceitou o convite para um concerto em Salvador, em abril de 2000. Viria só, mas se apresentaria ao lado de Gal Costa e Maria Bethânia, abrindo as celebrações dos 500 anos do Descobrimento. Rivaldo Guimarães era o responsável pelo escritório da DC Set na Bahia e lembra quando Dody e Cicão chegaram com o pacote pronto do evento. A primeira coisa que pensou é que estavam loucos.

"Quem na terra do axé music vai querer ouvir um tenor italiano?", perguntou. Mas não demorou para perceber que o encontro inédito iria atrair turistas de diversas partes do Brasil. Ao abrirem as vendas, no antigo Shopping Iguatemi, a procura foi tanta que em menos de 48 horas os 10 mil ingressos se esgotaram. Em tempos sem plataforma digital para a compra de tíquetes, era necessário encarar longas filas, que até interferiam no movimento das lojas do shopping. A produção local do evento era de responsabilidade de Rivaldo, como também a relação com os governos estadual e municipal. Era uma operação gigante, que, mesmo não sendo em área pública, de certa forma envolveria parte da cidade.

O show, que era uma encomenda da HBO, foi pensado para o Pelourinho, mas era inviável reunir uma multidão e haver cobrança de ingresso. Optaram então pela Bahia Marina, local que não podia ser mais bonito. A marina, situada na borda leste da Baía de Todos os Santos, considerada uma das melhores do país, um dos cartões-postais de Salvador, onde no verão pode ser apreciado um pôr do sol magnífico, seria perfeita se não fosse por um detalhe: a área escolhida para o anfiteatro tinha piso de terra. A primeira providência foi asfaltá-la, para transformar a área em um espaço nobre, apto a receber cadeiras que atenderiam a seleta plateia. O palco, inspirado na casa de Jorge Amado, teve como base para a sua criação um quadro que Cicão comprara na rua, em frente ao Mercado Modelo, de um pintor anônimo. O tenor teria o conforto de sair do palco e entrar no camarim decorado como se fosse um quarto da casa do escritor baiano no bairro do Rio Vermelho, hoje transformada em museu. E nesse mesmo estilo arquitetônico eram as áreas de camarim de Maria Bethânia e Gal Costa.

A chegada de Pavarotti, dia 6 de abril, vindo de Boston, onde se apresentara na noite anterior, quase provocou um constrangimento com a Polícia Federal. É usual e gentil para com os artistas que chegam para apresentações no país em voo particular, com o visto autorizado, que a apresentação do passaporte seja feita dentro do avião. O procedimento é simples: um representante da Polícia Federal sobe na aeronave, verifica o passaporte do artista e dos acompanhantes, aplica o carimbo de entrada no país e, ao descerem para a pista, entram no veículo que os levará ao hotel. Eu estava no carro de Rivaldo, indo para o aeroporto, quando Mariângela Correa, a produtora que estava aguardando o avião, telefonou avisando que o agente da Polícia Federal em serviço dissera que não faria essa concessão. "Pavarotti não é melhor do que ninguém", teria dito o tal agente. Nesse caso, no entanto, não era só a questão da gentileza para com o visitante, mas a mobilidade do artista, que já era comprometida. Foi então que as boas relações e o apoio dos governos entraram em ação, e, quando chegamos ao aeroporto, já haviam trocado a equipe de liberação de entrada. Outro fato também quase gerou um problema ainda maior. Os microfones do tenor foram remetidos dos Estados Unidos e, por alguma razão que nunca se soube, foram parar na Polícia Federal do Paraná. Com um telefonema do então senador Antônio Carlos Magalhães, em menos de 24 horas estavam no Teatro Castro Alves, onde a orquestra e os artistas ensaiavam.

Por exigência contratual, foi quebrada a parede da suíte em que Pavarotti ficaria para anexar a suíte vizinha, que recebeu adaptação de uma cozinha. O mesmo tipo de adaptação já fora feito no hotel em que o astro se hospedara em Porto Alegre. O tenor gostava de preparar o próprio alimento. Uma letra trocada em uma nota publicada em um jornal foi motivo de muitas risadas. Com problemas na coluna, uma das exigências do artista ao hotel era a retirada dos travesseiros da sua suíte. O pedido "SEM travesseiros" foi entendido como "CEM travesseiros", tornando-se assunto muito discutido pela imprensa, acostumada a receber a lista de exigências às vezes esdrúxulas dos artistas.

A Secretaria de Cultura e Turismo do Estado da Bahia apoiou o evento, com a cessão da Orquestra Sinfônica da Bahia, e o concerto foi patrocinado pela DirecTV (responsável pela transmissão ao vivo para todos os seus assinantes), HBO e Bandeirantes. Para coletar melhor a imagem do tenor no palco, foi colocada uma potente câmera no topo do Elevador Lacerda, outro ponto turístico da cidade, de onde se conseguiam *closes* incríveis. Com os ingressos esgotados, foram instalados telões no Pelourinho, para que o público que não tivesse acesso conseguisse acompanhar a exibição. Na entrevista coletiva no dia 6 de abril, no hotel, Pavarotti declarou que "a festa que comemora os 500 anos do Brasil é um momento especial, e tenho o prazer de dividir o palco com duas maravilhosas artistas. O Brasil é uma expressão incrível da humanidade". Com bom humor, disse que acompanhava as obras de ambas havia mais de dois meses, mas o que não revelou foi que na noite anterior havia recebido as duas em sua suíte para acertos da apresentação.

O roteiro do espetáculo, que teve a regência do maestro Leone Magiera, profissional que acompanhava o tenor, foi pensado no formato em que os artistas teriam atuações separadamente, e o encontro das vozes ocorreu no final. Apesar da chuva fina em alguns momentos, nada diminuiu o brilho do espetáculo. A abertura foi feita pela Orquestra

Sinfônica da Bahia tocando "O Guarani". Primeiro cantou Maria Bethânia, depois entrou Gal Costa, e então apareceu no palco Pavarotti cantando seus sucessos, seis árias de ópera, três cançonetas italianas ("Mattinata", "La girometta" e "Non ti scordar di me") e a espanhola "Granada". E encerrou em português com "Manhã de carnaval", ao lado de Maria Bethânia, e "Aquarela do Brasil", com Gal Costa. Foi um grande sucesso, e até hoje esse espetáculo pode ser encontrado em canais digitais.

Quando Pavarotti se despediu de Dody, não imaginou que tempos depois voltariam a se encontrar num novo projeto. Quem me ajuda a contar essa história é o empresário Alexandre Accioly, um carioca que aos 17 anos foi emancipado para abrir uma agência de figurantes e atender aos programas da TV Globo, que em 1993 foi de ônibus a São Paulo assistir ao show de Michael Jackson e acompanhava a distância a atuação de Dody. Ambos se conheciam apenas socialmente, até um dia em que Accioly estava almoçando com seu compadre Aécio Neves, então governador de Minas Gerais, num restaurante na zona sul do Rio de Janeiro, e Dody passou por sua mesa, cumprimentou-o e foi adiante. Accioly lembra o que aconteceu em seguida: "Passei na mesa para falar com ele, que me perguntou se o governador gostaria de um concerto reunindo Pavarotti e Roberto Carlos em Minas Gerais. Grande ideia. Na mesma hora falamos com o Aécio, e Dody propôs o "Encontro dos Reis". O "rei" italiano e o "rei" brasileiro em Minas Gerais. Um espetáculo ao ar livre para 1 milhão de pessoas. O governador gostou da ideia. Ofereceu apoio logístico, aquele que todo poder público tem a obrigação de dar, mas nenhum recurso.

Assim nasceu a primeira parceria entre Accioly e Dody/DC Set. Uma sociedade em partes iguais, cujo objetivo era reunir os dois grandes nomes da música num espetáculo único em Minas Gerais. O local escolhido foi a cidade de Santa Luzia, situada a 18 quilômetros de Belo Horizonte, localizada de forma estratégica na região metropolitana, próxima aos aeroportos de Confins e da Pampulha, com uma enorme área disponível. Para ser um negócio à altura dos "reis", convidaram Abel Gomes para criar o conceito arquitetônico. Grande estrela em cenografia e direção de criação de eventos, Abel tem em seu portfólio a árvore de Natal da Lagoa Rodrigo de Freitas, o palco de 360 graus para Frank Sinatra, no Maracanã, e outros tantos que vieram, como a cerimônia de abertura dos Jogos Olímpicos Rio 2016 e o Réveillon de Copacabana, por doze anos consecutivos, para citar alguns. A ele foi encomendado o maior projeto de sua vida: criou um palco reproduzindo as igrejas da cidade histórica de Mariana, conhecida pela sua arquitetura barroca colonial.

Para fazer um show para 1 milhão de pessoas era necessário ter patrocinadores. O projeto estava orçado em R$ 6 milhões (num tempo em que o dólar estava cotado a R$ 2,25), e saíram a campo. Dody ficou com a produção e o contrato com os artistas, enquanto Accioly foi em busca dos parceiros e vendeu cotas para a Vale do Rio Doce, Oi, Bradesco, Federação das Indústrias do Estado de Minas Gerais (FIEMG) e para a Fiat. Os cinco patrocinadores cobririam o custo, teriam áreas especiais para receber seus convidados, e a Fiat celebraria seus 30 anos no Brasil em grande estilo. Os pagamentos foram quase todos feitos antecipadamente.

Roberto e Pavarotti cantando "Ave Maria" naquele cenário seria uma dádiva, e Minas Gerais abraçou o projeto. A mídia dando enorme espaço, a TV Globo colaborando com um tratamento de honra para um grande evento, Abel já tinha construído quase tudo, incluindo as áreas VIP dos patrocinadores, e, no dia 15 de março, três dias antes do show, o avião contratado para trazer Pavarotti já estava em Barbados, nas Antilhas, de onde voaria para Belo Horizonte. O tenor e o rei brasileiro se encontrariam no hotel dois dias antes do concerto, para um ensaio rápido, e Accioly lembra do seu sentimento naquela manhã, de como a sociedade que tinham construído era feliz e quanta alegria gerava. Dody, Cicão e Accioly tomavam café em uma padaria próxima do hotel quando um telefone tocou. Era o de Dody, e quem chamava era o piloto, que estava em Barbados, informando que Pavarotti entrara na aeronave pedindo para ser levado para Nova York em vez de Belo Horizonte. Sentira um incômodo e o médico recomendara que fosse fazer exames no hospital americano antes de seguir para o Brasil. Os três concordaram que a aeronave fosse para Nova York e ficasse esperando. Dariam um jeito de remontar o cronograma do encontro com Roberto Carlos, adiar por um dia a chegada na cidade.

"Estávamos em pé, ao lado do balcão da padaria, lembro que tinha umas mesinhas de rua, sentamos, comíamos pão com manteiga, quando constatamos que, como muitas coisas tinham sido resolvidas em cima da hora, tínhamos tomado a decisão de não fazer o seguro do show", me conta Accioly. Isso caiu como uma bomba.

Seguro, para um show, como é de se esperar, é aquele pelo qual se indenizam os gastos que possam afetar o promotor, como cancelamentos, catástrofes, tudo que possa impedir a realização de um evento. Naquele momento, os três não acharam que o pior podia acontecer. Acreditavam que no dia seguinte o tenor chegaria, mas não foi bem assim. Algumas horas depois o empresário ligou cancelando, e começaram todos os problemas de avisar à imprensa, aos parceiros, instituições públicas, desarticular, desmontar... Um caos, muitos convidados vindos de diversas partes do país e do exterior, as ações de relacionamento dos patrocinadores com clientes e fornecedores, os hotéis de Belo Horizonte praticamente lotados, era o grande evento do ano. Nas palavras de Accioly, "começou uma draga de dinheiro – paga aqui, paga ali, todos os compromissos financeiros em meu nome e da DC Set".

Pagaram tudo, devolveram os valores recebidos dos patrocinadores e ficaram com um prejuízo de R$ 6 milhões. Como vivem de credibilidade, não podiam falar para a Vale do Rio Doce, o Bradesco e os outros patrocinadores que o artista não tinha vindo, pois, se não fizeram o seguro, o problema era deles. "Poucos no Brasil fariam o que fizemos. Talvez estejam nos dedos da mão. Eu não ia brigar, judicializar, porque isso fazia parte do risco, o cara não veio porque estava morrendo. Na mesma hora vimos quanto foi o prejuízo, eu paguei a minha parte, o Dody, a parte dele, o prejuízo ficou no meu colo e no do Dody. Viramos a página. Entramos no show pela porta da frente e saímos pela mesma porta. E a minha relação com o Dody foi consolidada. Ali ele conheceu o Accioly, que só conhecia pela simpatia, amizade... e eu conheci o Dody que eu conhecia, mas não num trato como esse."

Internado em Nova York com problemas de coluna, a princípio o show foi transferido para 18 de outubro, mas em junho foram cancelados todos os concertos, devido ao agravamento de sua saúde. Em julho, uma cirurgia constataria um tumor maligno no pâncreas, que foi removido; ainda esperavam retomar as turnês no ano seguinte. No entanto, desde essa operação, o tenor não apareceu mais em público. No dia 8 de agosto, foi internado no hospital policlínico de Modena, na Itália, em razão de uma febre infecciosa. No dia 25 havia obtido alta, mas, devido a várias complicações, veio a falecer no dia 6 de setembro de 2007. Se tivesse vindo de Barbados para o Brasil, como previsto, certamente teria sido o seu último show.

Com esse fato e as péssimas experiências que tivera anteriormente com outros promotores de eventos, Accioly decidiu sair do mundo do entretenimento e nunca mais fazer shows. Alguns anos depois o telefone tocou, e era Dody perguntando o número da sua conta no banco. O fato era simples: quando se contrata um artista estrangeiro, a Receita Federal obriga ao pagamento de um imposto antecipadamente, pois por não ser domiciliado no país não teria como no ano seguinte pagar o Imposto de Renda. Isso vale para qualquer show internacional. Sobre o valor do cachê do artista, é feito um cálculo de 27,5%, que é pago através de um DARF, e, se não for recolhido, o Banco Central não permite a remessa do cachê do artista. A DC Set havia pago US$ 270 mil, percentual do cachê de US$ 1 milhão, e com o cancelamento a equipe jurídica da empresa entrou com uma ação pedindo a devolução do imposto, já que o show fora cancelado e o dinheiro tinha voltado.

"Até aquele telefonema eu não sabia sobre essa regra, pois o contrato era feito pela DC Set, essa experiência era deles. Se o Dody não tivesse me telefonado, eu nunca saberia que tinham entrado na justiça, brigado e tido a devolução. Poderiam ter ficado com o dinheiro, sem depositar 50% na minha conta. Em momento nenhum eu vi o Dody ou o Cicão culpando alguém pelo seguro que não fora feito. Nós ganhamos e nós perdemos. Está tudo certo. Faz parte do negócio. Mas gestos como esse mostram a integridade de uma pessoa."

A relação entre eles não terminou aí. Continuaram construindo sonhos, assunto para outro capítulo.

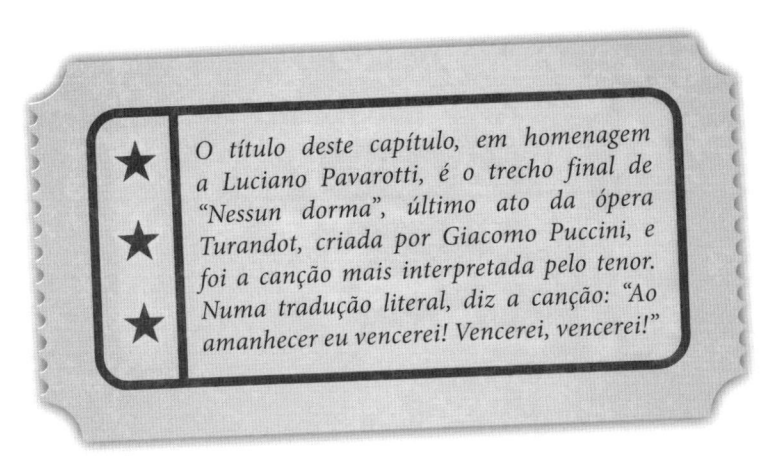

> *O título deste capítulo, em homenagem a Luciano Pavarotti, é o trecho final de "Nessun dorma", último ato da ópera Turandot, criada por Giacomo Puccini, e foi a canção mais interpretada pelo tenor. Numa tradução literal, diz a canção: "Ao amanhecer eu vencerei! Vencerei, vencerei!"*

CAPÍTULO 19

"O RIO DE JANEIRO CONTINUA LINDO..."

Desde 1981, quando pela primeira vez foi profissionalmente ao Rio de Janeiro para contratar uma apresentação do Queen em Porto Alegre, Dody começou uma relação de amor com a cidade. Mas só alguns anos depois essa relação se solidificou, por meio dos negócios. Depois do cancelamento do show de Pavarotti com Roberto Carlos em Belo Horizonte, em 2006, quando Alexandre Accioly, parceiro nesse evento, comunicou que não atuaria mais no mundo do entretenimento, a amizade continuou, mas o assunto show business saiu da esfera. Quando estourou a pandemia de covid-19, gerando um caos no segmento de entretenimento e *fitness*, Accioly quis repensar seus negócios, pois um deles, uma rede de academias no Rio de Janeiro, teve que ser fechado, e seu sócio sugeriu que, diante da situação planetária, desacelerasse os negócios. Para os tempos sombrios que viriam, o melhor seria parar, curtir a família e tornar os próximos dez anos os melhores de sua vida. Accioly passou o fim de semana pensando sobre o assunto e resolveu que, ao contrário do sócio, iria empreender.

Buscando inspiração para novas oportunidades, leu na coluna de Ancelmo Gois, em *O Globo,* uma nota em que a Time For Fun, empresa que administrava a casa de espetáculos Metropolitan, estava devolvendo o espaço para o grupo proprietário. Curiosamente, havia algum tempo Dody já vinha conversando com Bernardo Amaral, filho do empresário Ricardo Amaral, que havia construído o Metropolitan em 1994. Para o arrendamento do espaço, uma das exigências contratuais era que o locatário tivesse experiência na gestão de casas de espetáculos, e a DC Set tinha essa *expertise* desde 2012, quando ganhou o edital de licitação da Ópera de Arame e da Pedreira Paulo Leminski, em Curitiba. Como tinham o mesmo objetivo, o de recriar uma grande casa de espetáculos, Dody (leia-se DC Set Group), Accioly e Bernardo formaram uma sociedade para esse fim, e, depois de muita poeira e um longo período em obras, o local reabriu após a pandemia, dia 12 de março de 2022.

Localizada no subsolo do Shopping Via Parque, na Barra da Tijuca, já tivera os nomes de ATL Hall, Claro Hall, Citibank Hall e KM de Vantagens Hall, e agora chegava rebatizada de Qualistage, com a parceria da administradora de planos de saúde Qualicorp. O espetáculo de estreia, "De Beethoven a Bethânia", trouxe o maestro João Carlos Martins e a cantora à casa com capacidade para 9.500 pessoas em pé ou 3.500 sentadas. A grande reforma incluiu a construção de um estúdio de 100 m² para gravação de vídeos e o novo palco ocupando a área de 500 m², com pé-direito de 20 metros, permitindo adaptações a eventos específicos. Da entrada aos camarins, a mudança era perceptível: a casa se tornou mais tecnológica, com uma rede de fibra ótica para permitir a transmissão de eventos, e tem sido a favorita dos grandes nomes nacionais e internacionais. Depois dessa grandiosa reabertura, a casa teve outros nomes e a DC Set realizou grandes shows, como temporadas com Roberto Carlos, Niall Horan, Julio Iglesias, Mr. M, David Copperfield, entre outros.

O reencontro deu novos frutos e caminhou para um assunto pelo qual Dody sempre se interessou: o entretenimento impulsionando o turismo. Isso vinha desde os anos 1980, quando criou o projeto Top Class na Serra Gaúcha, depois nos anos 1990 quando realizou o concerto "José Carreras nas Missões", no Rio Grande do Sul, que acabou incrementando o turismo na região. O Planeta Atlântida também transformara o Balneário de Atlântida, e Dody gostou quando Accioly falou sobre um projeto inspirado na experiência que ele, Accioly, tivera com Sargentelli no "Oba Oba", em 1983. Os mais jovens ou os que moram fora do Rio de Janeiro talvez não saibam ao que ele se referia. Osvaldo Sargentelli foi um radialista e apresentador de TV que, durante o regime militar, quando foi proibido de continuar com seus programas, se tornou empresário na noite carioca. Em 1969 criou o "Sambão" em Copacabana, uma casa de shows para turistas. Com o mesmo perfil, criou o "Oba Oba", que teve vários endereços, até chegar ao bairro do Humaitá, em 1983, em sociedade com Accioly, que começava a ter uma visão clara do poder do entretenimento turístico. A proposta que trazia para Dody era a criação de uma casa de shows de altíssimo nível, para atender uma parccla dos mais de 13 milhões de turistas brasileiros e os 6 milhões de estrangeiros que visitam o Rio todo ano.

    A princípio, pensaram em desenvolver o projeto no teatro de um grande hotel, assim como acontece em Las Vegas. Tentaram algumas possibilidades, mas não chegaram a nenhum resultado. Precisavam de um espaço com mais de 3 mil m², de fácil acesso para a grande demanda de turistas que ficam na zonal sul, entre Copacabana e o Leblon, e essas informações iam afunilando a procura. Até que, num sábado de manhã, andando de moto pela cidade buscando inspiração para algum lugar onde o projeto se enquadrasse, um sinal vermelho fez Accioly parar na Rua Bolívar, esquina com a Av. Nossa Senhora de Copacabana, e, ao olhar à sua esquerda, deu de cara com o cinema Roxy. Quem em algum momento morou em Copacabana ou passou férias por lá, conhece o cinema, um ícone do bairro. Inaugurado em 1938, durante 53 anos foi o maior cinema do Brasil, com capacidade para 1.700 pessoas. O cinema fechou em 2020, chegou a reabrir, mas fechou definitivamente em 2021, quando foi colocado à venda, por R$ 30 milhões. Por falta de interessados, o grupo proprietário, Severiano Ribeiro, resolveu alugar o espaço. Foi assim que Accioly viu o prédio de três andares naquela manhã, telefonou para um amigo CEO do grupo e soube que já havia uma conversa para locação, contrato quase assinado. Não desistiu. Na semana seguinte, foi pessoalmente convencer os proprietários da importância do cinema se tornar uma casa de shows, não desvirtuar o destino do imóvel que nascera para a cultura e o entretenimento, e os proprietários desistiram de transformá-lo num shopping de marcas esportivas, assinando com eles.

    Nas primeiras conversas, Accioly sugeriu o uso do nome "Oba Oba" como uma homenagem a Sargentelli, mas, por ser um prédio tombado, a marca Roxy estampada na fachada permaneceria, e gostaram da ideia da preservação. Abel Gomes, que já tinha sido consultado quando pensavam no espetáculo no teatro de um hotel, entrou como criativo do projeto, pensando do show aos serviços. O prédio *art déco* ficou mais de um ano em reforma, completamente restaurado num projeto arquitetônico criado por Ana Lúcia Jucá e Sérgio Dias e desenvolvido pelo arquiteto e urbanista Jorge Astorga. A nova calçada de pedras portuguesas repetiu o desenho do calçadão de Copacabana. A cúpula, projetada pelo engenheiro Emílio Henrique Baumgart, com 36,2 metros de diâmetro, que já foi a maior do mundo, voltou a compor a sala de teatro. O piso de mármore de rochas do tipo calcário lioz rosa, as pilastras do *lobby* e a famosa escadaria logo na entrada também foram recuperados. Assim nasceu uma casa de espetáculos para 920 pessoas, com início da programação às 19h, oferecendo um jantar ao som de bossa nova seguido do show "Aquele Abraço". Para voltar ao clima de 1938, mesclado ao máximo com a tecnologia, o palco traz um grande painel de LED e as luzes nas mesas e no teto interagem, fazendo parte do show, num projeto do *light designer* Maneco Quinderé. Na plateia, mesas, cadeiras e 180 lugares no balcão. Para colocar a engrenagem do novo Roxy para funcionar, uma equipe de 200 funcionários e mais 70 artistas e músicos no espetáculo.

Dody e Accioly alugaram o espaço por vinte anos. E foi por causa dessa boa parceria que Accioly resolveu provocar os gaúchos Dody e Cicão para entrarem naquele que, mais do que um projeto, é um novo olhar para um velho lugar, um dos cartões-postais do Rio de Janeiro: o Jardim de Alah. A área que separa os bairros de Ipanema e Leblon, em uma região valorizada, mas em péssimas condições de conservação, tem um parque criado em 1938 que margeia os dois lados do canal por onde escoa a Lagoa Rodrigo de Freitas para o mar. O nome foi baseado no filme americano *O jardim de Alá*, sucesso naquela época. Com estilo arquitetônico *art déco*, o parque ocupa uma área de 93,6 mil m², e a última renovação ocorreu em 2003, na gestão do então prefeito César Maia.

A preocupação de Accioly e do arquiteto Miguel Pinto Guimarães (da Opy Soluções Urbanas) com o local era antiga. Moradores da região, desde 2015 não se conformavam com a degradação que viam no dia a dia. Em 2020 procuraram a prefeitura, que buscou outros interessados em estudar o assunto, e, a partir dos levantamentos feitos pelos consórcios Rio + Verde e o Novo Jardim de Alah, foi lançado um edital, no dia 9 de março de 2023, para concessão de uso da área por 35 anos. O objetivo é manter a área como um parque público, com acesso gratuito, mas com cuidados na sua preservação, não só ambiental como com as contrapartidas sociais para atender os moradores da Cruzada São Sebastião, conjunto habitacional vizinho ao parque. O vencedor da licitação assumiria os custos de revitalizar a área, num valor estimado em R$ 112 milhões, sendo que no primeiro ano seria necessário investir 60% desse valor e no segundo ano o restante. A DC Set entrava emprestando seu prestígio e know-how, pois, entre os sócios, era a única empresa que vinha executando parcerias público-privadas, tanto no governo de Curitiba como de São Paulo, com os parques da Água Branca, Jardim Zoológico, Jardim Botânico, Villa-Lobos e Portinari.

O edital foi lançado no início das obras do Roxy, e o Consórcio Rio + Verde, formado pela Accioly Participações, Grupo DC SET, Opy e Pepira (do arquiteto Sergio Conde Caldas), foi anunciado vencedor no dia 21 de julho. O investimento inclui estacionamento para 200 carros, instalação de cerca de 30 restaurantes e um mercado com 16 lojas gastronômicas. O projeto prevê instalações de artistas enfeitando os jardins, cabines de segurança e a construção de uma creche, atendendo a uma solicitação dos moradores da Cruzada São Sebastião. Esse modelo é inspirado no conceito que revitalizou o antigo Mercado da Ribeira, no Cais do Sodré, no coração de Lisboa, em Portugal. Os restaurantes e lojas de serviços ficarão próximos ao canal, para não impactar visualmente o projeto paisagístico, pois os estabelecimentos estarão encobertos por vegetação. Certamente outros projetos virão, pois, como comentou Accioly, esse grupo ainda tem muito o que fazer para o Rio de Janeiro.

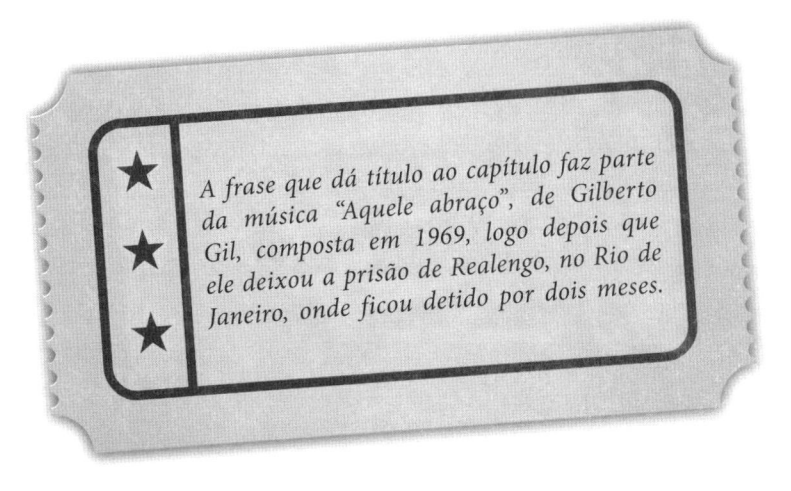

A frase que dá título ao capítulo faz parte da música "Aquele abraço", de Gilberto Gil, composta em 1969, logo depois que ele deixou a prisão de Realengo, no Rio de Janeiro, onde ficou detido por dois meses.

CAPÍTULO 20

"QUANDO EU ESTOU AQUI..."

Quando Fernanda e Dody começaram a namorar, estava sendo anunciado um show de Roberto Carlos no ginásio de esportes de Tramandaí, uma praia bem popular, distante pouco mais de 100 quilômetros de Porto Alegre. O espetáculo era promovido pela Emprol, do empresário Fernando Vieira, que vinha se destacando na região, e estava tocando o coração de todos os que veraneavam na região, assim como o de Fernanda, que era fã de Roberto, e até de Dody, que nunca tinha assistido a um show do Rei. Para atender o desejo da namorada, Dody juntou as economias e comprou ingressos para um lugar nobre, afinal ele queria impressionar. Mas, naquela noite, o que não podiam imaginar ouvindo "Detalhes", "Portão", "Namoradinha de um amigo meu", "Amigo", "Lady Laura", entre tantas outras canções dos anos 1970, eram os caminhos por onde iriam um dia andar.

Em 1990, quando viajava para acertar contratos para o Rock in Rio, Dody encontrou Roberto Carlos na primeira classe de um voo para Los Angeles. As poltronas, separadas apenas pelo corredor, aproximaram os viajantes. O artista viajava apenas com Carminha, sua secretária, e tiveram a oportunidade de conversar. Dody até convidou Roberto para cantar no festival, mas o cantor disse que preferia assistir aos shows. No momento de retirar as malas da esteira, Dody os auxiliou, e cada um partiu para um lado. Dois anos depois, aos 32 anos, casado com Fernanda, já reconhecido mundialmente na área de entretenimento, tendo produzido várias turnês internacionais, Dody estava desenvolvendo uma consultoria de marketing para a gravadora RCA com o cantor José Augusto (como foi dito anteriormente), que o convidou para assistir a um show de Roberto Carlos no Canecão.

O encontro de Dody com Roberto foi mais do que um aperto de mãos: trocaram ideias sobre o mundo dos espetáculos, e talvez o artista não se lembrasse da conversa no avião. Ao longo do ano de 1992, Dody foi procurado algumas vezes por uma profissional do escritório do artista, pois estavam interessados em que organizasse uma turnê em Santa Catarina e no Rio Grande do Sul. Conversaram diversas vezes, estabeleciam roteiros e datas, mas depois cancelavam. Dody chegou a um ponto em que, cansado de tantas mudanças, pediu à interlocutora que retirasse seu telefone do caderno da empresa, pois não tinha mais interesse em fazer trabalhos para o artista.

No final desse mesmo ano, num momento tenso com a turnê do Guns N' Roses – quando o vocalista Axl Rose atirou a cadeira da janela da suíte do Hotel Maksoud Plaza nos jornalistas que o aguardavam na calçada –, Dody recebeu um telefonema da produtora Suzana Lamounier, que integrava a equipe do Rei. Conduzindo a conversa de forma diferente, Suzana o convidava para um encontro na Alameda Santos, a poucos quarteirões de distância do Maksoud, e o artista o aguardava para uma conversa no início da tarde sobre uma turnê no Sul em março do ano seguinte. A proposta já vinha de forma diferenciada, pois, até onde se sabia, Roberto só chegava ao escritório no fim da tarde, e o encontro foi marcado para logo após o almoço. Dody foi sem nenhuma expectativa e disse que foi recebido de forma muito gentil, o papo se estendeu até a noite chegar. Falaram sobre o show business no mundo do marketing, mas sem nenhum interesse em agenciamento.

Roberto Carlos, no início da carreira, tivera como empresário Marcos Lázaro, um argentino radicado no país e responsável pela agenda de grandes nomes, de Elis Regina a Simonal, passando pela turma da Jovem Guarda. Mas nos últimos anos Roberto optara por administrar a carreira por meio do seu próprio escritório. Revelou nesse encontro que estava revendo a equipe e a forma de trabalho, mas precisava definir uma empresa que se responsabilizasse pela turnê, em março do ano seguinte. Isso deixava Dody confortável, pois também não tinha intenção de se dedicar exclusivamente a um artista. Estava com projetos internacionais, fechando o contrato com Michael Jackson, mas tinha uma turma boa, que sabia organizar muito bem turnês, principalmente no Sul. Ele e a equipe conheciam a região como a palma da mão, do Paraná ao Rio Grande do Sul, sabiam dos melhores espaços para shows, fornecedores, mídias para promoção, enfim, poderiam fazer um belo trabalho em 13 shows para aquele que, aos 51 anos de idade, era o maior cantor romântico do país. Acertaram os detalhes para o ano seguinte, e Dody não fez uma turnê qualquer, afinal sabia que estava com o maior nome da música brasileira e não queria que ele fosse apenas um artista a mais. Reuniu-se com a RBS e criou uma competição entre as cidades gaúchas e catarinenses para que se habilitassem a receber o show, uma forma elegante para um artista com tamanho peso chegar ao interior.

A turnê "Coração" teria 13 shows e estreou no Sul no dia 21 de maio, em Santa Cruz do Sul, uma cidade distante 153 quilômetros da capital do Rio Grande do Sul. No dia seguinte, o show foi no Gigantinho, em Porto Alegre; dia 23 em Bento Gonçalves; dia 27 em Criciúma e em Florianópolis no dia 28; no dia seguinte em Blumenau, depois Joinville; voltaram para o Rio Grande Sul, em Ijuí, em 4 de junho; na sequência, Passo Fundo e Chapecó. No dia 11, Bagé e depois Pelotas, Nova Hamburgo e, enfim, retornaram para o Rio de Janeiro. Foi num ônibus que transportava a equipe que Dody e Roberto conversaram sobre uma continuidade na gestão da carreira do Rei. Seria um trabalho experimental, por um ano. Algumas datas e turnês já estavam agendadas, o artista continuaria com sua equipe, Dody iria estudar de que maneira poderia somar. Manteria junto com Cicão os projetos da DC Set, que não eram poucos, inclusive Michael Jackson já programado para aquele ano.

Dody tem uma característica interessante, seu olhar é sempre amplo, curioso, quer entender como tudo funciona. Nunca foi "apenas um show", mas, sim, o espetáculo, a comunicação, a marca, o perfil do público, como chegam, como vão embora; sempre foi assim. Quando começou a organizar festas, ainda não tinha 15 anos, nem empresa, e já fazia questão de que os eventos tivessem nome, estilo, diferencial, que fossem únicos. Com isso, não era possível imaginar que sua gestão na carreira de um artista do tamanho de Roberto Carlos seria algo simples. Dody passou o fim de ano analisando detalhes e pensando onde poderia agir positivamente, e, como resultado, 1994 veio repleto de novidades. Começou por cima, causando um *frisson* no mercado publicitário, quando a agência Fischer & Justus anunciou Roberto Carlos como o novo garoto-propaganda da Brahma.

Roberto Carlos fazendo propaganda de cerveja?

Aquilo causou espanto na mídia. O artista sempre foi muito atento quando se tratava de envolver seu nome com publicidade, mas aquela proposta merecia atenção. Tudo aconteceu muito rápido, em pouco mais de um mês. Eduardo Fischer, presidente da agência que atendia a Brahma, preparava uma campanha tendo como tema "A número 1". Era ano de Copa do Mundo, o publicitário iria explorar nos comerciais quem era "número 1", e Roberto, obviamente, puxava a lista. Fischer declarava à imprensa o seu orgulho em trazer o artista, que, com 35 anos de carreira e mais de 70 milhões de discos vendidos, pela primeira vez participava de uma campanha. Comentava-se no mercado que o contrato, com um ano de duração, seria no valor de US$ 3 milhões e envolvia o patrocínio de 90 shows (60 no Brasil e 30 na América Latina), além de mais alguns comerciais.

No dia 3 de março, no Teatro Municipal de São Paulo, foi lançada a campanha, e já nos dias seguintes, 4 e 5, estreava "Luz", o novo show, em clima de superprodução, para valorizar o artista e dar destaque ao patrocinador. Em entrevista ao jornalista Antonio Carlos Miguel para o "Segundo Caderno", do jornal *O Globo*, Roberto Carlos contou que o título saiu da música "Luz divina". Essa turnê trazia muitas novidades. Roberto jamais havia feito um grande show ao ar livre, e o fez no dia 18 de março, no Estádio do Flamengo, no Rio de Janeiro. Recém-reformado, o estádio, com capacidade para 20 mil pessoas, tinha uma vista privilegiada para as montanhas no entorno da Lagoa Rodrigo de Freitas, e do palco de 550 m² podia-se até avistar o Cristo Redentor. Seriam usados 500 mil watts de luz e 50 mil watts de som. Como amplamente anunciado, era um festival de luzes, *laser* e pirotecnia, comandado por Césio Lima, utilizando os equipamentos da Lunatech International, a mesma empresa americana que recentemente atendera aos shows de Michael Jackson, Madonna e Whitney Houston. Como em time que está ganhando não se mexe, a dupla Miele e Bôscoli assinava a direção, o maestro Eduardo Lages, os arranjos, e ficava à frente da orquestra de 16 músicos.

O show começou com um vídeo trazendo momentos especiais dos 30 anos de carreira, e no roteiro "Coisa bonita" (hino às gordinhas) e "Mulher pequena" (às baixinhas) juntaram-se a clássicos como "Emoções", "O calhambeque" e "Fera ferida". Chico Buarque era homenageado com "O que será". Para dar tranquilidade ao público diante de grandes emoções, a Golden Cross instalou três postos de atendimento médico. Quase no final do show, o grande momento. Na interpretação de "Luz divina", quando Roberto Carlos cantava a frase "essa luz só pode ser Jesus" e apontava para o Cristo Redentor, de maneira sincronizada, foram se apagando todas as luzes, e veio a magia do espetáculo. No alto do Morro do Sumaré, com mais de 700 metros de altitude, dos pés do Cristo uma equipe comandava um refletor potente, que, direcionado para o estádio, iluminou o palco e a plateia, que respondeu num ensurdecedor "Ooooh!". Uma noite para ninguém esquecer, que terminou numa casa de festas num local próximo, onde a gravadora Sony Music recebeu radialistas e jornalistas que trouxera de todo o país exclusivamente para esse espetáculo. Roberto Carlos, o grande homenageado, como sempre amável e atencioso com aqueles que tanto colaboravam na promoção do seu trabalho, ficou na festa até o fim. Depois daquela noite, partiria em turnê até junho, com 90 apresentações no Brasil, América do Sul, México, Costa Rica, Honduras, Panamá e Guatemala.

As relações de Dody com a Sony Music, presidida por Roberto Augusto, iam maravilhosamente bem. Roberto Carlos era o maior vendedor de discos da gravadora e Dody achava que o percentual que cabia ao cantor era bem menor do que a sua importância no mercado. Tinha aprendido na relação com as agências internacionais que muitos artistas já tinham virado a mesa e criado seus próprios selos, pequenas gravadoras. Foi então que começou a pensar se não seria a hora de o artista ter a sua própria gravadora e foi procurar o empresário Lírio Parisotto.

No final dos anos 1970, quando Dody e Cicão começaram a produzir festas e depois as turnês de artistas nacionais no interior do Rio Grande do Sul, conheceram Lírio, em Caxias do Sul. Ele era um comerciante local, proprietário da Audiolar, pioneiro a introduzir no Sul as locadoras de videocassete. Sua loja também vendia televisores e aparelhos de som, tinha um bom movimento do público interessado em música e era mais um ponto de venda dos ingressos dos eventos que eram anunciados como "Promoção Dody e Cicão". Em 1987, Lírio saiu do comércio e de Caxias do Sul e foi morar em São Paulo, onde criou a Videolar, que se tornou a maior empresa na produção de CDs e DVDs do país. Era a única empresa que durante um grande período fabricou no Brasil todos os produtos das maiores produtoras de vídeo do mundo: Warner, Columbia/Sony, Fox, Paramount, Disney e Universal. Nos anos 1990 entrou no mercado de cassetes e em 1993, com os CDs, colocou com força o pé na música.

"Entramos com grandes e novos equipamentos, de excelente qualidade, nós fazíamos o box, a área de mídia, tanto no vídeo quanto na música. Fazíamos a produção industrial, dos cassetes, áudio e vídeo, do CD e do DVD, e nos anos 1990 começamos a suprir a demanda de nossos clientes de tal forma que as companhias de música não precisavam ter fábrica nem estocar os produtos, que ficavam conosco. No vídeo, trabalhávamos com todas as gravadoras, e no áudio começamos com a EMI, a Polygram e a Som Livre", disse Lírio.

Havia concorrentes no mercado da música, como a Microservice, a Sonopress e a própria Sony Music, que manteve por muito tempo a sua fábrica no Rio, mas acabou optando pelos serviços da Videolar. É nesse momento que entram "os produtos" Roberto Carlos – CDs e DVDs. Dody percebeu que, se todo o trabalho industrial do produto (a estocagem e distribuição) em todo o país era terceirizado através da Videolar, por que não o artista ter a sua própria gravadora e aumentar o resultado financeiro?

"Naquele momento, Dody foi rápido e visionário, enxergou a possibilidade de Roberto Carlos sair da Sony", lembrou Lírio de uma conversa que teve com Dody num reencontro depois de muitos anos. A questão industrial estava resolvida com o "pick and pack" (separar e embalar), estoque, faturamento e cobrança: a proposta da Videolar cobriria o oferecido pela gravadora... Era uma oferta muito melhor do que a Sony pudesse sonhar em apresentar. Assim como todos os artistas da época, Roberto tinha um contrato assinado, mas tinha que dar satisfação de tudo, e a propriedade dos másters, ou seja, a fita com a obra, ficava também com a gravadora. Por seu tempo na casa, tinha *royalties* maiores, que giravam entre 12% e 22%, com gatilhos de ganhos proporcionais às vendas dos discos. Fariam exatamente como qualquer gravadora, mas ele teria um percentual muito maior de lucro, além de passar a ser detentor de seus másters. Quando as outras gravadoras souberam, não gostaram muito, pois entenderam que seria aberto um caminho sem volta para a "libertação dos artistas" que ganhavam pouco e vendiam muito. Cada um seria dono do seu disco, gravariam em estúdio em qualquer lugar do mundo e teriam a produção, a distribuição, a cobrança e o crédito em boas mãos. E já se podia prever que em paralelo surgiriam empresas oferecendo marketing e promoção. Se Roberto Carlos, que era o artista que mais vendia discos no Brasil, anunciasse a decisão de ter sua própria gravadora e mostrasse o caminho das pedras, teria muitos seguidores.

Com exceção da Rede Globo, que tinha a Som Livre, toda a indústria de discos no Brasil era composta por empresas multinacionais. Quando esse assunto começou a circular nos bastidores do mercado fonográfico, segundo Lírio, João Araújo, presidente da Som Livre, estava cercando Roberto Carlos para assinar com a sua gravadora e, quando viu que a Videolar oferecia um contrato sedutor, ficou chateado. Conta-se que Araújo chegou a propor na Associação Brasileira dos Produtores de Discos (ABPD), da qual era presidente, um boicote à Videolar. Dody foi declarado inimigo da ABPD, pois os integrantes da associação acreditavam que, se ele estava fazendo uma "gravadora para Roberto, faria o mesmo com os outros artistas campeões de venda na época, como Xuxa, Leandro e Leonardo, entre outros". Num encontro com João Araújo, Dody firmou um acordo de cavalheiros e de confidencialidade, no qual garantia que não desenvolveria a mesma estrutura para outros artistas. Por sorte, nem todas as gravadoras seguiram a provocação de boicote, e Lírio Parisotto continuou atendendo a Warner e a EMI.

O contrato estava pronto para ser assinado, não estavam cobrindo a oferta de outra gravadora, mas estariam em uma empresa que iria fabricar, faturar, estocar e distribuir os CDs. Em paralelo às conversas com a Videolar, chegou até Dody uma proposta da Som Livre para cuidar do marketing da futura gravadora do artista. Poderia ser uma solução, cada empresa atendendo a sua área, com maior conhecimento e domínio no mercado, e o artista fazendo o que sempre fez melhor: a sua música.

Esse assunto, que a princípio era só um estudo de viabilidade, se tornou algo possível. A Sony Music percebeu que estava a um passo de perder o seu maior artista, e, como Dody sempre foi hábil em negociação e brigar não faz seu estilo, chegaram a um consenso. Assim foi criado o selo "Amigo", trazendo melhores condições ao Rei dentro da gravadora, e Dody passava a fazer parte do contrato. Na segunda-feira, 5 de dezembro, em São Paulo, em uma entrevista coletiva, Roberto Carlos apresentou o 38º disco de sua carreira, o primeiro do selo Amigo, que chegava ao mercado com uma tiragem inicial de 1,5 milhão de unidades. A Amigos Records tinha sido criada só para lançar seus álbuns, e o contrato exigia a gravação de cinco discos em espanhol e cinco em português, num período de cinco anos. Se isso não tivesse acontecido, a história da música no Brasil seria outra.

Mesmo com o entusiasmo de Dody e todas as informações sobre o sucesso que essa mudança faria no mercado fonográfico, Roberto Carlos abriu mão de ser dono de uma gravadora e ficou com a Sony, passando a receber 51% do faturamento. Na época, era o artista com melhor contrato no mundo, e a partir daquele momento passou a ser proprietário dos seus másters.

Nessas boas relações com a gravadora Sony Music e depois de um levantamento informal, Dody sugeriu que fizessem um estudo aprofundado sobre quantos discos Roberto Carlos tinha vendido na América Latina, e chegaram à impressionante cifra de 70 milhões em 1994, batendo o recorde dos Beatles. Era uma excelente notícia para a mídia, e, para manter a imagem do cantor sempre jovem, Dody negociou com a gravadora o CD "Rei", uma homenagem a Roberto Carlos, nas vozes de grandes nomes do pop rock brasileiro. Cássia Eller, Chico Science & Nação Zumbi, Barão Vermelho, Skank, Carlinhos Brown, Toni Platão, Paulo Miklos, Biquíni Cavadão, Marina Lima, João Penca e seus Miquinhos Amestrados, Blitz e a Banda Vexame, produzidos por Roberto Frejat, gravaram canções da época da Jovem Guarda, permitindo que uma nova geração conhecesse a obra do artista.

Havia alguns projetos muito interessantes envolvendo a obra de Roberto e Erasmo Carlos, como o disco *As canções que você fez pra mim*, gravado por Maria Bethânia em 1993. No dia 15 de novembro, quando estreou a novela *Fera Ferida*, e a abertura era Bethânia cantando "acabei com tudo, escapei com vida", já era possível vislumbrar o sucesso ainda maior que o disco alcançaria. A novela, escrita por Aguinaldo Silva, Ricardo Linhares e Ana Maria Moretzsohn, e a música ficaram em horário nobre no ar por 7 meses, 209 capítulos, de segunda a sábado. Guto Graça Mello fez um belo trabalho como produtor do disco de Bethânia, e Dody sugeriu a Roberto que o convidasse a produzir seu disco, e assim seguiram por muitos anos.

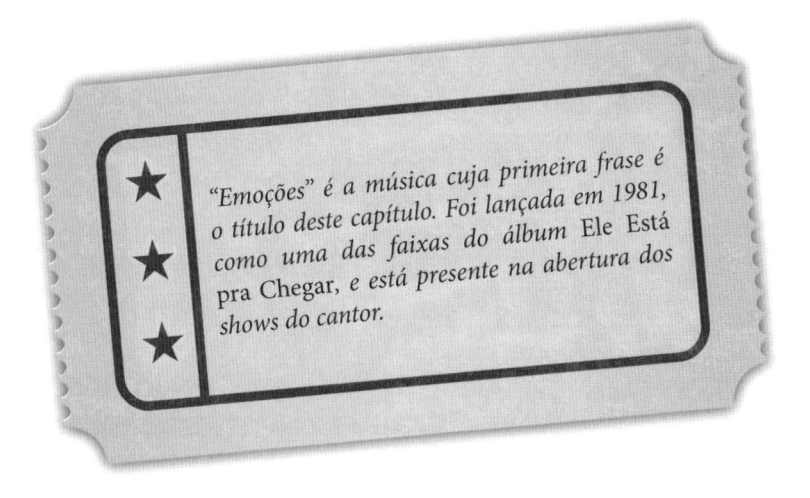

"Emoções" é a música cuja primeira frase é o título deste capítulo. Foi lançada em 1981, como uma das faixas do álbum Ele Está pra Chegar, e está presente na abertura dos shows do cantor.

CAPÍTULO 21

"QUERO NAVEGAR COM VOCÊ NOS MARES DA EMOÇÃO"

Sempre com um olhar para o mercado latino e focado na importância de Roberto Carlos se posicionar como um dos grandes cantores em língua espanhola, em 1996 Dody articulou a participação do Rei na gravação de "Puedes llegar", ao lado de Julio Iglesias, Gloria Estefan, Plácido Domingo, Ricky Martin, Jon Secada, entre outros. Essa música gravada em espanhol foi o tema das Olimpíadas de Atlanta, nos Estados Unidos. Dois anos depois, um grande momento foi preparado para Roberto ganhar destaque internacional. Foi o encontro com o tenor Luciano Pavarotti em Porto Alegre, quando 60 mil pessoas na plateia, entre anônimos e famosos, como Zizi Possi, Tom Cavalcante e Hebe Camargo, no Estádio Beira-Rio, ficaram extasiadas na noite fria de sábado, 4 de abril.

Depois do sucesso com "Os Três Tenores", Luciano Pavarotti, aos 62 anos, vinha dividindo suas apresentações operísticas com artistas pop, como a banda U2, Elton John e Sheryl Crow. Mas com um artista da

América do Sul era a primeira vez, assim como também em Porto Alegre. Gravado pela Rede Globo em parceria com a RBS, o especial reuniu uma equipe de 80 profissionais e 13 câmeras, além de um helicóptero. Teve direção-geral de Mário Meirelles e foi exibido no dia 18 do mesmo mês, um dia antes de o Rei completar 57 anos. Roberto Carlos abriu o show com a sua banda RC9 e um setlist de seus sucessos, e na sequência Pavarotti apresentou três canções e seis árias de óperas, além de outras como "Una furtiva lacrima", "L'elisir d'amore", de Donizetti, "E lucevan le stelle", além de "Tosca", de Puccini, acompanhado pela Orquestra Sinfônica de Porto Alegre, reforçada por músicos trazidos pelo tenor, com o regente Janos Acs. No encontro final dividiram o palco interpretando "Ave Maria" de Schubert e "O sole mio". Esse espetáculo fazia parte também da ação de promoção do Rio Grande do Sul, iniciada com "José Carreras nas Missões", e tinha o patrocínio das estatais Companhia Estadual de Energia Elétrica e Companhia Riograndense de Telecomunicações. Além da enorme mídia gerada, o espetáculo entrou no currículo do tenor, passando a ter reconhecimento internacional.

Superando o período de reclusão após o falecimento da esposa, Maria Rita, em dezembro de 1999, Roberto Carlos retomou a carreira com a turnê "Amor sem Limite", que estreou em Recife no sábado, 11 de novembro de 2000, no Geraldão, para um público estimado de 11 mil pessoas. Na segunda-feira, dia 13, os principais jornais do país traziam na capa dos seus cadernos de variedades matérias completas sobre a noite, explicando inclusive o porquê da escolha de uma cidade do Nordeste para o retorno. Na coletiva de imprensa, Roberto revelava: "A primeira vez que eu viajei para fazer um show fora do Rio de Janeiro foi para Recife", contou. "Foi a primeira vez que eu tive esse contato de artista com o público fora de sua cidade. Por isso, a primeira cidade que eu pensei foi Recife." O jornalista Jotabê Medeiros, de *O Estado de S. Paulo*, assim descreve a abertura do show: "...Com aquela voz poderosa, como se nunca tivesse se afastado de cena. No palco de novo depois de um ano de retiro e isolamento, o maior cantor popular do país, 70 milhões de discos vendidos em 40 anos de carreira". Artista e público choraram em muitas ocasiões, e ali começava um novo tempo, de novo na estrada. O show "Amor sem Limite" esteve em turnê até abril de 2002, percorrendo o país de norte a sul, em 60 apresentações, e uma delas foi muito especial.

Em 4 de janeiro de 2002, "Amor sem Limite" estreou no ATL Hall (hoje Qualistage), um espaço nobre na Barra da Tijuca, e com a visita do prefeito César Maia, um reconhecido admirador do Rei. No camarim, após o show, no meio de uma conversa informal, surgiu a possibilidade de realizar um show em área pública, para atender os admiradores que não tinham recursos para o ingresso em uma casa de espetáculos. Fiz a proposta em nome da Dream Factory, empresa da família Medina criada após o Rock in Rio de 2001, da qual eu era diretora. A conversa rendeu frutos. O show, no Parque do Flamengo, teria um cunho social, com o recebimento de doações de leite em pó para os projetos sociais da primeira-dama Mariangeles Maia, e celebraria os 90 anos do Pão de Açúcar.

No anoitecer do domingo de 17 de novembro, um dirigível sobrevoava a área onde 250 mil pessoas (número que a Polícia Militar informou à imprensa) aguardavam o show do cantor. O dirigível, um helicóptero, 1.200 policiais e 300 agentes da Guarda Municipal, sob o comando do coronel Braz, estavam ali para garantir a segurança da multidão, que desde cedo esperava o grande momento. Segundo reportagem do jornal *O Estado de S. Paulo* publicada após o show, "Adilene Cândido de Souza chegou ao Aterro do Flamengo às cinco horas da madrugada, após enfrentar uma viagem de mais de dois dias. A secretária saiu de Paudalho, no interior de Pernambuco, e esperou mais de 15 horas para garantir uma vaga no gargarejo". Paixão de fã é assim mesmo, não tem limite. Uma grande campanha fora feita para doação de leite em pó para os projetos sociais da prefeitura e caminhões foram distribuídos em locais estratégicos de acesso para receber as doações. Na área VIP em frente ao palco estavam a atriz Marieta Severo, o ex-governador Ciro Gomes, candidato derrotado do PPS à Presidência, e sua então mulher, a atriz Patrícia Pillar, a cantora Joanna, a governadora Benedita da Silva, que, acompanhada do seu marido, o ator Antonio Pitanga, declarava que um show nesse formato deveria acontecer ao menos uma vez por ano, "porque Roberto faz parte da nossa cultura e muita gente não pode pagar para ver numa casa de shows". No palco, criado pelo cenógrafo Mario Monteiro, com 70 metros de largura, que consumiu 200 toneladas de ferro em sua montagem, o maestro Eduardo Lages e os músicos da RC9 já estavam a postos quando, às 20h45, os telões laterais exibiram um vídeo mostrando a trajetória do artista. Nesse momento, Roberto Carlos saiu do camarim construído atrás do palco acompanhado de Genival Barros, seu diretor técnico, e, contrariando todos os seus hábitos, interrompeu a caminhada para falar com a apresentadora Glória Maria, que estava entrando ao vivo no programa *Fantástico*, e seguiu para receber uma das maiores ovações da sua carreira.

Dos shows que realizou em 2003 para grandes públicos, os destaques foram: a festa dos 310 anos de Curitiba, dia 29 de março, com show gratuito no Parque Barigui, para 60 mil pessoas; o Festival da Paz, em Luanda, Angola, na África, no dia 2 de abril, para 100 mil pessoas; no Geraldão, em Recife, para 14 mil pessoas, e nos dias 6 e 7 de dezembro, na gravação do especial de fim de ano da Globo, no Maracanãzinho, para 16 mil pessoas. Somando todos os shows, só naquele ano Roberto Carlos foi visto e aplaudido por 190 mil pessoas. Antes de o ano terminar, Dody fazia projetos de novas incursões para Roberto, e quem ajuda a contar um pouco dessa história é Gilce Reis, agente de viagens. No ano 2000, quando a Vasp/Transbrasil deixou de ser parceira das turnês, Dody, conversando com Peninha, produtor que atua no mercado de sertanejos e, por essa razão, com uma vasta programação de viagens para grandes grupos, pediu indicação de uma agência e chegou até ela, que atendia basicamente esse perfil de viajantes: músicos e artistas. Gilce, na sua agência em Goiânia, começou a vender as passagens para as turnês pelo Brasil, e naquele ano, com a viagem à Africa, conseguiu que a TAAG, companhia aérea de Angola, mudasse o horário do voo fretado para atender a demanda do artista e da equipe, e foi com ela que fomos conversar para saber se era viável ou não o que estava sendo programado.

Em dezembro, Gilce foi ao encontro de Dody, em São Paulo, quando soube do projeto de fretar um navio para um cruzeiro com amigos e admiradores do artista. A inspiração vinha do que Dody fizera nos anos 1980 no Hotel Laje de Pedra, em Canela, na Serra Gaúcha, para um público seleto, durante alguns dias e com uma programação de alta qualidade. Roberto queria tudo isso em alto-mar. As mudanças iniciadas no ano 2000 no mercado dos cruzeiros marítimos, com a chegada da Royal Caribbean e seus navios grandes, estavam fazendo barulho. Até então, a italiana Costa Cruzeiros reinava absoluta, com navios pequenos, de 200 a 500 passageiros, mas, percebendo a ameaça, trouxe o navio

Costa Victoria, com capacidade para 2.394 passageiros, o suficiente para assustar a Royal, que acabou não se fixando no país.

Dody deu sinal livre para Gilce prospectar o mercado, e, na conversa com a empresa de navegação, não revelava quem era o artista. E, com relação ao formato proposto, jamais tinham sido consultados. Precisaram levar o assunto à sede, na Itália, discutiram um pouco e o contrato foi fechado. O projeto era maior do que Dody podia imaginar. Pela primeira vez no mundo, uma empresa de eventos fretaria, comercializaria e faria a gestão completa de um cruzeiro.

Era preciso fazer acontecer o projeto, e Gilce ofereceu duas possibilidades: entregar o produto para uma operadora comercializar, que poderia deixar numa "prateleira" com outros pacotes de turismo, sem saber como seria o resultado final, ou criar uma central de vendas, começar do zero e ter o controle total. Claro que Dody preferiu a segunda opção, e foi montada a operação num escritório na própria DC Set. Era uma ação nova para todos, mas, como de promoção ele conhecia bem, foi criado um site, vídeo para exibição nos shows, folders para agências de viagens, pôsteres, mala direta para clientes em potencial, mídia na revista *Caras* e em alguns cadernos de turismo. Foi montada uma equipe com profissionais do mercado para conduzir o processo e, para administrar a venda de 964 cabines – 242 com varanda privativa, 20 suítes, sendo 4 com varanda privativa –, além dos horários do jantar e o dia do show de cada passageiro. Era um trabalho minucioso conjugar os interesses de famílias e amigos que estavam no mesmo grupo e passageiros individuais e, para tanto, foi criado um sistema para controle total, pois essa operação não poderia ser feita numa simples planilha.

Roberto e o mar eram uma conjugação perfeita, a proposta tinha verdade, os seus admiradores sabiam de seu amor pela navegação, desde quando comprou o primeiro iate e o batizou de Lady Laura – e reunir "sob o mesmo teto" pessoas de tantos lugares e com condições sociais diferentes seria incrível.

No contrato com a empresa de navegação, constava que as atrações que acontecem num cruzeiro, como festas e shows em diversos pontos do navio, seriam criadas pela contratante. Assim, a DC Set, com experiência em tantas áreas de entretenimento, ganhava mais uma *expertise* ao fazer a programação para acontecer em alto-mar. Tinha que conhecer os espaços, cada nicho em que coubesse uma atração para entreter os passageiros. Na aquisição da viagem, além de todas as refeições, cada passageiro tinha o direito de assistir ao show do artista em uma das noites, e ainda era oferecida uma agenda variada para todos os outros dias, com show de Tom Cavalcante, aulas de dança com Carlinhos de Jesus, carnaval com uma escola de samba, artistas que se apresentavam em outros espaços, palestras, karaokê em que só se podia cantar o repertório do Rei, missa celebrada pelo padre Antônio Maria, a entrevista coletiva de Roberto a que os viajantes teriam o privilégio de assistir, e a cada ano uma inovação. A logística para a chegada e saída das atrações convidadas era complexa, feita de acordo com os portos por onde o navio passava, e havia uma equipe apenas para essa operação.

As vendas começaram em abril, e, apesar de todo o esforço, o projeto era tão surpreendente que às vezes poderia parecer inexequível para o público. Em agosto, apenas 20% das cabines tinham sido vendidas. A equipe percebeu que havia procura de pessoas sozinhas, e o custo de uma cabine individual seria alto, assim, para atender a todos, foram criadas as cabines compartilhadas entre pessoas do mesmo sexo, pois, mesmo sem se conhecer, tinham algo em comum: a admiração pelo artista. Esforço maior na equipe de vendas, relacionamento com agências de viagens, em novembro a procura chegou a 40%, mas ainda faltava muita coisa. Esse projeto tinha que ser vitorioso, e foi então que Dody tirou do bolso do colete sua boa relação com a TV Globo, negociando mídia em horários que atendiam ao perfil do público, e aí o telefone da central do Projeto Emoções disparou. Antes do Natal, todas as cabines estavam vendidas. Foram convidados alguns jornalistas para viver essa experiência e promover a proposta, que estava planejada para acontecer outras vezes. Nesse primeiro ano, já havia viajantes de Angola, Argentina e México, e a partir daí foi só aprimorar a proposta pioneira, que se tornou referência para o mercado de turismo náutico. Mais de 50 mil pessoas viveram emoções em alto-mar entre 2005 e 2023, sendo que em 2006 e 2010 foram dois navios, e nos anos de 2020 e 2021 a programação foi suspensa em razão da pandemia, assim como em 2017, quando aconteceu em terra firme, no Hotel Iberostar, na Praia do Forte. Um projeto mais do que campeão.

O título deste capítulo é parte da canção "Comandante do seu coração", composição de Roberto Carlos lançada em 1996, e se adequou perfeitamente ao roteiro do espetáculo que faz no navio. Em 2018, ganhou versão em espanhol no álbum gravado e lançado no mercado latino de língua hispânica.

CAPÍTULO 22

"DETALHES TÃO PEQUENOS DE NÓS DOIS"

O mercado latino estava cada vez mais disponível ao artista, e em 2007 Roberto Carlos gravou um disco muito especial em Miami, o primeiro álbum em espanhol em uma década: *Grandes Exitos – En Vivo*. Lançado em maio do mesmo ano, vinha atender ao mercado e abrir espaço para mais shows nos países de língua espanhola. E, por falar em abrir caminhos e relações, em 2008 Roberto Carlos e Caetano Veloso se encontraram pela primeira vez no palco, para uma homenagem a Tom Jobim. Os shows, nos dias 15 de agosto no Teatro Municipal do Rio de Janeiro, e 25 e 26 no Auditório Ibirapuera, em São Paulo, marcavam as comemorações dos 50 anos da bossa nova e resultaram num CD e num DVD de enorme sucesso. Foi nessa época que Dody me chamou para uma conversa. Estava com quase tudo alinhado para um projeto a ser desenvolvido em 2009, celebrando os 50 anos de música do artista, e, como tudo que ele faz e cria, há sempre um projeto descritivo detalhado, uma marca, conceito, prazos, planilhas, tempos e movimentos. Na programação havia algo que iniciáramos em uma conversa no início de 2002, quando jantei em sua casa no Rio de Janeiro, e Dody me perguntou: "Uma exposição reverenciando obra e carreira do Roberto Carlos, que profissional poderia fazer isso?".

De imediato não me lembrei de ninguém, mas dias depois tinha descoberto a pessoa certa. Marcello Dantas era diretor do Museu da Língua Portuguesa, formado em Direito em Brasília, História da Arte em Florença e graduado em Filme e Televisão na New York University, com pós-graduação em Telecomunicação Interativa. Estava à frente da Magnetoscópio, uma produtora cultural que realizava exposições permanentes e temporárias, filmes e conteúdos interativos. O diferencial é que criara uma nova linguagem para o *design* de exibições e para contar histórias. Falei sobre ele com Dody, que sugeriu que eu conversasse com o profissional e visse como ele avaliaria a ideia. Encontrei Marcello em seu escritório, em uma linda e antiga casa no bairro de Botafogo, no Rio. Ele rapidamente entendeu a proposta, achou interessante e viável. Pediu que enviássemos um *briefing* do que pensávamos, e assim foi feito. Dessa primeira conversa até voltarmos a nos falar passaram-se seis anos. Nesse período aconteceram algumas incursões para a retomada do projeto, mas foram interrompidas por propostas prioritárias. Quando Dody preparava o projeto 50 anos, Marcello estava em São Paulo, inaugurando uma exposição sobre a bossa nova na Oca, no Parque do Ibirapuera. As conversas foram retomadas, a exposição entrava para o calendário de eventos e encerraria as celebrações em março de 2010.

Dody criara um "evento proprietário", num tempo em que ainda nem se usava esse termo, que hoje é explicado como "experiências de conexão, de forma criativa e pensada para falar com o público dentro do seu hábitat e da sua linguagem, com a intenção de levar um propósito para a vida das pessoas". A proposta de "Roberto Carlos – 50 Anos de Música" era tudo isso. Vinha com uma marca, um site exclusivo, num momento em que ele começava a se movimentar em redes sociais, oferecia vários eventos ao longo de um ano, e os patrocinadores podiam desenvolver ações com seus clientes. Certo dia, em uma das muitas reuniões para pensar nesse projeto, Dody convoca a equipe para uma conversa com Paulo Mira, profissional do mercado da música que havia alguns anos tinha se mudado para os Estados Unidos. Estava atuando na área de marketing com especialização em desenvolvimento de negócios digitais e *mobile*, e vinha nos apresentar uma grande novidade: o QR Code. O código de barras, ou barramétrico, bidimensional, que hoje é muito utilizado para levar o consumidor ao site ou apenas a mais informações sobre um produto ao ser escaneado com um telefone celular, soava quase que como uma ferramenta interplanetária. Criado por uma companhia japonesa em 1994, estava fazendo sucesso nos Estados Unidos, e Mira trazia a possibilidade do seu lançamento no mercado do entretenimento, como ferramenta em todo o material de comunicação dos 50 anos de música do "Rei". Era tudo muito novo, ficamos todos bem encantados, mas por algumas questões de tempo não conseguimos viabilizar. No entanto, entendíamos que o pensamento de Dody sempre estava atrelado ao novo e a produzir ineditismo nas ações com Roberto Carlos.

No dia 19 de abril de 2009, no aniversário do artista, com um show em Cachoeiro de Itapemirim, sua cidade natal, começamos a celebração do evento. Com patrocínio do Banco Itaú e da Nestlé, após a estreia os músicos saíram em turnê e durante quatro meses se apresentaram em 20 cidades, sendo que em São Paulo foram nove shows no Ginásio do Ibirapuera, batendo recorde de público, mais de 80 mil pessoas, e o artista recebeu como homenagem do governo do estado uma placa de bronze, afixada no interior do recinto.

Na terça-feira, 26 de maio, um time das maiores cantoras brasileiras, dos mais diferentes estilos, dirigidas por Monique Gardenberg, subiu ao palco do Teatro Municipal de São Paulo no show "Elas Cantam Roberto", em homenagem aos 50 anos de carreira do Rei. Os sucessos dele foram interpretados por Adriana Calcanhotto, Alcione, Ana Carolina, Claudia Leitte, Daniela Mercury, Fafá de Belém, Fernanda Abreu, Ivete Sangalo, Hebe, Luiza Possi, Marília Pêra, Marina Lima, Mart'nália, Nana Caymmi, Paula Toller, Rosemary, Sandy, Wanderléa e Zizi Possi. Tudo registrado para CD, DVD e um especial da Rede Globo. Roberto Carlos também apareceu para os últimos números e, ao lado das convidadas, interpretou "Como é grande o meu amor por você" e "É preciso saber viver". Esse foi o primeiro dos quatro eventos especiais da série ItaúBrasil em homenagem ao cantor, e parte da renda dessa noite foi revertida para a Associação Américas Amigas, uma entidade fundada em parceria entre Brasil e Estados Unidos, cuja missão é a conscientização e a pesquisa sobre o câncer de mama. O valor arrecadado seria utilizado para a compra de mamógrafos, disponibilizados em projetos sociais do país. Os outros shows do ItaúBrasil foram: "Emoções Sertanejas", num espetáculo único no Ginásio do Ibirapuera; e o show no Maracanã, no dia 11 de julho, quando o cantor recebeu os amigos Wanderléa e Erasmo Carlos.

A cobertura que as empresas Globo deram a Roberto Carlos no show do Maracanã, transmitido para o Brasil e pela Globo Internacional, foi fenomenal. Na semana que a antecedeu, edições especiais do *Globo Repórter, Caldeirão do Huck* e *A Grande Família* homenagearam o Rei, além da intensa cobertura jornalística. A chuva torrencial que desabou sobre o Rio de Janeiro no meio do show não abalou a festa nem a opinião dos leitores do site do jornal, que no final do ano elegeram o show como o melhor de 2009. O jornal *O Globo* abriu espaço para grandes matérias em todas as editorias; até no caderno de automóveis a capa era "Roberto e seus eternos carrões". Havia um clima de festa generalizada, como se os 50 anos fossem de todos os cariocas e dos muitos turistas que chegaram de diversas partes do país. Na área VIP, vários famosos, como Selton Mello, Eri Johnson, Rodrigo Hilbert e Fernanda Lima, Deborah Secco e Roger Flores, Cristiana Oliveira, Ana Maria Braga, Carolina Dieckman, Regina Casé, Ary Fontoura, Suzana Vieira, Alcione e muitos outros. No palco, o cantor se emocionou e chorou.

Sobre a "Expo RC 50 anos", é com certeza o mais belo projeto feito para homenagear um artista no país. Por sugestão do curador e criador Marcello Dantas, que contou com um envolvimento profundo do artista, a exposição foi montada na Oca (Parque do Ibirapuera – São Paulo), em uma área com 10 mil m² distribuídos em quatro andares que se unem por meio de rampas. Marcello fez um trabalho primoroso, ocupando todos os espaços, mostrando desde a assinatura do primeiro contrato profissional do artista, em 1959, até os mais marcantes acontecimentos da vida do Rei, apresentados em diversas áreas temáticas. A Jovem Guarda ganhou um documentário inédito, feito por Carlos Nader. Erasmo Carlos teve uma área com lambretas, alguns carros de Roberto estavam em exposição, como o Cadillac e um Mercedes-Benz 1978. Também foi reunida toda a discografia do artista, com mostras de gravações em diversas línguas, totalizando quase mil músicas.

Corações de pelúcia, discos de ouro, fotos, troféus, presentes de fãs, coleção de imagens de santos, algumas peças de roupa, tudo muito bem guardado por anos e que foi oferecido para ser exposto na mostra. Marcello Dantas, em entrevista para o jornal *Zero Hora*, declarou que seu desejo era que a exposição pudesse demonstrar o impacto da obra de Roberto em todo mundo, do garoto de 16 anos ao executivo da Avenida Paulista. "Porque Roberto é o grande denominador comum do Brasil, é o artista que desconhece barreiras de classe. O pobre e o rico, o intelectual e o analfabeto: de uma certa maneira, todos passam por Roberto Carlos". Totalmente interativa, hi-tech, a mostra deu destaque a dez pessoas com as quais Roberto teve uma parceria artística: Tim Maia, Tom Jobim, Gal Costa, Pavarotti, Caetano Veloso, Maria Bethânia, Wanderléa, Ivete Sangalo, Chitãozinho e Xororó e Hebe Camargo. No subsolo havia um jardim com rosas verdadeiras, que a cada semana eram trocadas, e também um espaço onde se podia ter a sensação de estar navegando num barco pela Baía de Guanabara. Quem quisesse refletir sobre a vida ou só relaxar podia deitar-se em almofadas no chão do último andar e ficar olhando para o teto, observando as estrelas mudarem de lugar.

No mesmo período da exposição, no dia 17 de março, bem próximo da Oca, no Ginásio do Ibirapuera aconteceu o show "Emoções Sertanejas". A atriz Deborah Secco foi convidada para apresentar os músicos sertanejos que interpretariam as canções do Rei, em um show gravado que foi transformado em CD, DVD e especial da Globo com direção-geral de Roberto Talma e direção na gravação de Mariozinho Meireles, exibido no dia 1º de abril. No palco, Almir Sater, Bruno & Marrone, César Menotti & Fabiano, Chitãozinho & Xororó, Daniel, Dominguinhos, Elba Ramalho, Gian & Giovani, Leonardo, Martinha, Milionário & José Rico, Nalva Aguiar, Paula Fernandes, Rio Negro & Solimões, Roberta Miranda, Sérgio Reis, Victor & Leo e Zezé di Camargo & Luciano. Roberto chegou para o final, cantou "Como é grande o meu amor por você", homenageou o músico Tinoco, da dupla Tonico e Tinoco, que comemorava 75 anos de carreira e 90 anos de vida, e com "Eu quero apenas (um milhão de amigos)" reuniu todos os músicos e encerrou o especial. E, se era para essa celebração chegar até palcos jamais visitados, no dia 23 de agosto Roberto se apresentou para 30 mil pessoas na Festa do Peão, em Barretos, com a renda revertida para o Hospital do Câncer da cidade.

Em abril de 2010, para encerrar as comemorações dos 50 anos de carreira do Rei, Dody preparou uma grande turnê no exterior. Começava por Miami e Boston, depois haveria dois shows no icônico Radio City Music Hall, dias 16 e 17 de abril, e na sequência Peru, México (seis apresentações), Chicago, Toronto (Canadá), três cidades na Califórnia, Guatemala, Costa Rica, Honduras e Colômbia. Seria aplaudido por mais de 180 mil pessoas, todos os espaços eram gigantes, e Roberto tinha conquistado o seu lugar no mercado latino, resultado de um trabalho intenso de Dody com a gravadora e os promotores internacionais. Ao chegar a Nova York, o artista foi homenageado pela Sony Music pelos 100 milhões de discos vendidos no mundo todo, recebendo das mãos do diretor de marketing, Richard Sanders, um quadro com sua foto e, abaixo, vários discos com o número 100.000.000. "Michael Jackson é o rei da música pop e Roberto Carlos, o rei da música latina", afirmou Sanders, e Roberto respondeu: "Sou só um cantor". A ação dos executivos Afo Verde, CEO da Sony da América Latina, e Fernando Cabral, vice-presidente de Marketing para a América Latina e Ibéria, foi fundamental para essa realização e seus desdobramentos.

Como exemplo do sucesso e do reconhecimento, na estreia no Radio City, o jornal *The New York Times*, um dos mais respeitados dos Estados Unidos, ganhou uma boa reportagem assinada por Larry Rohter, ex-correspondente do jornal no Brasil, que mostrava a importância do artista. Com o título "Tour-Worthy Milestone for Brazil's Pop King" (algo como "Uma turnê dignificante para o rei do pop do Brasil", numa tradução livre), no primeiro parágrafo, assim o apresentava aos americanos: "Roberto Carlos tem sido uma presença tão grande na música pop há tanto tempo que, quando surgiu, foi apelidado de "o Elvis Presley do Brasil", e certa vez abriu um show lá para Bill Haley e seus Cometas. Mas 50 anos, 120 milhões de discos e várias mudanças estilísticas depois, ele é mais frequentemente descrito como "o Frank Sinatra da América Latina". O *New York Post* também deu destaque ao cantor, e Joyce Pascowitch, no site Glamurama, comentou: "Não foi só no Brasil que o show de Roberto Carlos nos Estados Unidos repercutiu na mídia. A versão on-line do jornal norte-americano *New York Post* dedicou uma galeria exclusiva com fotos e detalhes do show, que aconteceu nesse sábado, no Radio City Music Hall, em Nova York. Segundo o site, Roberto recebeu tratamento de superstar e teve uma performance eletrizante, com músicas em português e espanhol, além de um coral especial feito pelos fãs, que cantaram junto as famosas músicas de RC. Finalizaram com a declaração do cantor de que ainda tem vontade de fazer uma grande canção de amor com coisas que ainda não foram ditas".

Vários artistas e admiradores viajaram para celebrar esse momento, e a *Folha de S.Paulo* e *O Globo* registraram a fila no Radio City, que chegava a virar a rua. "Foi um show emocionado, de forte sotaque latino-americano, rasgadamente romântico, com a marca do "Rei", que completa na segunda-feira 69 anos", assim escreveu a jornalista Marília Martins, do jornal *O Globo*. Na primeira noite, conforme estava combinado com a produção e a orquestra, Roberto parou o show para a entrada de um bolo, e assim o público poderia cantar parabéns. Ele então chamou Carminha, a secretária que o acompanhava havia mais de trinta anos, para apagar as velinhas, com um coro de mais de 6 mil pessoas que lotavam o teatro, e, antes de encerrar, homenageou a mãe, que estava internada desde o fim de março e fizera 96 anos no dia 10 de abril, comentando: "Passei por um momento delicado, de muita preocupação, há poucos dias, com a minha mãe. Essa canção eu fiz para ela: 'Lady Laura'".

Tudo estaria perfeito se não fosse pelo que aconteceu no dia seguinte, sábado, dia 17 de abril. No meio da tarde, Dody recebeu um telefonema do hospital no Rio de Janeiro informando que o estado de Lady Laura tinha se agravado. Em seguida, foi procurado por uma jornalista da TV Globo em Nova York, dizendo que havia rumores sobre a piora do estado de saúde dela. Para evitar que a informação chegasse até Roberto, Dody pediu à equipe mais próxima que tirasse o celular da suíte. A tarde foi passando, e, seguindo um ritual, Roberto foi para o teatro, chegando três horas antes, e, nesses momentos em que se concentra, costuma deixar o celular distante. Veio a confirmação da morte; nada mais poderia ser feito. Dody chamou o maestro Eduardo Lages, comunicou-lhe que não haveria bolo para a celebração, como na noite anterior, e o maestro contestou. Dody teve então que contar sobre o fato ao maestro e assumiu a responsabilidade de não revelar a morte antes do show. O espetáculo começou. Na plateia, muitos amigos, como Boni (JB de Oliveira Sobrinho). Quando se aproximou o momento da entrada do bolo, Roberto não entendeu o que tinha acontecido. Dody avisou à Carminha, Suzana Lamounier e Genival Barros, pessoas da equipe que atuam mais próximo ao artista. No fim do show, enquanto estava nos bastidores esperando retornar para o bis, coisa que ele só faz quando em shows no exterior, Roberto foi comunicado da triste notícia. O maestro voltou ao palco, contou o ocorrido à plateia e a comoção foi geral. Em prantos, Roberto seguiu até o camarim, um percurso longo e muito dolorido. Dody tinha certeza de que aquele seria seu último show com o artista, pensando que ele jamais o perdoaria por não tê-lo avisado. Deu um tempo para a situação se acalmar, entrou no camarim, pediu que todos saíssem e, ao ficar a sós com o Rei, disse a ele que, diante da relação de confiança que haviam construído, tomara a decisão de manter o show. Não havia cúmplices, a culpa era apenas dele. Roberto lhe deu um abraço, chamou-o de irmão e disse: "Você fez a coisa certa". Lembrou que Frank Sinatra havia gravado um comercial e feito um show no dia da morte da mãe, e agradeceu a Dody por tê-lo protegido.

Naquela madrugada foram finalizados os detalhes para a volta mais rápida de Roberto para o Rio de Janeiro. O avião que ele tinha na época não permitia autonomia para um voo direto, seria preciso fazer uma escala, e o tempo de viagem, portanto, seria maior. Dody negociou com a Bombardier, empresa fabricante da aeronave, a cessão de um modelo Global, que permitiria um voo direto. No dia seguinte, Roberto voltava para o Rio de Janeiro a fim de acompanhar o funeral de Lady Laura. A missão das celebrações dos seus 50 anos de música, que começaram em Cachoeiro de Itapemirim, a cidade onde nasceu, e terminariam em Nova York, no lendário Radio City Music Hall, foi cumprida. As relações de respeito e amizade entre artista e empresário ficaram ainda mais fortalecidas.

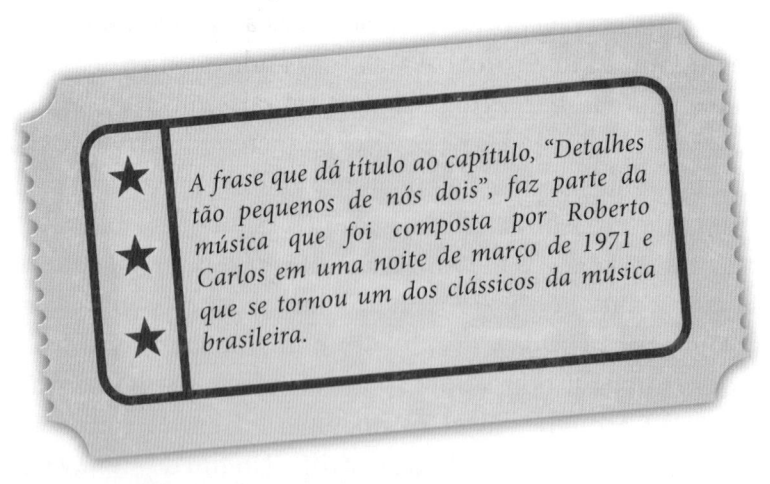

> ★ A frase que dá título ao capítulo, "Detalhes tão pequenos de nós dois", faz parte da
> ★ música que foi composta por Roberto Carlos em uma noite de março de 1971 e
> ★ que se tornou um dos clássicos da música brasileira.

CAPÍTULO 23

"JESUS CRISTO, EU ESTOU AQUI"

Para relembrar tantos acontecimentos marcantes de 2010, no dia 25 de dezembro, um especial diferente no fim de ano da Rede Globo: um espetáculo para 700 mil pessoas na Praia de Copacabana. Diante da mobilização dos órgãos públicos para a realização do evento, a imprensa o intitulava de "Natal com cara de *réveillon*". A estrutura do palco começou a ser construída duas semanas antes do show. Tinha 24 metros de frente, 17 de profundidade, ocupando uma área de 408 m², com um painel de LED no fundo e dois laterais. Nos bastidores, uma tenda de 300 m² para convidados e 20 contêineres para camarins e salas de produção. Foi construída uma passarela igual à utilizada para o show dos Rolling Stones em 2006, unindo o Copacabana Palace ao palco e à área reservada na praia para convidados. Na areia, a cada 70 metros foi colocado um telão, ao todo 460 metros cobertos por imagens, da frente do Copacabana Palace à Avenida Princesa Isabel, na entrada do bairro. A única vez em que o especial da Globo acontecera ao vivo tinha sido no Ginásio do Ibirapuera, em 1983, um espaço fechado para um público infinitamente menor.

O público foi chegando no final da tarde, e o mesmo sistema de trânsito e segurança montado pela prefeitura da cidade e a Polícia Militar para o *réveillon* foi utilizado nesse evento. Houve fechamento de ruas, horários especiais para o metrô, foram deslocados 500 homens da Polícia Militar e 750 da Guarda Municipal e da Secretaria Municipal de Ordem Pública, e três postos médicos foram instalados na praia. A transmissão, dirigida por Roberto Talma, foi feita por 16 câmeras, sendo uma num helicóptero, e foram necessárias 400 toneladas de equipamentos para fazer esse show acontecer. Estava tudo dando certo, mas nos bastidores havia a preocupação de que Roberto Carlos não pudesse entrar em cena. Os detalhes ele revelou alguns dias depois, numa entrevista coletiva para o lançamento do cartão Credicard com seu nome. Três dias antes da apresentação, andando de triciclo, ao descer ele acredita que pisou de mau jeito, o que pinçou o nervo ciático, e só com muito analgésico e fisioterapia intensiva para suportar as dores ele subiu ao palco. Mesmo assim, ele não estava totalmente confortável, e em alguns momentos do show ele se apoiou em um banquinho. Glória Maria foi a apresentadora do artista e os convidados foram Paula Fernandes, Bruno & Marrone, Exaltasamba e a Escola de Samba Beija-Flor, fechando com um coral da Escola de Música da Rocinha cantando a tradicional "Noite feliz", seguida de "Jesus Cristo" e de farta distribuição de centenas de rosas para o público.

As semanas seguintes seriam fundamentais para a recuperação do artista, pois em fevereiro um grande momento o aguardava. Tudo tinha começado em alto-mar, e quem ajuda a contar a história é o advogado Luiz Carlos Medeiros, da diretoria da Escola de Samba Beija-Flor, que conhecia Dody desde os tempos em que o empresário misturava negócios com futebol. Cacau, como é conhecido, foi ao primeiro projeto Emoções em Alto-Mar e conta ter ficado muito decepcionado com a escola de samba que lá estava, sugerindo que no ano seguinte levassem a Beija-Flor. Roberto simpatizava com a escola azul e branco de Nilópolis, e Cacau intermediou a conversa com a diretoria, para que na próxima edição um grupo de ritmistas, passistas, porta-bandeira e mestre-sala pudesse estar no navio. Enquanto os detalhes eram acertados, Cacau lembra do entusiasmo de Dody, que, com a aproximação com a escola, sugeriu que fosse criado um enredo em homenagem ao artista pelos seus 50 anos de carreira. Roberto fora enredo da Unidos do Cabuçu em 1987, mas com a Beija-Flor o impacto seria muito maior. Entretanto, havia uma ala da escola que não acreditava no enredo com a história do artista, mas Dody não desistiu. No ano seguinte, o patrono da escola, Anísio Abraão, foi ao navio com a família e Dody apresentou a ideia. Mas havia dificuldade em encontrar patrocínio para fazer um grande desfile. O dirigente de carnaval Luiz Fernando Ribeiro do Carmo, conhecido como Laíla, não aprovava a proposta. Chegou a sugerir que o enredo fosse "São Jorge" e que no meio haveria uma ala homenageando Roberto, mas era muito pouco. Foi necessário esperar mais um ano para que, em 2011, com o patrocínio da Nestlé, a homenagem acontecesse, com o enredo "A simplicidade de um rei", assinado pelo carnavalesco Alexandre Louzada, e a escola foi campeã.

O artista se envolveu com a Escola, foi a ensaios, acompanhou os detalhes da criação e só fez uma restrição: não haver citação das palavras "inferno" ou "diabo". Não haveria como fazer um desfile sem um carro com Jesus Cristo, e a última vez que a escola trouxera um carro alegórico com essa imagem tinha sido em 1989, quando entrou coberta com sacos de lixo pretos e uma faixa com a mensagem: "Mesmo proibido, olhai por nós". O enredo do carnavalesco Joãosinho Trinta, na época, "Ratos e urubus", mostrava um Jesus mendigo, e por isso a imagem fora proibida pela Igreja. Mas desta vez seria diferente – a Igreja não discutiu, e Roberto fechou o desfile na madrugada do dia 8 de março, num carro de 60 metros de extensão, tendo uma enorme imagem de Jesus Cristo atrás de si. Foi distribuindo rosas e encerrando o desfile da última noite do Grupo Especial. A sua vida e obra passaram à sua frente, colhendo aplausos da multidão, que, mesmo com o dia nascendo, não abandonou as arquibancadas nem as frisas e camarotes. Dody se envolveu diretamente para que os amigos do artista estivessem em carros alegóricos, e foi um desfile de celebridades, como Erasmo Carlos, Wanderléa, Chitãozinho, Xororó, Agnaldo Timóteo, Agnaldo Rayol, Hebe Camargo, Alcione, Fafá de Belém, Roberta Miranda, Paula Fernandes, além de Cláudia Raia na comissão de frente, coreografada por Carlinhos de Jesus, pela primeira vez atuando na escola de Nilópolis.

Camarotes e uma área de frisas foram adquiridos e decorados para convidados. Em um deles, Roberto Carlos recebia família e amigos, no outro a DC Set e a Nestlé, com seus relacionamentos, comemoravam a boa parceria.

A alegria e a leveza do desfile empolgaram o público. O samba-enredo composto por Samir Trindade, Serginho Aguiar, JR Beija-Flor, Sidney de Pilares, Jorginho Moreira, Théo M. Netto, Kleber do Sindicato e Marcelo Mourão caiu no gosto do povo, e Cacau credita a vitória à postura do artista com a escola e a boa relação construída por Dody.

"Havia escolas com desempenho muito bom, mas o talento de organização e a estrutura do Dody e equipe, somados à força do Roberto Carlos, fizeram essa diferença. Dody foi fundamental para tudo correr muito bem, além da proximidade do Roberto com a direção da Beija-Flor, porque havia visões diferentes", comenta Cacau. Foi um entrosamento perfeito da equipe DC Set e RC com as produtoras Andrea Orsovay e Suzana Lamounier e a turma de Nilópolis, comandada por Anísio, presidente da escola e suporte do diretor, José Antonio. Nos dois dias de desfile, Roberto esteve no camarote prestigiando as demais escolas, e, quando saiu o resultado, em clima de azul e branco, foi comemorar em Nilópolis.

Em paralelo às preparações do show de fim de ano em Copacabana e o carnaval da Beija-Flor, um outro assunto era tema de reuniões na DC Set. Em novembro do ano anterior, Dody comemorara 50 anos numa viagem com Fernanda, visitando locais de peregrinação religiosa em vários países, e um deles foi Jerusalém. Quem ajuda a contar a história é o próprio Dody, em uma conversa que tivemos naquela época. Ele lembrou que estava em Jerusalém, totalmente desligado dos compromissos profissionais, numa reflexão de vida, concluindo que tinha vivido mais do que tinha a viver, quando, saindo de carro do Bairro dos Armênios em direção ao Templo de Davi, perguntou à guia se aconteciam shows em Jerusalém.

"Ela mencionou que raramente havia grandes espetáculos e apontou para um local distante, dizendo que ali eram realizados alguns shows e recitais de ópera. Esse termo, 'alguns shows', ficou na minha cabeça. Não parei para ver o local, e à noite, com uma centena de informações de um dia e tantos novos conhecimentos, o termo 'alguns shows' voltou à lembrança. No dia seguinte, continuei as visitas aos caminhos de Jesus e perguntei mais uma vez à guia sobre o local. Quando nos aproximamos do carro, ela o mostrou novamente, mas sem grande ênfase, afinal não sabia qual era o meu interesse. Na verdade, ela nem sabia o que eu fazia, pois éramos apenas um casal de turistas em férias. Nessa segunda noite, voltei a refletir, e enquanto Fernanda se aprontava para jantar, escrevi um e-mail com a ideia, mas não cheguei a mandar para o Roberto. Saímos eu e Fernanda, e, na volta, resolvi telefonar para o Rei. Com a diferença do fuso horário (seis horas à frente), ele estava no estúdio tomando vinho. Comecei a contar sobre fazer um show em Jerusalém, no Sultan's Pool, e ele ficou mudo. Continuei falando, e, como sempre acontece, ele veio com bom humor, dizendo que eu deveria estar descansando em vez de pensar em trabalho."

Mas nos dias seguintes, em conversas por telefone, Roberto admitiu pensar no assunto. Começou ali a construção de um projeto que levaria dez meses para ser concretizado. Discutido à exaustão, ousado no mercado de shows internacionais, estratégico e assustador em alguns momentos, um aprendizado em marketing, comunicação e produção para os mais de 500 profissionais envolvidos. Eu escrevi um livro a esse respeito – *Um show em Jerusalém: o rei na Terra Santa* –, pois foi inacreditável o que conseguimos fazer em tão pouco tempo e com tanta assertividade. Não era simplesmente um show em qualquer lugar, era Jerusalém, uma das mais antigas cidades do mundo – 4 mil anos a.C., a cidade santa dos judeus, cristãos e muçulmanos, centro espiritual desde o século X a.C. e, apesar de pequena em extensão, 9 km², repleta de significados. A fotógrafa Cláudia Schembri acompanhou essa viagem, registrando os locais onde Roberto Carlos gravou para o especial da televisão, como também o show. Momentos inesquecíveis.

Na época, 1 shekel, a moeda local, equivalia a R$ 0,4885. Tivemos que entender que o alfabeto latino que usamos tinha pouco a ver com o do país para onde iríamos, conhecer a cultura, seu modo de negociar, o sábado, em que não se trabalha, o domingo com jeito de segunda-feira, enfim, eram muitas informações para muito pouco tempo, e um fato era de enorme relevância: a segurança.

A proposta do show em Jerusalém seguia o conceito do navio: criar uma viagem de experiência, sete dias na Terra Santa. Em lugar de um navio fretaríamos aviões, faríamos reservas em hotéis, organizaríamos passeios turísticos, e tudo culminaria com um grande show no Sultan's Pool. Para tanto, Dody procurou a Rede Globo para saber como avaliariam o projeto. Antes, precisamos voltar um pouco no tempo para entender como naquele momento era a relação com a emissora. O principal executivo de Planejamento e Recursos Humanos da Globo, de 1995 a 2013, e também responsável pelas áreas de Orçamento e Finanças desde 2004, Érico Magalhães, tinha construído uma amizade sólida com Dody em 1998, quando assumiu a gestão de talentos artísticos e jornalísticos. Em uma conversa por vídeo, ele ajuda a contar um pouco essa relação entre artista, empresário e a emissora. Ele relembra o primeiro encontro com Dody, e a certeza que tinha de que "o grande barato dessa relação com gente do meio artístico é que o entendimento se dá muito mais entre pessoas e suas ideias do que sobre o tema da conversa".

"Não era só em relação ao contrato, que era a base de tudo, mas era também das relações com os talentos. E, nesse primeiro contato com Dody, foi muito fácil estabelecer um vínculo, porque é uma pessoa não só de extrema simpatia, mas com a capacidade genuína de ouvir. O que não é muito comum, ainda mais quando o empresário representa um ídolo como o Roberto Carlos. Senti desde o início uma enorme confiança de que poderia tratar de assuntos muito complexos, e estabelecemos um entendimento pessoal de grande respeito, de grande capacidade de argumentação, que é outra qualidade do Dody. Ele não fica preso a 'eu quero isso, eu quero aquilo'. Ele negocia."

Algumas situações com a Globo foram extremamente relevantes para inovar na programação e na trajetória do artista, baseadas na capacidade de interlocução e de confiança. Como intermediário das relações de Roberto e de Dody com os aspectos de produção e de criação, Érico percebeu o desejo de fazer algo diferente no programa de final de ano, mas também a importância de ter outros shows durante o ano, que poderiam acontecer ao redor do mundo.

"Provavelmente essas inovações eram influenciadas por Dody, que tem uma cabeça de empresário. Eu diria que é a.D. e d.D., antes e depois das relações que Dody desenvolveu no mercado com os negócios que envolviam o artista e se ampliaram mil vezes. Não em números, que eu desconheço, mas na importância que Roberto começa a ter inovando em outras áreas de entretenimento. Dody me trouxe a ideia de fazer um show em Jerusalém, e, como sempre tive gosto pela inovação, pela novidade, me empolguei, mas cabia convencer a empresa, que tinha aquele modelo tradicional de fazer o Roberto no fim de ano."

Era uma grande tarefa para Érico convencer a emissora a aceitar o formato inusitado e com custos extraordinários, com a viagem da equipe da produção, além do jornalismo que faria a cobertura e os custos associados. De um lado, precisava preparar a produção, o desenho do programa, o cenário, e de outro convencer a área comercial. Foi então que surgiram os aliados da diretoria Eduardo Figueira, Roberto Barreira, Manuel Martins e Willy Haas, para levar esse projeto a Octávio Florisbal, diretor-geral, a fim de ter aprovação no comitê executivo, tal o tamanho do investimento e da mobilização do projeto. Compromisso acertado, agora havia a responsabilidade e a pretensão de realizar o maior show no exterior de um artista brasileiro, que seria visto ali por mais de 5 mil pessoas e por mais de 120 milhões de telespectadores por meio da Rede Globo em todo o Brasil, e transmitido pela Globo Internacional para 115 países.

Para sentir a reação do público, no Projeto Emoções de fevereiro, antes do tradicional encontro de Roberto Carlos com os jornalistas que acontecia no teatro e ao qual os passageiros também podem assistir, foi apresentada a proposta ao público e a possíveis patrocinadores que estivessem a bordo. Quanto ao público, a receptividade foi excelente, muitos já queriam saber quando comprar a viagem. E o mesmo sucesso aconteceu com relação aos patrocinadores: Nestlé e Credicard gostaram da possibilidade de fazer uma ação com seus clientes na Terra Santa. Dody precisava encontrar um produtor local: conversou com o empresário de Paul McCartney, Barrie Marshall, com quem recentemente havia feito um show em Porto Alegre. Anos antes Paul se apresentara em Tel Aviv, mas seu empresário considerou a produção local desanimadora, tecnicamente falando. Então Dody foi a Jorge Pinos, um grande produtor americano de uma das maiores agências de artistas, a William Morris, com quem trabalhava havia anos e que já tinha feito negócios em Israel. Avaliando as empresas em atividade naquele momento, chegou à Shuck Productions, de Shuck Weiss, responsável pelos shows dos maiores artistas internacionais no país. Começaram as conversas por telefone, mas chegou o momento do olho no olho, e foram 14 horas de voo da América do Sul até o Oriente Médio, para apenas dois dias de conversa. A esse encontro com Chuck se somaram Jorge Pinos, Gilce – para tratar da área de turismo –, Genival Barros (diretor técnico do artista) e André Dias (Rede Globo).

Acertaram os detalhes estratégicos, mediram a área do anfiteatro, estabeleceram a data e Dody voltou ao Rio a tempo de acompanhar Roberto Carlos na Beija-Flor, comemorar a vitória da escola, recebendo Barrie Marshall no camarote, no desfile das campeãs, e contar que o projeto de Jerusalém caminhava muito bem.

A central de vendas do Projeto Emoções em Alto-Mar ganhou um reforço, pois era vontade de Dody que centenas de brasileiros entrassem nesse sonho, repetindo o clima família de Emoções, a forma carinhosa como denominamos os viajantes do Projeto Emoções em Alto-Mar. Em Israel, Dody fechou parceria com Kurt Kaufman, da Genesis Tour, uma das mais importantes operadoras de turismo do local, que, como receptivo, no ano anterior recebera dezoito mil brasileiros. Era necessário montar uma equipe confiável, pois sabia-se que aquele era um evento único. Do lançamento até a realização, cada vez que algum movimento diferente acontecia em Jerusalém, como uma ameaça de ataque ou homem-bomba, as vendas eram interrompidas.

Para garantir que haveria voos para levar centenas de pessoas, Suzana Lamounier, Gilce e esta autora participaram de um encontro no escritório do Ministério do Turismo de Israel em São Paulo, com o cônsul Ilan Sztulman e a diretora Cleo Ickowicz para tratar do fretamento de aviões da El Al, a empresa israelense de aviação. O sistema de segurança era tão rígido que chegamos ao edifício no endereço marcado, fomos ao andar recomendado, porém o verdadeiro local do encontro ficava alguns andares acima. Isso nos deu uma certa tranquilidade, saber que a El Al fora a primeira empresa aérea a usar um sistema de fechamento com blindagem da porta da cabine da aeronave, que só podia ser aberta pelos pilotos. Um agente da Mossad, serviço secreto israelense, viajava em cada voo e era capaz de desmontar qualquer situação de terrorismo em poucos minutos. Ao mesmo tempo que era reconfortante saber de tantos cuidados, era amedrontador. Tantos detalhes delicados, que as produtoras Andrea Orsovay e Mariangela Correa, num encontro no Ministério do Turismo em Israel, comentaram que iam sugerir ao público que fosse ao show vestido de azul e branco, as cores preferidas do artista, mas o cuidado do corpo diplomático era tal que se temia que os árabes pensassem se tratar de uma homenagem a Israel, por serem as cores da bandeira do país.

Um show épico merecia um superprojeto. O diretor de novelas Jayme Monjardim foi escolhido para dirigir o espetáculo junto com Mário Meirelles, que, desde o grande concerto com Luciano Pavarotti, em 1998, participava de todas as gravações do artista na Globo. O inglês Patrick Woodroffe, considerado um dos maiores *lighting designers* do mundo, foi contratado para desenvolver o projeto junto com Césio Lima, para dar um clima de magia ao cenário criado por May Martins, da Globo. A primeira proposta do cenário monumental indicava que ele seria construído na Bélgica, mas havia a questão de prazo e preço, e a DC Set recebeu a indicação da Stage Design, fábrica de cenários em Tel Aviv, que poderia fazê-lo com melhores condições. Dody sugeriu ao diretor que Roberto cantasse em cinco idiomas (português, espanhol, inglês, italiano e hebraico), disse que era importante mostrar que era um show histórico, internacional, falando para todos os povos. Sobre a canção em hebraico, já estava definido que seria "Jerusalém de ouro" ("Yerushalayim Shel Zahav"), de autoria de Naomi Shemer, praticamente um hino da cidade, composta cerca de três semanas antes da unificação de Jerusalém.

Nidar Oz, assessora de imprensa, e Orem Barshavisky, responsável pela promoção do show em Jerusalém, eram da equipe de Shuki, o produtor local; profissionais experientes, estavam encantados com a grandiosidade do projeto, jamais visto em Israel. Queriam levar o fato à grande imprensa, mas muitos jornalistas não conheciam o artista. Como a nossa proposta era fazer um show histórico, teríamos que difundir informações por todo o país, e, para isso, nada melhor que levar um representante de um grande jornal para o Rio de Janeiro para que entendesse o tamanho do nosso artista. Concluíram que o jornal *Yedioth Ahronoth*, em circulação desde 1939, com vendagem de 700 mil exemplares nos fins de semana e 350 mil durante a semana, atingiria o alvo, e assim o jornalista Nevo Ziv veio para o Brasil, com uma boa agenda, incluindo visita aos estúdios da Rede Globo, um encontro com o presidente da gravadora Sony Music e uma entrevista com Roberto Carlos. O jornalista ainda teve tempo livre para pesquisa pessoal, conversando com pessoas nas ruas, e ficou muito impressionado. O encontro com Roberto Carlos no estúdio foi muito agradável. O jornalista gostou de ver a facilidade com que Roberto se fazia entender em inglês, mesmo tendo ao seu lado uma profissional da equipe que poderia ser intérprete.

Dody e equipe chegaram a Jerusalém uma semana antes do espetáculo, e a cidade já estava com as ruas enfeitadas com galhardetes, mobiliário urbano, anunciando o show.

Com Ivone Kassu, assessora de imprensa do artista, foi feita uma seleção de 23 jornalistas dos mais importantes órgãos de imprensa do país, para viajarem com a equipe do show, e a reportagem de duas páginas publicada no fim de semana no jornal *Yedioth Ahronoth* acendeu todos os holofotes da mídia local para o show, no dia 7 de setembro. Até o prefeito de Jerusalém, Nir Barkat, percebendo a importância do evento, queria fazer um discurso na abertura. Ele foi convencido a gravar uma mensagem que seria colocada no telão, saudando os brasileiros pelo dia tão representativo para o país.

E, dentro do conceito ecumênico e de paz que Dody foi construindo em Israel graças às boas relações, Roberto Carlos teve um encontro com o ex-presidente Shimon Peres, Prêmio Nobel da Paz em 1994, em seu centro de estudos, em Jerusalém. Houve um momento especial, quando toda a produção e o artista foram recebidos na residência oficial em Jerusalém, uma casa com enorme sistema de segurança e cercada por um jardim belíssimo.

Além do show, Roberto Carlos gravou nos locais sagrados de Jerusalém, como o Monte das Oliveiras, o Muro das Lamentações, o Santo Sepulcro, no deserto da Judeia, imagens para compor o especial, que está disponível nas plataformas digitais e merece ser revisto.

Na noite de 7 de setembro, eram 19h45 e já havia a visão da plateia quase totalmente ocupada do Sultan's Pool. O ritmo lento da venda de ingressos, que poucos meses antes preocupava a todos, havia disparado depois da chegada de Roberto a Jerusalém. Nas primeiras filas, amigos, parceiros, admiradores, que viajaram especialmente para serem cúmplices dessa história, como Patrícia e Tom Cavalcante, Regina Casé e Estêvão Ciavatta, Leonel Andrade, do Credicard, Gustavo Marin, do Citigroup, Izael Sinem e Westermann Geraldes, da Nestlé, Kiki e Pedro Sirotsky, José Victor Oliva, Conceição Queiroz, Alex Lerner e Bia Aydar – para quem, em novembro de 2010, Dody havia confidenciado aquela louca ideia que estava prestes a se tornar realidade.

O terceiro sinal avisou que o show ia começar. Correria na plateia, luzes diminuídas e imagens de Jerusalém nos telões da lateral do palco. Os locais mais simbólicos da cidade estavam reproduzidos. Jayme

Monjardim comandando a equipe da TV Globo, um sino tocou algumas vezes e a voz de Roberto Carlos em *off* ecoou. Não como cantor, mas como narrador de um poema com fundo musical:

> *Jerusalém, terra das boas aventuranças,*
> *Dos profetas, dos messias*
> *Aqui deste florido jardim de luz dourada e constante,*
> *Entre dois desertos distantes o milagre aconteceu*
> *Porque aqui Jesus nasceu.*
> *Entre muralhas e portões,*
> *Entre sinos que ecoam por detrás das pedras firmes de suas ruínas,*
> *Cantar é uma forma de oração.*
> *Jerusalém divina.*
> *Jerusalém da humanidade.*

Com o esplendor do palco iluminado e a sonorização perfeita, a plateia percebeu que a partir dali não seriam poucas as surpresas daquela noite. Antes do cantor entrar em cena, a jornalista Glória Maria deu as boas-vindas, e a plateia foi ao delírio quando, aos acordes de "Emoções", Roberto Carlos entrou no palco e foi um desfile de sucessos. Impossível saber qual a emoção do artista diante da plateia, mas é muito fácil reconhecer a emoção da plateia diante do artista. Foram diversas gerações, muitas nacionalidades, que cantaram, dançaram, aplaudiram, acenaram, levantaram faixas, bandeiras, independentemente do idioma.

Quase no final do show, quando Roberto começou a cantar em hebraico, parecia que esse era um idioma universal, tal o envolvimento que a valsa "Jerusalém de ouro" causou em todos. Até o final, Dody estava muito tenso. Como um regente diante de sua orquestra de profissionais do show business, ele esperava que a sinfonia fosse executada como fora composta. E foi. Contou que, por alguns instantes, contemplou o sonho realizado depois da música "Eu quero apenas (um milhão de amigos)". Sentiu o prazer de ser responsável por aquele grande evento, que passaria a ser parte importante da história de Roberto Carlos. E também da sua própria vida. O abraço que recebeu do cantor no camarim depois do show confirmava a confiança em seu trabalho. A "grande loucura" tinha dado certo.

Colocar 5 mil pessoas na plateia de um anfiteatro num país do Oriente Médio para se emocionar com o show de um artista brasileiro foi uma enorme vitória. E ainda mais se pensarmos que 1.500 eram brasileiros, viajando na confiança de um turismo seguro, com transporte aéreo, *city tour*, pacotes com diversas opções de preços e acomodações.

Com esse especial, Roberto Carlos se tornou o primeiro artista do mundo a ter um show gravado em 3D, tecnologia que posteriormente foi disponibilizada em circuito de cinemas, pouco antes da pandemia. São tantas as histórias desse projeto, que elas couberam naquele livro citado anteriormente, mas fica uma certeza: foi o mais ousado evento que um produtor brasileiro realizou no exterior – e foi plantada uma rosa em Jerusalém.

> ★
> ★
> ★
> "Jesus Cristo", música que encerra todos os shows do cantor, foi composta em 1971, em parceria com Erasmo Carlos. Com versões em espanhol e italiano, foi lançada em muitos países e se incorporou aos cantos litúrgicos da Igreja Católica.

CAPÍTULO 24

"SE CHOREI OU SE SORRI, O IMPORTANTE É QUE EMOÇÕES EU VIVI"

O trabalho que vinha sendo desenvolvido no mercado latino estava dando frutos, tanto que, de abril a junho de 2012, Roberto Carlos realizou 18 shows em Lima, no Peru; na Cidade do México e em Puebla, Queretaro, Guadalajara e Monterrey, no México; e nos Estados Unidos ele esteve em Miami, Newark, Boston, Houston, San Jose, Los Angeles e El Paso, e foi aplaudido por quase 130.000 pessoas. Um ano no exterior, outro percorrendo o país e, diante de tanta visibilidade, em 2014 chegou a Dody a proposta para Roberto gravar um comercial para a Friboi.

Como assim? Roberto Carlos não é vegetariano?

Nos primeiros dias de fevereiro, pode ter passado despercebido para os 4.345 passageiros do Projeto Emoções, mas a bordo do transatlântico MSC Preziosa estavam os irmãos Wesley e Joesley Batista, com os pais e suas famílias, proprietários da JBS, a maior empresa de produtos de origem animal do Brasil. Foram conhecer de perto o futuro contratado e conferir seu sucesso. A conversa começara algumas semanas antes, quando Rivaldo Guimarães, diretor comercial da DC Set, se aproximou da JBS, sabendo que estavam preparando uma campanha para dar um novo impulso à venda de carnes. Essa prospecção gerou um encontro com Dody na casa do empresário, de onde, saboreando na cozinha uma macarronada feita pela dona da casa, saíram com uma proposta tentadora para um contrato de dois anos. As equipes RC e DC Set já sabiam havia algum tempo que eventualmente um filé fazia parte da refeição do artista. Mas, para o grande público, o Rei continuava vegetariano. A bordo do navio a conversa foi selada e brindaram com champanhe.

Algumas semanas depois de assinado o contrato, a Friboi anunciava o convite feito após o cantor ter revelado publicamente em um evento que, depois de trinta anos, havia voltado a comer carne. Quando perguntado sobre quando começou a ter vontade de comer carne, Roberto Carlos respondeu: "Desde que eu parei de comer". Ainda explicou que passou a ignorar as carnes por influência de alguns amigos vegetarianos, mas depois de uma certa época começou a ter vontade de comer novamente. O primeiro comercial foi ao ar, o contrato de R$ 45 milhões – o equivalente a pouco mais de US$ 25 milhões –, para um período de dois anos, previa a gravação de outros seletos comerciais e ações de promoção, como um show em Las Vegas para celebrar a aquisição, por US$ 1,4 bilhão, da americana Swift Foods & Company. Com grande alarde na mídia, o contrato foi rescindido por ambas as partes. A empresa alegara ter feito uma aposta ousada, que não deu certo. Como sempre, ao estilo Dody, elegantemente não houve briga judicial.

Em 2014, em meio à turnê internacional, em que foi aplaudido por mais de 100 mil pessoas, um momento muito especial. Pela primeira vez Roberto Carlos se apresentou no MGM Grand Arena, em Las Vegas, o icônico espaço dos grandes artistas internacionais. A ideia partiu de Afo Verde, CEO da Sony Music para a América Latina, que fez a direção artística, com a participação efetiva de Fernando Cabral, VP Business Development da Sony Music Latin-Iberia, e Alex Gallardo, presidente da Sony Music latina. A jornalista Esther Rocha, que estava lá, escreveu suas impressões no site O Fuxico: "A frenética e iluminada cidade de Las Vegas ganhou um novo rosto brilhando entre suas luzes e cores. Ao lado dos telões iluminados que anunciam os concertos de nomes como Britney Spears, Rod Stewart, surgiu em um telão azul a imagem familiar do nosso 'Rei' Roberto Carlos e seu projeto Emoções, que em 2014 voltou a viajar por rotas internacionais para cumprir uma agenda de 19 shows pelos palcos do México e Estados Unidos".

O formato do Projeto Emoções, que aconteceu pela primeira vez em 2005, vinha se solidificando a cada ano, com muitas possibilidades. Era um universo de opções para shows temáticos, e a equipe estava preparada para criar pacotes e viagens para amigos e admiradores. Roberto visitara Las Vegas, a capital mundial do entretenimento, nos anos 1980, para assistir ao show de Sammy Davis Jr. e Dean Martin. Agora a estrela era ele. O concerto no mesmo palco por onde Madonna, Justin Timberlake, The Rolling Stones, Lady Gaga, U2, Paul McCartney, Barbra Streisand e outros passaram seria gravado pela Rede Globo, com direção de Mário Meirelles. Mais um especial mostrando a importância internacional do artista, cantando em quatro idiomas: português, inglês, espanhol e francês, incluindo uma versão de "Café da manhã" em inglês ("Breakfast") e "Esse cara sou eu" em espanhol. Na plateia, 1.500 brasileiros felizes, e cada vez mais o Projeto Emoções fidelizava passageiros, e, sabendo que confiança é algo que não se compra, a DC Set continuava conquistando mais simpatizantes em cada evento.

Roberto Carlos chegou a Vegas na noite de segunda-feira, 1º de setembro. Vinha do México, onde realizara um show e recebera uma homenagem por 12 milhões de discos vendidos naquele país e por estar em primeiro lugar em 15 países com o EP "Ese tipo soy yo" ("Esse cara sou eu", em espanhol). Um dia após a chegada, gravou uma entrevista para o tradicional programa *El Gordo y la flaca*, sucesso do canal Univision, e outra para a jornalista Renata Ceribelli, a ser apresentado no *Fantástico* um dia depois do show. A diretoria da Sony Music Latina e o presidente da Sony Brasil acompanhavam de perto os preparativos para o espetáculo e admiravam a ousadia de um investimento de US$ 10 milhões para a realização do Projeto Emoções em Las Vegas. Esse valor se referia ao bloqueio de reservas nos hotéis (Bellagio, MGM e Aria), à reserva de passagens nas empresas Delta, American Airlines e Aeroméxico, transporte de 90 toneladas de equipamentos, logística para passeios dos fãs, campanha de mídia, cenografia, material para gravação e uma recepção pós-show, exclusiva para os que tinham viajado do Brasil com o projeto. E o sucesso foi retumbante.

Voltando ao Brasil, já se falava que o próximo Projeto Emoções poderia ser na Itália, uma escolha do artista, com gratas memórias de seu início de carreira, quando ganhou o Festival de Sanremo com "Canzone per te", e também pelo fato de Dody ser descendente de italianos. Mas para esse ano estava sendo preparado mais um passo para estabelecer Roberto Carlos no cenário internacional em parceria com a Sony Music, e o destino era Londres, mais precisamente o estúdio Abbey Road. Exatamente o estúdio que se tornou ponto turístico depois que os Beatles, em 1969, cruzaram a rua em passos sincronizados e foram fotografados. Venerado pela qualidade dos equipamentos e por suas histórias, foi nesse estúdio que os quatro rapazes de Liverpool gravaram a maioria dos seus discos. A proposta de Afo Verde era gravar um CD naquele templo para celebrar os 50 anos da estreia de Roberto Carlos no mercado de língua hispânica, e isso aconteceu nos dias 11 e 12 de maio. O salão ganhou painéis azuis para compor o cenário da gravação do álbum *Primera Fila*, com a maioria das canções em espanhol, que seriam executadas por uma banda com a qual Roberto nunca havia se apresentado antes. À frente dos músicos estava o guitarrista e diretor musical americano Tim Mitchell, que já produzira Shakira, Gloria Estefan e Ricky Martin. Nos teclados e no piano, Albert Menendez, parceiro de Alejandro Sanz, Jamiroquai, George Benson, Simply Red e Maná. Na guitarra, Grecco Buratto, que já tocara com Andrea Bocelli, Marc Anthony e Juan Gabriel. O tecladista brasileiro Tutuca Borba representava os músicos brasileiros, e ainda constavam do time a vocalista Olgui, Pedro Alfonso (violino), Brendan Buckley (bateria), Richard Bravo (percussão) e Erik Kertes (baixo), todos conceituados no mercado latino-americano. Uma nova roupagem para sucessos antigos como "Estrada de Santos" e "Eu te amo, te amo, te amo" foi produzida.

Para a gravação do DVD foi convidado o premiado Nick Wickham, que já dirigiu especiais de televisão e DVDs ao vivo de Madonna, Shakira, Santana, Katy Perry, Beyoncé, Foo Fighters, Red Hot Chili Peppers, Kings of Leon, Il Divo, Metallica, Rihanna, Black Eyed Peas, REM, Oasis, The Jonas Brothers, Linkin Park, Robin Williams, Enrique Iglesias, Alejandro Sanz, entre outros. Toda essa mudança foi sugestão da Sony

Music, num movimento iniciado por Dody ao longo de todos os anos de renovação do artista. Por aquele estúdio que, segundo McCartney, é o melhor do mundo, passaram nomes como Ella Fitzgerald, Glenn Miller, Pink Floyd, Michael Jackson, Radiohead, entre muitos outros. Foi lá que Amy Winehouse fez sua última gravação, em 2011, ao lado de Tony Bennet. Na plateia de apenas 150 convidados destacava-se Dudu Braga, filho de Roberto, com a esposa Valeska, e a advogada Soraia Pereira com o marido Rui Pereira, que haviam ganhado um concurso promovido pela gravadora Sony Music. Com lançamento simultâneo, CD e DVD, a gravação do *Primera Fila* foi apresentada com exclusividade no programa *Fantástico*, em reportagem dirigida por Mariozinho Rocha.

Foi em 2015, em parceria com a Sony Music, que Dody definiu a entrada de todo o catálogo de Roberto Carlos na arena digital. Marcelo Castello Branco, renomado profissional do mercado fonográfico, foi convidado a colaborar no planejamento junto com o Spotify para o lançamento mundial que aconteceu no dia 4 de abril. Foram 61 álbuns disponíveis por três meses para o Brasil e mais 31 países, entre eles México, Estados Unidos, Espanha, Portugal, Itália, Suécia, Reino Unido, Áustria, Suíça, Finlândia, Dinamarca, Noruega, Holanda, Bélgica, Austrália e Nova Zelândia. A escolha da plataforma para o início dessa aventura foi o poder de escala e alcance global, além da penetração nos mercados latinos, onde Roberto Carlos estava voltando a fazer shows e revendo seu grande público. Entre os álbuns disponíveis estavam "É proibido fumar" (1964), "Roberto Carlos" (1966), "O inimitável" (1968), "Roberto Carlos" (1969), e o EP "Esse cara sou eu" (2012).

E no período de 2015 a 2017, da seleta plateia de 150 pessoas no Abbey Road em Londres à Arena Batistão em Aracaju, para 45 mil, viajando o país de norte a sul e ainda passando no México, Argentina, Colômbia e Chile, Roberto Carlos foi aplaudido por 841.140 pessoas. A fidelidade do público, já na terceira geração, é uma realidade, e a proposta era estar sempre renovando os espetáculos, mesmo começando com "Emoções" e encerrando com "Jesus Cristo" na distribuição de rosas. Era uma preocupação constante trazer novidades, e nesse caminho o Projeto Emoções foi para terra firme, no Hotel Iberostar, de 15 a 19 de fevereiro, na Praia do Forte, na Bahia. Com o mesmo conceito do navio, com o show do Rei e atrações diversas, os pacotes se esgotaram rapidamente, e, para atender os moradores das cidades próximas, foi criado o "Night Use – Uma Noite de Emoções", que não incluía hospedagem no *resort*, mas oferecia jantar e show. O resultado positivo fez com que a atração se repetisse em 2021, no fim da pandemia.

Em março de 2019, a turnê internacional começou mais cedo e com novidades. Roberto estava voltando aos Estados Unidos depois de cinco anos, enormes palcos esperavam por seu concerto, como novamente o Radio City, em Nova York, a American Arena com 11 mil lugares, o Forum, em Los Angeles, para 14 mil pessoas, além das tradicionais cidades Orlando, Nova York, Washington, Houston, Chicago e Dallas, e concertos na Argentina e no Paraguai. Ainda houve tempo de voltar aos palcos de Portugal, em Lisboa, com dois shows na Altice Arena (antigo Pavilhão Atlântico), cada noite com 12 mil pessoas, e em Gondomar, uma arena para mais de 10 mil. No giro pela Europa, o Rei cantou em grandes arenas em Madri (Espanha), Londres (Inglaterra), Paris (França), Bruxelas (Bélgica) e Zurique (Suíça).

As gravações em espanhol levavam sua voz para mais longe, e Dody ainda sonhava com um disco todo em inglês. Tempos difíceis com a pandemia, projetos cancelados, mas a volta gradativa, em 2022, traria a voz de Roberto Carlos novamente para a trilha sonora de uma novela de Glória Perez, com "Evidências", de José Augusto (aquele mesmo que apresentou Roberto a Dody) e Paulo Sérgio Valle. A novela *Travessia* estreou em outubro, e o Rei já estivera presente em outras novelas da autora, como *América*, em 2005, *Salve Jorge*, em 2013, e para *A Força do Querer*, em 2017, compôs "Sereia". Sobre "Sereia", sempre era motivo de risadas da equipe, quando pensavam na versão em espanhol – "Sereia" se transformaria em "Sirena" (o sobrenome de Dody, para quem não percebeu) – e em como seria divertido ouvir o trecho "Sirena te amo, te adoro..." E havia o retorno com o Projeto Emoções na Praia do Forte, de 8 a 12 de junho, a volta aos shows nos Estados Unidos, percorrendo 15 cidades, e mais cinco no México, e também as principais capitais brasileiras para mais de 230 mil pessoas.

Em trinta anos de parceria, Dody teve a oportunidade de conviver profundamente com Roberto, conhecer seus gostos, e sabia muito bem que ele não gostava de surpresas. Por isso não esperava que um dia o artista o surpreendesse. E foi o que aconteceu em seu aniversário, em 2017, quando recebia amigos em casa e, de repente, Roberto surgiu. O segredo foi muito bem guardado entre Fernanda e a equipe RC, causando grande emoção no aniversariante e nos convidados. Para fechar a noite, acompanhado do maestro Eduardo Lages ao piano, cantou "Amigo" em sua homenagem. Uma festa que ficou para a história de uma grande amizade.

E, fazendo a conta de mês a mês, durante trinta anos, chegamos ao resultado: doze milhões, setecentos e trinta mil, oitocentas e oitenta e cinco pessoas assistiram aos shows do artista Roberto Carlos, em mais de 1.400 apresentações. As digitais de Dody estão aí.

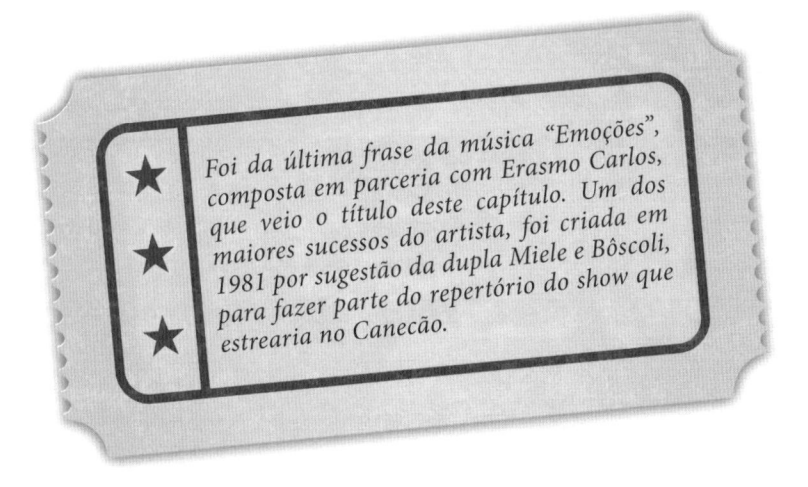

Foi da última frase da música "Emoções", composta em parceria com Erasmo Carlos, que veio o título deste capítulo. Um dos maiores sucessos do artista, foi criada em 1981 por sugestão da dupla Miele e Bôscoli, para fazer parte do repertório do show que estrearia no Canecão.

CAPÍTULO 25

"VOCÊ, MEU AMIGO DE FÉ, MEU IRMÃO CAMARADA"

A relação da imagem e da obra do artista Roberto Carlos veiculadas em publicidade é longa. Em 1994, começando a gerir a carreira do artista, Dody assinou contrato com a Brahma para a campanha "Número 1", um impacto no mercado publicitário. Mas antes disso, em 1976, sem provocar escândalo, a música "O portão", em parceria com Erasmo Carlos, foi a trilha de uma campanha da Souza Cruz para o cigarro Continental, estrelada pelo ator Herson Capri. Se fosse nos tempos de hoje, estaria politicamente incorreto e poderia ser posto em discussão, assim como quando o Rei resolveu comer o filé da Friboi. A Sky utilizou a mesma canção como trilha de um comercial estrelado por Gisele Bündchen em 2012, mas antes, na voz de Jota Quest, "Além do horizonte" apresentava a campanha de Rider para a Grendene, em 2005. A iTunes Store, com um catálogo de 20 milhões de músicas, chegou ao Brasil em 2011, com a estreia digital do catálogo de Roberto Carlos. No ano seguinte, a música "As curvas da estrada de Santos", nas vozes de Pitty e do Skank, fez o lançamento do carro Toyota Etios. Durante a pandemia, o Rei anunciou a #MascaraSalva, parte das iniciativas do programa "Todos pela Saúde", do Itaú Unibanco, para incentivar o uso de máscaras e conter o avanço da pandemia de covid-19. Sempre desejado pelas grandes marcas, recentemente, em tempo de inteligência artificial, ao completar 80 anos, foi honrado pela Alexa, da Amazon, ganhando o seu próprio "modo Roberto Carlos", ativado pelas frases "Alexa, imite o Roberto Carlos" ou "Alexa, faça o modo Roberto Carlos". Todas essas ações eram conduzidas diretamente por Dody. A maioria dos pedidos chegava solicitando a voz do próprio artista, mas, com o intuito de preservar a imagem dele, Dody negociava de forma a liberar a obra com outros intérpretes.

Em todos esses anos, Dody teve bons companheiros na prospecção de patrocínios e criação de ações comerciais. Os mais presentes foram os publicitários Bia Aydar, Duflair Pires e Rivaldo Guimarães. Em 2003 e 2004, sem nenhum alarde, apenas os agraciados sabiam que participavam de uma ação de relacionamento da BR Distribuidora nos shows de Roberto Carlos. Não havia marca nem sinalização da empresa na mídia e nos locais dos eventos; a BR Distribuidora usou essa parceria como marketing de relacionamento em todo o país para se aproximar dos fornecedores de seus produtos, na maioria proprietários de postos de gasolina, ao mesmo tempo que criava uma relação entre profissionais da mesma área, e muitos não se conheciam. "Momentos BR Distribuidora" tinha uma mecânica simples e eficiente. Os convidados, geralmente casais, se dirigiam a um hotel, onde deixavam seus carros em segurança, confraternizavam num coquetel em salão reservado e, de lá, saíam em ônibus de turismo para o local do evento, onde recepcionistas os encaminhavam a lugares reservados em uma área nobre. No final, voltavam para o ponto de encontro, onde brindavam com champanhe e recebiam uma bolsa com a marca da ação contendo CD e DVD do artista. Grandes amizades surgiram desses encontros, e até casais em crise se reconectaram depois dessa noite e enviaram mensagens relatando quão especial tinha sido. "Momentos BR Distribuidora" foi considerada pela empresa a melhor ação de marketing de relacionamento durante os anos em que aconteceu. Nesse período, a empresa era presidida por Rodolfo Landim, e a ação só foi encerrada com a mudança na diretoria.

A primeira vez que Roberto Carlos emprestou seu nome a um produto que não fosse disco nem DVD foi na ocasião do lançamento do perfume "Emoções", lançado em 2008 no Brasil e na América do Sul. Tudo começou com uma pesquisa realizada por Rivaldo em indústrias de cosméticos com venda porta a porta, que o levou até a Racco Cosméticos, uma empresa do Paraná que estava em terceira posição no mercado. Não precisou ir a Curitiba para conversar, pois, coincidentemente, o presidente da empresa estava de passagem por São Paulo, e em menos de meia hora o negócio estava fechado. Num disputado coquetel no Copacabana Palace, no Rio, em maio de 2008, por onde passaram o então governador do Estado, Sérgio Cabral, Eike Batista, Luiza Brunet, Tom Cavalcante, Alcione, Zeca Pagodinho, entre outras tantas celebridades, o perfume feminino Emoções foi lançado e vendeu mais de 600 mil frascos em dois anos. Roberto Carlos foi o primeiro artista brasileiro a ter um perfume com seu nome e acompanhou cada detalhe, participando dos testes olfativos, da criação da marca, da embalagem, e, no lançamento, declarou à imprensa que ficava "pensando no que as mulheres sentiriam usando o perfume e no que os homens pensariam quando as mulheres o usassem".

Quando foi criado o projeto para comemorar os seus 50 anos de música, era necessário ter parceiros para sua realização. Graças às relações de Dody com o publicitário Nizan Guanaes e Bia Aydar, foi aberta uma porta com o Banco Itaú, e em novembro de 2008 esta autora e Suzana Lamounier foram apresentar o projeto a Maria Fernanda La Regina, superintendente de marketing do banco. Levamos um *book* muito bem produzido apresentando todas as ações e oportunidades de o Itaú se relacionar com os clientes por meio de cota de ingressos para os shows, colocação das marcas nos eventos, participação interativa na exposição da Oca, enfim, Roberto Carlos e seus 50 anos embrulhados de azul e laranja, as cores do banco. O Itaú gostou muito. Fernando Chacon, diretor executivo do banco, aprovou, e, por meio do ItaúBrasil, que atuava em ações culturais e estava homenageando os "50 anos da Bossa Nova", nada mais oportuno do que dar continuidade com o Rei. O Itaú tornou-se um grande parceiro e anunciou tudo isso com a presença do cantor em uma entrevista coletiva, no dia 23 de março de 2009, no Itaú Cultural, na Av. Paulista, em São Paulo. Foi um belo *case* de marketing, com Caroline Carvalho e Camila Mompean, da equipe de La Regina, nos acompanhando ao longo de um ano.

Quando começaram as celebrações em Cachoeiro de Itapemirim, Espírito Santo, no dia 19 de abril, quem acessasse qualquer caixa eletrônico do banco no país encontraria a imagem do artista sorrindo. O mesmo se repetia nos canais do bankline. Em Cachoeiro foi instalado um *outdoor* saudando o aniversariante, tão grande que foi preciso obter uma licença da prefeitura. Nesse contrato, os clientes teriam direito à compra antecipada de ingressos para shows, à participação na exposição de maneira interativa, através de um karaokê em que o público teria quatro estúdios para cantar a música "Eu quero apenas (um milhão de amigos)" e, com uma senha, poderia baixar a gravação num site. Haveria ainda um show exclusivo do artista, que aconteceu dia 18 de novembro no Auditório Ibirapuera, como também uma visita à exposição "Roberto Carlos 50 Anos de Música". Na decoração do evento, foram trocadas as tradicionais rosas vermelhas por rosas cor de laranja. No Ginásio do Ibirapuera, onde aconteceram nove shows, o banco instalou uma área para receber seus convidados antes do evento, com direito a fazer fotos dentro de um calhambeque, e iluminou de azul as agências próximas ao ginásio durante a temporada. Foi uma excelente oportunidade de estar junto com uma empresa séria e grande parceira.

Desde a campanha com produtos lácteos da Nestlé, em que Roberto Carlos cantava "Como é grande o meu amor por você" ao lado de uma menina, mais do que uma parceria comercial, começou uma relação de amizade com a empresa. Nos "50 Anos de Música", a Nestlé criou um panetone que vinha embalado em uma linda lata com a imagem do cantor e a marca do evento, e ainda criou uma promoção que distribuiu 50 cópias do calhambeque do Rei, além do sorteio de 50 viagens no Projeto Emoções em Alto-Mar 2010, com direito a um encontro com o artista registrado em uma foto especial, e no final o sorteio de um prêmio de 500 mil reais. Na exposição na Oca, a Nestlé esteve presente com a instalação de espaço para café e chocolate, e colocou um calhambeque no qual os visitantes eram fotografados.

Uma ação incrível parou o porto de Santos dia 30 de janeiro de 2010, quando o calhambeque de Roberto Carlos foi içado com a ajuda de um guindaste para dentro do navio Costa Concordia, antes de zarpar com os convidados do Projeto Emoções em Alto-Mar. Era a celebração dos "50 Anos de Música" da promoção da Nestlé, mas havia algo mais. Também foi içado um automóvel Kia Soul, um lançamento da Kia, empresa coreana que fazia uma ação de promoção e marketing com um novo produto, em um ponto de visitação com um público que tinha o perfil dos clientes desejados, durante quatro dias. Os veículos ficaram lado a lado na área da piscina para visitação e fotos. A Kia não podia vender, mas aceitava reservas para finalização da compra quando chegassem a terra firme.

Quando as primeiras notícias sobre a programação dos "50 Anos de Música" começaram a aparecer na imprensa, a DC Set foi procurada pela Amsterdam Sauer, uma das mais tradicionais joalherias do Rio de Janeiro, fundada no mesmo ano do nascimento do Rei, e que resolveu homenageá-lo. Para tanto, pediu autorização para criar uma linha de três colares de ouro, todos com 18 quilates, que foram aprovados pelo cantor. O colar "Rose", de ouro e diamantes, reproduzia de forma artística a silhueta de uma flor, inspirada nas rosas que Roberto Carlos distribui no final dos shows. O colar "Por Você" exibe a mesma flor em maior dimensão, acompanhada da frase "Como é grande o meu amor por você". O colar "Emoções", inspirado nos medalhões do Rei, tem a palavra "emoções" gravada de diferentes formas, intercalada de corações. A coleção foi lançada no dia 11 de julho, data do show do Maracanã, com as vitrines de todas as lojas no Brasil muito bem decoradas com fotos do artista.

Certo dia, conversando com a jornalista Joyce Pascowitch, reconhecida na mídia cultural, social e de entretenimento, na época à frente da Editora Glamurama, conhecendo as diversas publicações que produziu, Dody perguntou a ela o que acharia de criar uma revista especial sobre Roberto Carlos para comemorar as cinco décadas. Uma publicação diferenciada, com o bom gosto habitual da editora, que falasse de música e amor, matéria-prima do artista. Joyce topou o desafio, e assim foi criada a revista *RC Emoções*, traçando um paralelo entre os 50 anos da carreira do Rei com os últimos 50 anos do país, nos segmentos das artes plásticas, música, moda, arquitetura, design, com o carisma do artista e o charme da jornalista. Os textos foram escritos por fãs assumidos, como o empresário Antônio Ermírio de Moraes, o ex-presidente Fernando Henrique Cardoso, Carolina Ferraz, Caetano Veloso, o ex-diretor de TV Boni, entre outros. Chico Buarque, Ivete Sangalo e Erasmo falaram qual música do Rei era a preferida deles. A revista, com 128 páginas, ainda trazia uma supermatéria sobre o Projeto Emoções em Alto-Mar, uma entrevista com Ivone Kassu, assessora de imprensa do artista, e criações de seis artistas plásticos renomados inspirados nas obras de Roberto Carlos. Uma edição para colecionadores.

Durante três anos, o executivo de comunicação Pedro Sirotsky e uma grande equipe desenvolveram o *Collector's Book*, um livro de luxo, com 400 páginas, impressão limitada a apenas 3.000 exemplares, medindo 37 cm x 49 cm e pesando 25 quilos, apenas com fotos e memórias do cantor. Apresentado como uma obra de arte para os fãs, tinha lançamento previsto para as comemorações dos 50 anos, mas foram tantos detalhes a serem vistos que a obra só se tornou realidade em 2011, quando foi apresentada em Jerusalém. A Toriba Editora, de propriedade de Sirotsky, fez um trabalho intenso para produzir o livro, que foi todo acompanhado por Roberto Carlos, o primeiro artista a ter uma publicação desse tipo no Brasil. Toda a narrativa do livro é conduzida por meio de versos das mais de 500 canções compostas por Roberto, a maioria em parceria com Erasmo Carlos, ao longo da vida. Foi impresso na Itália com papel especial e tem costura e acabamento diferenciados, apresentado dentro de um estojo de luxo. Entre as mais de 200 fotos coletadas, algumas, de papel, tiveram de ser submetidas a um processo de restauração, pois não haviam sido guardadas de forma correta ao longo dos anos. Entre os momentos incluídos na obra estão diversos em São Paulo, como aquele em que foi recepcionado por fãs em Congonhas em 1968, após vencer o Festival de Sanremo, na Itália, com a música "Canzone per te".

Como a cereja do bolo, ficou para o final deste capítulo a mais saborosa ação de patrocínio/parceria desenvolvida por Dody e feita entre Roberto Carlos e uma marca. Para ajudar a contar essa história, Leonel Andrade – na época era presidente da Credicard, com uma trajetória de sucesso, tendo atuado ao longo de 27 anos em comitês executivos, *boards* de empresas e grupos de primeira linha, tendo sido CEO das instituições Losango, Credicard, Smiles e CVC Corp:

"Quando assumi a Credicard, em janeiro de 2009, foi um grande desafio, pois já era a maior instituição de cartões de crédito no Brasil, não só em volume, mas em importância da marca. Durante muitos anos a sua história estava vinculada ao entretenimento, e, na minha gestão, logo na largada, resolvemos reforçar esse segmento, e tudo que não era ligado a show e música, descartávamos".

No escopo da gestão de Andrade, além do cartão de crédito, estavam o Credicard Hall, primeira casa de espetáculos no Brasil vinculada a uma marca, que surgiu em São Paulo em 1999, e o Citibank Hall, em São Paulo e no Rio. Além disso, os patrocínios dos shows internacionais que a Time For Fun, empresa de eventos que administrava os espaços, produzia em outras arenas. A Credicard não tinha sua imagem vinculada a nenhuma celebridade, diferentemente de outras experiências que Leonel tivera no Banco Nacional, com Ayrton Senna, e na Financeira Losango, com o cantor sertanejo Leonardo. Esse assunto já tinha sido conversado algumas vezes em reuniões com a equipe, mas não estavam preocupados em ter uma "cara". Certo dia, a diretora de marketing, Cintia Yamamoto, levou à análise de Andrade um material que havia recebido de Rivaldo Guimarães, um folheto muito bem montado. Ao abri-lo, Andrade deparou com uma foto de Roberto Carlos.

"Para fazer marketing ou patrocínio puro, nós não tínhamos verba. Mas a conversa continuou, e coloquei Rogério, o diretor de vendas, para acompanhar o assunto, pois gastávamos fortunas para atrair mais de 1 milhão de clientes por ano com mala direta, telemarketing e outras mídias daquele tempo. Nós éramos a única grande empresa do Brasil que oferecia cartão de crédito e não estava vinculada a um banco. Era venda direta, e sempre fora assim. E a proposta que estava sendo trazida era a criação de um cartão de crédito Roberto Carlos."

Foi então que Leonel se encontrou com Rivaldo e o conscientizou de que havia dois problemas, um chamado Credicard e o outro, Roberto Carlos, duas marcas de muita força e respeitabilidade. A responsabilidade era gigantesca, pelo tamanho do artista, e a empresa precisava ter um nível de qualidade para o qual, naquele momento, talvez não estivesse preparada. Leonel se preocupava com o fato de que muitos fãs poderiam querer o cartão, mas não conseguiriam obtê-lo caso não se enquadrassem na política de crédito da empresa. Chegava a questionar se a empresa tinha capacidade para atender um cliente em nome de Roberto Carlos, e precisava saber até que ponto o artista estava envolvido com o assunto. Ainda havia outros detalhes, como o lastro desse tipo de contrato. Não era patrocínio de um ano; no contrato de um cartão o retorno era longo, então, para definir melhor esses assuntos, marcaram encontro com Dody.

"Além de Dody ter a caneta na mão, tinha a capacidade de decisão muito forte. Saí do encontro deixando uma série de questionamentos, para que refletissem e levassem ao artista. Coloquei tantos alertas e acho que eles pensaram que eu não queria fazer. Eu queria, sim, mas era muita responsabilidade, pois estávamos nos unindo a um ícone."

Algumas semanas depois, haveria um show de Roberto Carlos no Credicard Hall, praticamente a casa de Leonel, e ambos já tinham acertado que após o espetáculo eles se encontrariam no camarim. Acompanhado da esposa e da mãe, que morava na Bahia, mas estava passando uns dias em São Paulo, Leonel agora estava sentado a uma mesa na frente do artista – desta vez ele via o cantor com outros olhos, enquanto sua mãe, emocionada, chorou praticamente durante toda a apresentação. No final, o encontro no camarim, como sempre muito agradável, e ao agradecer a Roberto a confiança que lhe depositava, mesmo sem conhecê-lo, ouviu como resposta: "Você acha que a gente não se conhece, mas se estamos conversando é porque a gente já se conhece, sim".

O Credicard começou a desenvolver o projeto, que não era uma simples ação de marketing ou de patrocínio, mas a criação de um cartão de crédito como nunca houve igual no mundo. A empresa criou um fluxo diferenciado para atender ao "produto Roberto Carlos". Mudaram o sistema de comunicação com os parceiros, no caso DC Set – Roberto Carlos, com relatórios diários de vendas e também de quantos pedidos haviam sido negados. Assim como Leonel pediu que Dody e equipe estivessem envolvidos no processo, o mesmo foi solicitado a Leonel, que passou a ir aos shows, foi ao navio e ficou impressionado com o tamanho da operação para o artista e o movimento de fãs. O lançamento do cartão, que aconteceria no show de aniversário de 70 anos do artista, em 2011, acompanhado de enorme campanha publicitária em diversos meios de comunicação, teve que ser adiado, devido ao falecimento alguns dias antes de Ana Paula, a filha mais velha de Roberto. Nova data foi marcada, para 4 de junho, num show em Vitória, Espírito Santo, quando Leonel subiu ao palco para fazer a entrega do cartão.

Um detalhe interessante que Leonel revelou: ele recebeu a recomendação de Dody de que o cartão a ser entregue a Roberto deveria ter como resultado na "prova dos noves fora" o número 2 – conforme a regra que se aprende quando criança na escola, a forma mais prática é somar seus algarismos e tirar do resultado o maior múltiplo de nove nele contido. No entanto, como o sistema de criação dos 16 números que compõem um cartão de crédito é randômico, gerados automaticamente e ligado à Visa, foi preciso uma enorme manobra para gerar um número que atendesse o desejo do artista em ter o cartão com sua imagem e de uso próprio.

O Credicard Emoções, parceria com a Credicard, administradora de cartões do Citibank no Brasil, não oferecia milhagem, como os demais cartões oferecidos pelos bancos, mas sim as vantagens na pré-venda exclusiva de ingressos para shows, nos pacotes para a temporada do cruzeiro Emoções em Alto-Mar e acesso aos bastidores dos shows do cantor. Credibilidade, tanto a marca do cartão quanto o artista tinham de sobra. Como lembra Leonel, "o cartão tinha ego, tinha paixão, não dava para mensurar". O contrato previa exclusividade por dez anos, e uma das formas pensadas para atender a um número maior de usuários era instituir o cartão pré-pago, mas que não chegou a ser implantada. A meta era conseguir 1 milhão de clientes nos primeiros cinco anos de contrato, mas em 2013 o Itaú comprou a Credicard e a operação foi descontinuada, com 400 mil cartões Emoções em uso. Não eram somente clientes, eram fãs.

"Foi um produto inovador, e fiquei feliz em razão da confiança e do compromisso que tínhamos. Ninguém fez pensando em curto prazo ou em vantagem comercial; claro que era um negócio e tínhamos que ganhar dinheiro, mas havia uma aliança estratégica de respeito e confiança entre as marcas", conclui Leonel.

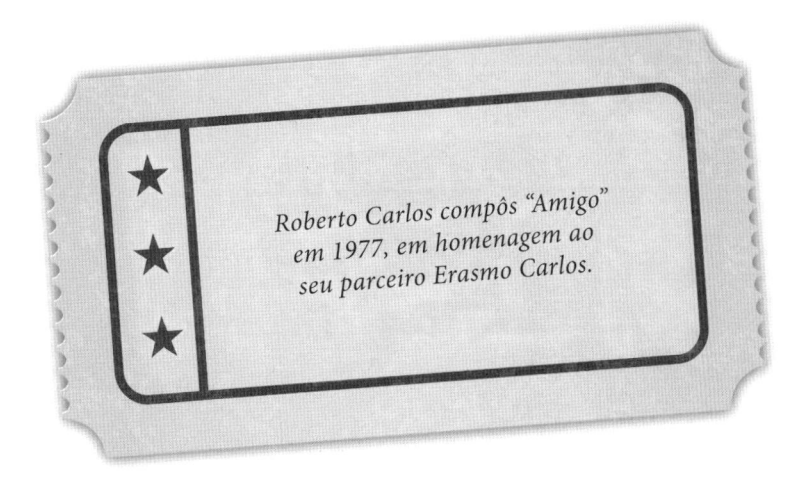

> Roberto Carlos compôs "Amigo" em 1977, em homenagem ao seu parceiro Erasmo Carlos.

CAPÍTULO 26

"SEI QUE NADA SERÁ COMO ANTES AMANHÃ"

Foi repensando na trajetória da DC Set, completando 40 anos, e em suas próprias histórias, que Dody e Cicão decidiram retomar o protagonismo como produtores de grandes eventos, posição que conquistaram no mercado ao sair de Porto Alegre e realizando muito mais do que haviam imaginado. Era por volta de 2019, estavam chegando aos 60 anos e poderiam viver tranquilamente, sem grandes ousadias. Mas em 2012 entraram num segmento totalmente novo, também na área do entretenimento, quando, em parceria com Hélio Pimentel, amigos desde os anos 1980, ganharam o edital de concessão de áreas públicas da prefeitura de Curitiba e conquistaram o direito de explorar por 25 anos o então Parque da Pedreira, hoje Parque Jaime Lerner, o primeiro no Brasil dedicado à música, e a Ópera de Arame.

Além do desejo de retornar à produção de turnês de artistas internacionais, ele queria ver como outros países estavam empreendendo e, numa viagem pelo mundo, percebeu que as empresas não eram mais simples produtoras de shows e eventos, mas colocavam seu capital em ações no mercado. Voltando para o Brasil, decidiu contratar uma assessoria e preparou a DC Set como se fosse um IPO, sigla em inglês de "initial public offering", um tipo de oferta pública em que as ações de uma empresa são vendidas ao público em geral numa Bolsa de Valores pela primeira vez.

A empresa tornaria seu capital aberto para vendas, sociedades e o que mais surgisse. Essa assessoria empresarial trazia a visão tributária, fiscal e corporativa de como as grandes empresas no mundo estavam se fortalecendo. Em um estilo que nos Estados Unidos chamavam de verticais mas que denominaram de pilares, atua com os papéis dos colaboradores e níveis hierárquicos bem definidos, com CEO, diretores, gerentes, coordenadores com o melhor entendimento de suas responsabilidades, decisões mais rápidas, autoridade e controle. A partir desse formato fizeram um "spin off", termo em inglês que designa o processo de cisão entre empresas e o surgimento de uma nova a partir de um grupo que já existe, e com isso aproveitariam todo o conhecimento e a estrutura que já possuíam para inovar e expandir. A empresa foi cortada em verticais, cada uma correspondendo a um pilar, com identidade e CNPJ próprios, que ao fazer negócio com uma área específica teriam identidade e visão únicas, não interferindo nas demais. E estavam prontos para conversar com qualquer parceiro.

Gradativamente, foram criando novas parcerias, como a Formata, produtora de conteúdo audiovisual, com Daniela Busoli, Patrícia e Tom Cavalcante; na sequência, se associaram à Live Park, para gestão de parques em concessão de áreas públicas, e foi dentro desse panorama que, no início de 2019, Rodrigo Bertho Mathias chegou à DC Set. O paulista que aos 19 anos foi estudar Administração na Faculdade Federal de Santa Catarina, em Florianópolis, começou como estagiário na área de eventos das rádios Itapema e Atlântida, do grupo RBS, e numa bela jornada chegou a diretor de eventos do grupo em Porto Alegre, integrando-se à equipe com muitas expectativas. A relação de Rodrigo com Dody e Cicão se afinou quando, de 2015 a 2017, viu como realizavam o Planeta Atlântida. E com os Rolling Stones (março de 2016), numa outra parceria com o grupo gaúcho, pôde perceber a força da produtora. Talvez o mais complexo show já realizado no Rio Grande do Sul.

Era a última parada do quarteto britânico – Mick Jagger, Keith Richards, Charlie Watts e Ronnie Wood – em sua turnê pelo país, em uma apresentação no Estádio Beira-Rio, com ingressos esgotados havia dois meses. Essa turnê, que começara em 2015 nos estádios americanos, aterrissava no país com um ano de atraso e levou multidões ao Maracanã, no Rio, e ao Morumbi, em São Paulo. Chegou a Porto Alegre com tudo a que tinha direito, como o grandioso palco com uma estrutura de 20 metros de altura, o equivalente a um prédio de sete andares, com 60 metros de comprimento e 30 metros de profundidade. Ao redor, telões de LED de 208 metros quadrados, para dar boa visibilidade ao público. O destaque dessa estrutura era uma plataforma móvel que avançava sobre o local onde ficava o público, e nela Mick Jagger e Keith Richards seguidamente chegavam, para estar mais perto da plateia. O show foi impecável, uma parceria incrível.

No ano seguinte, Rodrigo foi convidado para ser executivo de uma empresa de eventos em São Paulo. Antes de aceitar o convite, conversou com Cicão, quem sabe teria alguma proposta com os amigos, mas não percebeu a transformação pela qual a empresa estava passando. Dois anos depois, já desligado da empresa que o havia trazido de volta para São Paulo, quando de novo se encontraram, viu que era o momento. A DC Set estava abrindo diversas oportunidades: "Era um projeto sedutor, de empreender não só no negócio, mas também na transformação da companhia", relembra Rodrigo. "Dody e Cicão abriram muitos mercados, a história deles se confunde com a do show business, a liderança dos dois é enorme, mas precisávamos pensar numa governança corporativa, com toda a capacidade da empresa. Cicão mais no operacional e Dody com uma visão mais transformadora, ampliando a perspectiva dos negócios, e foi assim que eles se fizeram."

Nesse momento, já havia um namoro avançado para colocar o pé no mercado de *games e-sports*, um interesse numa estruturação e posicionamento com uma atuação ampla na indústria do entretenimento, e Rodrigo veio somar como executivo do grupo. Havia uma mesma filosofia em como se estruturar para o crescimento: "Nós entendíamos que precisávamos olhar o mercado, entender as oportunidades de uma forma leve e ágil, em vez de assumir um custo fixo enorme e ter que correr para pagar a conta", comenta Rodrigo. Havia algo de forte e verdadeiro nesse processo de retomada: a credibilidade do grupo e as muitas relações construídas. "Quando falaram 'vamos virar essa chave' e olharam para o mercado nas mais diversas amplitudes de entretenimento, quais os negócios disponíveis, onde a DC Set poderia navegar, as informações se multiplicaram. Muitas pessoas que eles conheciam trouxeram mais oportunidades. Mercados onde não eram endêmicos, como games e-sports, poderiam parecer muito distantes da realidade, mas a partir dessas relações as oportunidades surgiram, e, com a veia empreendedora que sempre tiveram, foram em frente."

Com tantas relações no passado com esportes, como a parceria com a Nestlé no Brasileirão e no time de vôlei da Sollis, ações em Copas do Mundo e na empresa na Espanha para negociar jogadores de futebol, coincidentemente entrava-se em outro tempo através do game e-sport. Na vanguarda do mercado, com a LnK Gaming, responsável por desenvolver no mercado brasileiro esportes eletrônicos, transformando ligas e campeonatos em plataformas de conteúdo e espetáculos de entretenimento, ao vivo e digital, a DC Set voltava potente e inovadora, em uma parceria com o Grupo Globo, atuando em conjunto com a Garena, responsável por toda a operação das duas divisões de acesso da Liga Brasileira de Free Fire (LBFF), também proprietária do Campeonato Brasileiro de Counter-Strike, o Torneio Universitário de e-Sports, os Jogos Escolares Eletrônicos, o campeonato de Sports para jovens entre 14 e 18 anos e o eGol, campeonato nacional de futebol eletrônico. A LivePark, provocada por Dody, passou a buscar informações sobre licitações de espaços públicos que vinham sendo anunciados pelo governo do estado de São Paulo.

Retomando antigas parcerias, em julho de 2021 anunciaram a sociedade com a Move Concerts, empresa de Phil Rodriguez, o mais importante empresário da área de shows internacionais na América do Sul. Com uma história de amizade e realizações que começou em 1985, com um show de Nina Hagen em Porto Alegre, a partir de 2018 realizaram as turnês de artistas como Shakira, U2 e Ed Sheeran. A Move Concerts foi responsável por grandes turnês, como Iron Maiden, Katy Perry, Beyoncé e John Mayer, possui escritórios na Argentina, Colômbia, Costa Rica, Peru, Porto Rico, além do escritório central em Miami, e agora os amigos estavam novamente juntos para novos desafios. Um outro reencontro foi com Rafael Reisman, que conheceu em 1990 como motorista em Los Angeles, e se tornara empresário na área de entretenimento. Na abertura da exposição "Elvis Experience", que realizou em 2012, em conversa com Dody, ficou no ar uma proposta de em algum momento trabalharem juntos. E o momento chegara, depois de seis anos, quando levou a proposta do "Space Adventure", uma exposição com mais de 300 objetos vindos da Nasa, e criaram a Blast, uma empresa para desenvolver projetos nesse segmento.

A DC Set de tantas histórias estava se renovando e entendeu que precisava ir ao mercado buscar profissionais que pudessem somar nessa transformação, assim, em janeiro veio Otávio Bannwart. Carioca, que chegou a São Paulo ainda menino, construíra um excelente currículo na área de comunicação e marketing de entretenimento em grandes empresas. O que lhe chamou a atenção ao chegar ao escritório que ocupa alguns andares do Edifício Horizonte, empreendimento do grupo DC Set e associados, na Av. Juscelino Kubitscheck, zona sul de São Paulo, foi um quadro na parede que o fez sentir-se em casa. Era o cartaz do show de Michael Jackson em 1993, e essa imagem o seguia desde os 7 anos de idade, quando, levado pela mãe, foi ao Aeroporto de Guarulhos, no dia 13 de outubro, assistir ao Boeing 727 de cauda bordô aterrissar trazendo o rei do pop. Agora estavam ali, Otávio e aquela imagem com as lembranças, frente a frente, na mesma empresa.

Para entender a empresa, Otávio foi ao Planeta Atlântida, depois ao Projeto Emoções em Alto-Mar, e começaram a mapear o mercado, até que, três meses depois, no dia 23 de março, quando o então governador de São Paulo, João Doria, decretou a quarentena por causa da covid-19, iniciando o *lockdown*, só pensou nas duas filhas pequenas e na demissão, que certamente viria. Supreendentemente, a empresa decidiu não demitir, ao contrário, estava com as baterias apontando para o futuro, no desafio de manter a equipe para desenvolver o que vinham planejando. Em conversas, Dody e Rodrigo acreditavam que o período da pandemia seria de apenas três meses, mas a preocupação de Cicão era mais acentuada. No entanto, foi o otimismo em acreditar que esse processo seria passageiro que os fez seguir. Rodrigo lembra "que era um momento do mercado fragilizado, provavelmente o entretenimento foi a indústria mais impactada, a primeira a parar e a última a voltar, mas tínhamos a convicção de que retornaria com tudo e a crença de que seria um movimento rápido". Mas foi necessário desligar os motores que fariam o grupo decolar, reduzir a intensidade, e, em abril de 2020, todos os funcionários foram para casa.

Começaram as reuniões on-line, e numa conversa por telefone Otávio lembra que, mantendo as regras de distanciamento, com ar-condicionado desligado e usando máscara, um pequeno grupo voltou a se encontrar algumas vezes por semana no escritório. Dody, Cicão, Rodrigo, Tiago e Otávio formavam um time que precisava se conhecer melhor para dar a virada na empresa, com muita história, e encarava o futuro de peito aberto. Naquele momento, a DC Set tinha as operações do Projeto Emoções, o Cais Embarcadero, em Porto Alegre, a Formata, o Parque Jaime Lerner e a Ópera de Arame, em Curitiba, o Planeta Atlântida, estavam acabando de entrar na área de games on-line e ainda construindo a exposição com os objetos da Nasa. Vinham montando a estrutura que formou os sete pilares da empresa no novo tempo: festivais, shows, conteúdos, espaços públicos e privados, esportes, turismo e exposições/experiências imersivas. Diante do recesso, estavam com tempo para fazer um reposicionamento da marca e olhar os atributos de uma marca com mais de 40 anos e criar novos.

Depois de seis meses de pesquisas, concluíram que a DC Set tinha tradição, qualidade na entrega e confiabilidade. E também queria ser inovadora, criativa e rejuvenescer. O arquétipo da empresa era de exploradora, sempre em busca de novos territórios, sem limites. Por exemplo, não existia um artista dentro de um navio e criaram um; não havia um festival com múltiplos palcos e espaços, criaram também. E, assim, outros tantos caminhos que abriram com a visão empreendedora de Dody, e tudo sempre fazia muito sentido no mercado.

Dentro desse processo, havia também a criação de uma nova logomarca. Em mais de 40 anos, a logomarca da DC Set passou por diversas atualizações, mas um elemento era imexível: a pirâmide. Ora envolvia a imagem do planeta, ora unia o D e o C, e chegou até a ficar de cabeça para baixo, em segundo plano, com variações e cores diversas. Mas ali se mantinha. Dody diz que a pirâmide foi mais uma das intuições que teve, assim como outros fatos que aconteceram em sua vida sem explicação. Não se lembra de ter se inspirado em algo da infância, ou visto em algum livro, foi apenas um sentimento que se manteve. Foi um longo exercício até chegar ao resultado final, e, entrando no campo daquilo que não se explica e das coincidências, surpreendentemente, nas cenografias da última edição do Tomorrowland em 2023, que foi construída na Bélgica, uma pirâmide igual à dessa nova versão era o grande destaque, em um chafariz ao lado do palco.

Dody crê que foram poucas as empresas que ganharam tanto na pandemia. Não está se falando sobre ganho econômico, mas de oportunidade de se transformar e se preparar para se tornar uma gigante no entretenimento. Em agosto de 2021, a Blast Entertainment finalmente lançou o "Space Adventure", no estacionamento do Shopping Eldorado, em São Paulo, e foram 170 mil visitantes. Ao mesmo tempo, por meio de amigos da Sony Music, Dody chegou até a Primo Concert, uma empresa baseada em Miami com ações nos Estados Unidos, Argentina e países da América Central, que realiza diversas exposições imersivas, e fechou a mostra Van Gogh. Foram duas mostras com obras do pintor holandês: a primeira, "Beyond Van Gogh", aconteceu em São Paulo e em Brasília, foi visitada por mais de 10 milhões de pessoas em dezenas de cidades americanas, como San Diego, Baltimore, Dayton, Grand Forkes, Washington, Palm Beach, Costa Rica e também no Chile, Colômbia, Panamá e Peru. A "Van Gogh Live 8K" só acontece no Brasil, é uma das maiores mostras do gênero já realizadas, tendo passado pelo Rio de Janeiro, São Paulo, Goiânia, Fortaleza, Recife e Maceió, convidando o público a uma imersão em uma área de 2.800 m². As imagens refletidas no chão, no teto e nas paredes têm 8K de resolução, o que deixa tudo ainda mais nítido.

Já a exposição "Space Adventure", apresentada originalmente em Boston, foi oferecida à Primo Concert. Rafael Reisman conta sobre os dados fantásticos dessa primeira parceria com a DC Set Group: "Somos a primeira empresa brasileira a criar e exportar uma exposição para os Estados Unidos. Construímos em Canela, na Serra Gaúcha, um espaço permanente, para exibição durante vinte anos, que no primeiro ano foi visitado por 400 mil pessoas".

Inaugurado em maio de 2023, o parque mais visitado da região ocupa uma área de 4 mil m² de experiências imersivas, com capacidade para cerca de 4 mil visitantes por dia, e na sua abertura contou com a presença de Charles Duke, um dos doze homens da história a pisar na Lua. Em janeiro desse mesmo ano foi inaugurado um "Space Adventure" em Camboriú, Santa Catarina, com os mesmos sócios do grupo Oceanic, também para um período de vinte anos, com as peças da exposição que esteve em Boston. E, nessa sequência, as exposições imersivas com Van Gogh, Frida Kahlo e a de Banksy, que viajaram pelo país. Cada operação de montagem envolve no mínimo 200 pessoas, e durante as exibições 70 pessoas estão presentes em tempo integral. Esse formato de exposições trouxe um novo conceito, uma aproximação e vivência do público, um programa familiar. Os próximos projetos são a representação do Museu de História Natural de Nova York para a América Latina, Portugal e Espanha para exibição do tiranossauro, "T. Rex: The Ultimate Predator", em cartaz no museu americano, e a exposição "Strangers Things", criada a partir do seriado da Netflix.

Acompanhando todo esse movimento está uma parte da equipe, que viu a empresa chegando a São Paulo nos anos 1990 e atuou na sua trajetória, pois longos relacionamentos fazem parte do perfil de Dody. Rose Batista, desde 1993, foi recepcionista, secretária e produtora e é diretora de marketing e mídia da Blast; Patricia Santos, na empresa desde 1996, hoje é assessora da diretoria, começou como telefonista-recepcionista, foi secretária, se formou em Administração de Empresas e hoje faz pós-gradução em Gestão de Pessoas; e Amauri Carvalho, que chegou em 2014 como gerente financeiro e administrativo, num período em que as ações estavam voltadas para shows e projetos do artista Roberto Carlos, a gestão do Parque da Pedreira e alguns eventos internacionais. Ele se lembra do impacto em plena pandemia, "quando todo o mercado de entretenimento parou e a empresa não: "Fiquei três meses em casa, trabalhando intensamente. Nós nos transformávamos de empresa sólida e respeitada para uma corporação com sete pilares", comenta Amauri, que, para atender a essa demanda, criou um Centro de Serviço Compartilhado para gerir e administrar 23 empresas, contando com dez profissionais atuando exclusivamente nessa área.

Otávio comentou que, nas muitas conversas que teve com Dody, uma frase chamou sua atenção: "Vamos retomar o protagonismo da indústria de entretenimento ao vivo no Brasil". Mas Otávio não esperava que isso fosse acontecer tão rápido. Passados quatro anos, a DC Set se consolidou como o maior grupo de empresas de entretenimento ao vivo no Brasil, caminhando para a mesma posição na América Latina, com o propósito de ganhar o mundo. Somando todas as empresas, fecharam o ano de 2023 com 5,2 milhões de tíquetes vendidos. Com um olhar abrangente de quem acompanhou muito esse movimento, Rodrigo acredita que vários fatores foram preponderantes para chegarem aonde estão, como a união da credibilidade e um pouco de sorte. Dody prefere acreditar que foi talento e determinação.

Sou testemunha da trajetória da DC Set desde 1986. Algumas vezes de forma mais efetiva, presencialmente ou on-line, outras vezes como a amiga distante, orgulhosa dos seus feitos. Para contar esta história, abri as caixinhas da memória, busquei anotações – vício de jornalista –, conversei com quase uma centena de amigos e parceiros, pesquisei nos acervos dos principais veículos de imprensa e, enquanto ia escrevendo, cada vez mais constatava algo que já sabia: a coerência com que Dody e Cicão conduziram esses 45 anos de parceria. Tudo que fazem hoje, já tinham feito nos anos 1980, sem tecnologia nem marketing. Era pura intuição, paixão juvenil, seguindo o que o coração dizia, generosos sempre, num movimento desbravador sem limites para descobertas. Rejuvenescer a DC Set traz um frescor para toda uma geração que, assim como eles, construiu a história do show business nacional. Que venham os novos desafios, com a experiência caminhando junto com a contemporaneidade.

A frase que dá título ao capítulo foi retirada da música "Nada será como antes", de Milton Nascimento e Ronaldo Bastos.

CAPÍTULO 27

"AMIGOS PARA SIEMPRE"

No dia 25 de outubro de 2022, passei por São Paulo, fui visitar os amigos da DC Set, e Dody me convidou para um café na sua sala. As muitas conversas ao longo dos anos – desde 1986 –, os papos em voos em tempos em que não se acessava a internet nas alturas, nos intervalos de shows, reuniões para criar projetos, almoços, jantares e, graças à minha boa memória e ao vício como jornalista de fazer anotações, colhi um bom material sobre a sua trajetória e da DC Set. Fiz algumas provocações para sugerir que escrevêssemos um livro contando como dos bailinhos nas garagens em Porto Alegre ele se transformou num dos empresários mais atuantes em tantas áreas de entretenimento, mas das quais sempre elegantemente se esquivava, não querendo aparecer. Naquela tarde foi diferente. Ele não simpatizava com a ideia de uma biografia-padrão, preferia ficar *low profile*. Porém, em respeito à nossa amizade e como testemunha da sua trajetória, não se incomodaria se eu escrevesse. Talvez não acreditasse que eu levasse a conversa adiante. Estávamos saindo da pandemia, o mundo ainda não tinha acabado e podia ser um bom momento para rever histórias. A DC Set estava passando por mudanças estruturais, e, quando todos se recolheram, ele e Cicão entenderam que era hora de abrir horizontes.

Quando percebi que a conversa poderia ser longa, pedi licença e comecei a gravar. Quem sabe sairia um livro e essa gravação seria útil. O início do livro, portanto, ficou aqui para o final.

Dody, como você explica a expansão da DC Set?

"Durante a vida inteira aconteceram situações em que não consigo entender a razão de ter me envolvido com um assunto, ter chegado a determinado negócio, tomado medidas que mais adiante constatei quanto tinham sido importantes ferramentas de profundas transformações. Parece que naturalmente tudo vai acontecendo. Mas aquele momento de abrir a DC Set foi uma combinação de fatores. Meus filhos cresceram. Eu tive um período de expandir, realmente estava focado em vencer, em construir a minha vida profissional para proporcionar à família tudo que eu sempre imaginei de conforto, de tranquilidade. Eu retardei meu casamento porque só queria tirar a Fernanda de casa quando pudesse dar uma condição melhor. Eu sempre tive uma relação consciente com o dinheiro; por tudo o que a minha família passou, meu foco era vencer. A partir do momento que consegui consolidar a situação financeira, nasceu Matheus, meu primeiro filho, e percebi que ele estava crescendo comigo distante. Por mais que eu estivesse semanalmente em casa, mas ainda viajando muito, eu sabia que algo tinha que mudar. Aí veio a Mariana. Nesse momento, decidi botar um pé no freio, ter um pouco de equilíbrio. Já tinha conquistado um posicionamento profissional, reconhecimento no Brasil e no exterior, recuei para curtir os filhos.

Fiquei muito tempo indo ao escritório só após o meio-dia, no equilíbrio de estar na ativa em casa pela manhã, trabalhando por telefone, vídeo, internet, curtindo os filhos, almoçando com eles, envolvido com a família. Mas os filhos cresceram e foram estudar fora. Marianinha nos Estados Unidos, Matheus já formado na universidade, falando três idiomas, buscando seus caminhos profissionais, percebi que podia novamente me entregar totalmente àquilo que gosto de fazer. Então foi um pouco dessa combinação de consciência da idade, o que eu tenho ainda de vida ativa, profissional, do que imagino, e também com a certeza de dever cumprido com a família, que começaram as mudanças. A Fernanda sempre foi minha parceira, estaria ao meu lado nesse novo momento, e, somado a isso, havia a questão do show business, do entretenimento mundial com as transformações através do digital, da internet, as formas de comunicação e o que o público estava querendo consumir, com muito mais exigência."

Você se lembra de algum outro momento em que tenha tomado essa consciência de mudanças na área de entretenimento?

"Lá nos anos 1990, quando fui convidado a dirigir o Rock in Rio, propus para o Roberto Medina fazer um festival diferente do convencional. Infelizmente não foi possível, por questões políticas no Rio de Janeiro, mas anos depois levei para o Planeta Atlântida essas transformações, percebendo como o público estava se comportando em termos de valores, de entretenimento. Um festival com apenas um palco, como Woodstock e Live Aid, com as pessoas esperando um show atrás do outro, eu tinha entendido que aquilo já estava na hora de mudar, por isso surgiu o Planeta Atlântida, mas a ideia era para o Rock in Rio, em 91. Estou fazendo esse paralelo para dizer que hoje eu também estou vendo essa mudança, mas desta vez não sinto que estou sozinho. Os grandes *players*, empresas e promotores de entretenimento do mundo já estão com esse olhar nessa combinação de tudo que tem hoje de consumo, de relacionamento do público em geral, não só jovens. A forma de escutar música, a juventude, que já não está tão conectada com a TV aberta, e rádios, outras maneiras de se relacionar com música, com entretenimento, o jeito de namorar, enfim, tudo."

O que mudou agora?

"No início dos anos 1970 e 1980, quando me entreguei completamente, baseado no conhecimento que tinha, eu visava o dinheiro, para proporcionar tudo que eu não tive e desejava para a minha vida e para a família. Nessa retomada, de forma extremamente agressiva e abrangente, já não visava somente o dinheiro. Era muito mais uma maneira de 'quero deixar um legado maior' com a minha experiência, o prestígio que a DC Set conquistou, tudo que a gente construiu e a forma como aprendeu. Profissionalmente, não sou melhor que ninguém, mas me dediquei a ter acesso a todas as informações na minha área. Viajar pelo mundo e ter as relações com os maiores artistas e seus empresários foram aprendizados. Como foi construído aquele sucesso, a carreira, a música, como foi feita a estratégia de lançamento, a gravadora, enfim, eu me desafiei a entender. Hoje transito nos dois lados do sucesso de uma música. Tanto na construção da música, ou seja, entendo sobre a indústria fonográfica e me sinto completamente à vontade nos estúdios, entre produtores, como em todo o processo de construir a carreira de um artista fonográfico até as estratégias de marketing."

Como é que se constrói a carreira de um artista da música?

"Primeiro tem que ter música, depois trabalhar o artista. Talvez o meu diferencial entre tantos profissionais da área é que aprendi a ser *manager* e promotor de shows. Hoje as empresas realizadoras de grandes shows no mundo são promotoras que contratam o artista depois do sucesso. Como uma Bolsa de Valores: você investe num papel acreditando que ele vai valorizar, você trabalha para que ele valorize e depois vende na alta. Então, basicamente, a habilidade de um empresário de shows é isso. Contratar o artista que está na fase crescente ou no auge do seu sucesso, você potencializa isso para faturar na venda de ingressos e patrocínios. Mas construir um artista, ou colaborar na sua construção e solidificação da carreira, estabelecer a estratégia, o caminho para colocar no mercado, é diferente."

Como você vê o entretenimento hoje?

"Tudo que temos hoje é entretenimento, por isso abrimos tantas frentes de negócios. Nós temos uma empresa que tem obrigação de dar resultados, e nessa entrega tenho um estímulo muito maior do que o dinheiro: conheço o mercado. E conheço todas as frentes, com todas as nuances, e preciso proporcionar para a equipe algo que seja possível colocar de pé para eles darem sequência. Nós nunca ficamos focados só na música ou numa atração isolada, seja teatro, uma exposição, uma partida de vôlei ou de futebol... Nosso radar de atuação já era bem maior, tanto que em 2012 entramos na área de concessões públicas, com o Parque da

Pedreira e a Ópera de Arame, a Formata produzindo conteúdo, quase ao mesmo tempo com a LivePark, que é um fato bem interessante. A LivePark surgiu de um desdobramento natural da nossa relação com Rogério Dezembro, Eduardo Rigotto e o Heraldo Evans, que começou no Allianz Park. Eles eram da WTorre, uma empresa criada para fazer a gestão do Allianz. Nós tivemos uma grande sinergia, começamos a pensar em outros projetos juntos e fechamos uma parceria, ainda com o querido Walter Torre. Construímos um projeto para disputar a concessão do Parque do Ibirapuera. Não foi pra frente, continuamos juntos, até que espontaneamente eles decidiram que tinham cumprido a gestão do Allianz, resolveram ter vida própria e criamos uma empresa com o propósito de gestões de espaços e eventos associados ao meu desejo de olhar para as concessões públicas."

De onde veio o interesse por concessão de áreas públicas?

"Sempre fui curioso por esse assunto. Em 2015 eu tinha quase uma obsessão em conhecer empresas dessas áreas. Me lembro que ainda existia uma resistência grande da população com o governo entregando espaços públicos para a iniciativa privada. Eu entendia que o governo não tinha conhecimento nem *expertise* nas áreas do entretenimento. O incêndio no Museu Nacional, no Rio de Janeiro, em 2018, me tocou e alguma coisa me dizia que devia focar na área que ninguém estava olhando. As concessões que tinham acontecido, os vencedores não conheciam sobre entretenimento. Nas reuniões com a turma da LivePark, falávamos sobre onde atuar, pensavam em estádios, clubes, ginásios, casas, e eu só dizia que devíamos focar nas concessões públicas antes que outros concorrentes começassem a se interessar. 'Temos o Brasil inteiro', toda hora eu falava nisso, era um estalo que não sei de onde vinha e eu queria ampliar nossos negócios. A LivePark fez um excelente trabalho de levantamento de oportunidades, já então, efetivamente, nossos sócios iam olhando onde iríamos atuar, mas tinham uma visão totalmente longe das concessões. Então surgiu uma possibilidade em Belém, o Cicão foi com o Rodrigo Mathias [CEO da DC Set], ficaram três dias analisando, concluíram que não era um bom negócio. Foi quando surgiram as informações de que o Zoológico de São Paulo estava sendo desenhado para ser privatizado, no início do governo Doria, que também anunciava outras privatizações. Fomos avaliando todas as frentes, e quando o Doria anunciou o que ia privatizar, nós já estávamos preparados."

Quais são as concessões públicas que a DC Set Group conquistou?

"Temos a Ópera de Arame e a Pedreira Leminski [Parque das Pedreiras], em Curitiba, o Cais Embarcadero, em Porto Alegre, o Jardim de Alah, no Rio, com o consórcio Rio + Verde, e com a LivePark são seis parques, o Villa-Lobos, que se integra com o Cândido Portinari, o Parque da Água Branca, o Jardim Botânico, o Zoológico e o Safári [São Paulo]. O Safári nós negociamos para voltar a usar o nome Simba Safári, que é mágico para as crianças."

E como entrou a Live Nation?

"A Live Nation tinha um acordo de parceria com outra empresa brasileira, e isso se estendeu por muito tempo. Curiosamente, eles romperam quando eu e Cicão decidimos voltar a ser protagonistas, abrir novamente todas as nossas frentes de negócio, tudo o que tínhamos projetado. Isso aconteceu em 2017, quando eu disse: "Quero voltar aos shows internacionais". Nós fizemos a parte mais difícil nos anos 80, 90. Quando trouxemos Rod Stewart, em 1989, na maior turnê de um grande artista pela América do Sul, naquele momento a inflação no país estava em 2.000% ao ano. Nós éramos a empresa que mais trazia shows, e ninguém entendia como é que a gente fazia essas turnês com o dólar nas alturas, e o pior: a cultura do brasileiro de comprar ingresso na última hora. Tínhamos que colocar o dinheiro na frente, o que hoje não acontece, pois, quando anunciamos um show, todos os ingressos são vendidos. Nós fazíamos mágica. Quando decidimos voltar a atuar com artistas internacionais, fizemos a radiografia do mercado, e, para minha surpresa, os agentes e *managers,* a maioria, eram os mesmos. Alguns trocaram de cadeira, foram de uma empresa para outra, mas 70% eram amigos do passado e sempre perguntavam quando iríamos voltar.

Começamos a fazer os primeiros contatos, e nesse momento bate na nossa porta a Live Nation. Nunca imaginei que isso pudesse acontecer, e quem nos procurou foi a Grace Tourinho, conceituada profissional na área financeira do mercado de show business. Uma série de shows internacionais estava programada para a América do Sul, e eles não tinham condições de fazer sozinhos. Bruce Moran, o comandante da Live Nation para a América do Sul, veio para o Brasil junto com a Carolyn Specht e fizemos um acordo para fazer a turnê do U2, a maior bilheteria da época. Depois vieram outros artistas que disputavam essa liderança do ranking mundial."

E como foi a volta ao show business internacional?

"Nós conhecíamos esse mercado, e, quando assumimos, o U2 era a maior turnê do mundo. Quando procurados pela Live Nation, eles já tinham confirmado para a América do Sul outros shows, depois vieram os Rolling Stones para Porto Alegre, Cold Play, Harry Styles, Shakira, enfim, uma sequência. Retomamos o mercado de forma gigante, mas, na verdade, só queríamos contratar alguns artistas, tudo foi acontecendo naturalmente. O nosso acordo com a Live Nation era para uma transição, eles queriam ter escritório próprio, precisavam colocar em prática todo o processo, pois tinham os shows fechados. Tivemos uma relação de dois anos, e desde o início sempre muito corretos, dizendo: "Nós vamos ter um escritório próprio". Mas passaram a nos provocar para uma parceria maior. Haviam percebido a ascensão dos artistas latinos concorrendo com os americanos, e o diferencial: os americanos em geral lançam um disco, fazem uma turnê e depois ficam três, quatro anos parados. Os latinos todo ano lançam disco e fazem turnês. Assim como todas as grandes empresas, eles também passaram a olhar esse mercado extraordinário de artistas latinos que lotam os estádios e não são tão conhecidos no Brasil, exceto Shakira, Julio Iglesias e algum outro. Olhavam não apenas o mercado latino, mas o mercado de venda de ingressos e o Brasil, que, junto com o México, é um dos principais. O Brasil sempre referência no mercado latino, e, se falarmos em números, é fácil entender: a população mundial latina é de 600 milhões, tirando os que estão no Oriente. Destes, quase 200 milhões estão no Brasil, e quem olha para o mercado latino vê o nosso país como um dos principais mercados."

Vocês pensaram que a Live Nation poderia propor a compra da DC Set?

"Tivemos algumas propostas de compra, de sociedade com empresas que vieram se instalar no Brasil, mas eu e Cicão nunca admitimos ter um sócio, vender uma parte da DC Set. Quando veio a Live Nation e nos provocou para ampliar essa parceria, que estava tão boa, não nos interessava. Uma coisa é fazer shows internacionais, já tínhamos essa visão de crescer por outras frentes, mas não vender o nosso know-how junto com a nossa história. Pesquisando em viagens pelo mundo, vi o processo de criar as verticais e passei a entender de outra forma a empresa. No passado, quando recebemos propostas, eu só conseguia ver a DC Set como empresa única, e ter um sócio no meio dessa caixa única, não me sentia confortável. Já sabíamos como conduzir e resolvemos não aprofundar a relação com a Live Nation. Nós gostamos de ir às compras e escolher os artistas e turnês em que acreditamos. Sempre foi assim, mesmo quando achavam que iríamos errar, acertávamos. O importante é que da provocação amadurecemos empresarialmente e começamos a fazer outras tantas coisas, estruturamos a empresa usando o conceito de reengenharia corporativa e nos preparamos para voltar ao mercado. Dessa mistura, por volta dos anos 2016, 2017, trocando ideias com o Cicão sobre o que tem no mundo do entretenimento, como estavam acontecendo os comportamentos em relação à experiência, vimos que os games eram uma grande realidade."

Como você se percebe partindo do mundo agitado do show para a relação estática com o mundo dos e-games?

"Incrível quando vimos na época que os games já eram uma indústria maior que a do cinema, uma loucura, comparando ao futebol, que tanto eu entendia. Muitos querendo entrar nos games, mas ninguém sabendo como. Fomos conversar nos Estados Unidos talvez com a maior empresa do mundo, a canadense Overmedia, tentando fazer parceria dentro do que já estavam atuando no Brasil, e mergulhamos nas oportunidades. Abrimos uma empresa para estar com a nossa presença na área, surgiu a oportunidade de unirmos forças com outras empresas e junto veio a

Globo, numa parceria maravilhosa com Leandro Valentim, diretor da área de games".

Como nessa reestruturação vocês chegaram ao consenso de 7 pilares?

"O 7 não foi por causa da DC Set, as pessoas confundem muito 'Set' com o numeral. A minha inspiração de *set* vem de equipe, *set* de filmagem, um *set* de um jogo de tênis, um conjunto de coisas. A ideia era DC (Dody Cicão) com a sua equipe. Mas casualmente são 7 pilares, o que não significa que não possamos aumentar para 8, 9. Mas, por coincidência, dentro do que a gente estava atuando e olhando o mundo, estão lá as grandes empresas, inclusive a Live Nation, com uma vertical de festivais. Curioso, isso, lá atrás, nos anos 1990, os grandes artistas resistiam aos festivais por não quererem dividir palco com outros, se podiam ir para qualquer país e lotar um estádio sozinhos. Hoje é o contrário. Todo grande artista olha os festivais como positivos para alavancarem a imagem, além do resultado financeiro. Com isso, as empresas do mundo passaram a identificar a importância de ter eventos proprietários e saíram comprando festivais. A Live Nation comprou parte do Rock in Rio, o Lollapalooza, adquirindo outros festivais ao redor do mundo. Muitas empresas passaram a ter uma estrutura voltada para a criação de festivais ou se tornaram sócias de festivais já de sucesso. Nós, quando abrimos esse pilar, já tínhamos o Planeta Atlântida, colocamos ali o Projeto Emoções, o Tomorrowland, que de certa forma não deixa de ser um conceito de festival, pensamos em retomar o Lupa Luna, que tem um engajamento com o meio ambiente, e a ideia é criar festivais. Através da boa relação do nosso parceiro Rafael Reisman, veio uma solicitação do Banco do Brasil, voltada ao agro, e criamos o Canta BB em 2022."[3]

---

[3] Canta BB foi um festival itinerante de música que aconteceu em novembro e dezembro de 2022, em diversas regiões do país, nas cidades de Cuiabá (MT), Maringá (PR), São José do Rio Preto (SP) e Uberlândia (MG), com um elenco diversificado de artistas populares, do sertanejo e do pagode, para grandes plateias, reunindo os gêneros mais tocados nas rádios e festas. No elenco, Leo Chaves, os Menotti (César e Fabiano), Raça Negra, Luan Santana, Murilo Huff, George Henrique & Rodrigo, Simone Mendes, Jorge & Mateus, Léo & Gui, Maiara & Maraisa e Dilsinho. Nota da autora.

E os próximos projetos?

"Em 2023 realizamos 'The Legends in Concert', um encontro de lendas, e o primeiro foi com Rod Stewart. O projeto nasceu antes da pandemia, com o objetivo de reunir Roberto Carlos, sempre supercriterioso com quem divide o palco, e Andrea Bocelli. Depois de seis meses de negociação, o contrato chegou, e, com o OK dos advogados, no dia em que eu ia assinar, o país fechou, com a pandemia que estava vindo lá de fora. Resolvemos segurar por três meses, mas no meio apareceu uma outra empresa e colocou uma oferta maior, o empresário perguntou se cobríamos e dissemos que não. Aí surgiu o Rod Stewart. Ninguém acreditava que isso seria possível, que ele toparia. Apesar dele e Roberto serem quase da mesma idade, o Rod Stewart tem uma imagem mais pop rock. E, para surpresa, com a influência de Phil Rodriguez, nosso sócio da Move Concerts, e também da nossa relação da turnê de 1989, Rod topou. Entretanto, no meio do caminho Roberto optou por administrar a carreira através de um escritório próprio e convidamos Ivete Sangalo – foi um enorme sucesso. Ivete e Rod têm uma energia forte, e realmente aconteceu um encontro de 'lendas'. A nossa proposta é realizar 'The Legends In Concert' todo ano, o encontro de uma grande lenda internacional com uma brasileira. Aí tem várias possibilidades que nós já estamos desenhando, desde grandes sertanejos, da MPB, com grandes lá de fora. Vamos fazer disso um negócio maior e estamos indo para o mercado publicitário vender um evento proprietário. Criar plataforma para o ano inteiro, envolvendo a marca. Temos várias ações. A linguagem publicitária hoje é bem diferente. Até há alguns anos, o cliente disputava comprar o evento. Fazia a ação presencial, a mídia de dois meses, pagava cota de patrocínio; hoje isso só funciona para valores pequenos. O novo patrocinador quer desenvolver uma parceria, uma plataforma por um ano, ter ferramentas para interagir com o consumidor. O evento presencial é apenas um pretexto para uma comunicação mais longa. Há uma leitura no mercado da audiência de TV aberta, da redução das tiragens dos jornais, que reflete o fato de o cliente não se sentir atingido como nos anos anteriores. Se formos colocar em um pódio, hoje a mídia convencional não é mais a líder, está em terceiro lugar. A mídia na internet está em segundo e o primeiro lugar é a experiência. Por isso as verbas publicitárias estão voltadas às redes sociais, porque blogueiros e *influencers* vendem esse sentimento. E pensar que até há poucos anos a televisão estava em primeiro lugar. Hoje você fala da audiência da TV, da tiragem do jornal e isso não significa que o cliente esteja se comunicando com o público. Já nas redes sociais é possível saber o número exato com quem está interagindo."

Como se faz um projeto de sucesso?

"Precisa ter alma e saber embalar. Tem que ter uma identidade, e o público reconhece quando é verdadeiro. O Coachella é o maior festival do mundo e acontece no deserto da Califórnia. Recebeu propostas bilionárias para ser feito no Oriente e na América do Sul, e o proprietário diz: "Daqui eu não saio". Ele sabe que o sucesso está também na identidade forte. Tem outros festivais que podem tentar circular, até criar um ambiente, alguns deram certo, como Lollapalooza e Rock in Rio, outros não. Enfim, vamos criar mais festivais."

Como foi essa constatação de que precisavam renovar a equipe?

"Um dia, conversando com o Cicão, nos demos conta de que, para tantos projetos que tínhamos para as nossas verticais, precisávamos de capital humano. Uma das nossas características foi sintetizada em uma frase de um amigo, Lawrence Magrath, quando negociávamos com a Live Nation: 'Vocês são a Suíça do show business, não brigam com ninguém, falam com todos, são confiáveis para fazer negócios'. Fiquei bem orgulhoso ao ouvir, sempre tivemos muitas relações em todas as áreas, eu de um jeito, o Cicão de outro, mas a sintonia era a mesma. Uma coisa é certa: nós já chegamos aos 60 anos. E assim, como todas as empresas do mundo estão fazendo, os experientes vão para o Conselho, dar as diretrizes e colocar a juventude com conhecimento, sabendo utilizar toda a tecnologia, a modernidade digital, para colocar os projetos para a frente. Por mais que a gente mergulhe para aprender, não somos dessa geração. Tem uma nova geração dando as regras. Ainda temos vícios da televisão e do rádio. Então vamos trazer a garotada. O primeiro que a gente trouxe foi o Rodrigo Mathias. Ele é um paulista que foi pra

RBS nos anos 2000, quando pensavam em ter uma área de eventos independente para concorrer com o mercado. Quando nos associamos com a RBS para fazer os Rolling Stones no Sul, fizemos o trabalho com ele e percebemos que tinha experiência, já tinha feito conosco o Planeta Atlântida. Ele saiu da RBS, foi para uma outra empresa de eventos, onde cuidava do Stock Car, e alcançou uma *performance* extraordinária, subindo o faturamento e a audiência. Ele não estava feliz atuando só nessa área, tinha um conhecimento maior, e, ao se desligar, mais tarde, tinha sintonia conosco, aceitou nossa proposta. Não demorou para identificarmos que poderia ser preparado para assumir a liderança. E junto com ele trouxemos mais uma turma bacana de parceiros, além de sócios como LivePark, o Fronteiras do Pensamento, que reúne pensadores influentes em ciclos de conferências para debater temas intrigantes da atualidade, e outras pessoas."

Como entrou o Fronteiras do Pensamento?

"Como gaúchos morando em São Paulo, eu e o Cicão sempre olhamos o Fronteiras, que existe há mais de 15 anos, como um grande negócio e de muito prestígio. Quando o Pedro Longhi e o Fernando Schüler criaram o Fronteiras, a RBS se associou. Nossa relação com a RBS sempre foi muito próxima, desde 1996 somos sócios do Planeta Atlântida e fomos acompanhando quando o Fronteira veio para São Paulo, buscando crescer e conquistando o patrocínio de empresas multinacionais. Havia na época um evento com a credibilidade envolvendo os maiores pensadores do mundo, e poderia haver um público maior, ampliando os encontros para além de São Paulo, como Rio de Janeiro, Brasília e outras cidades. Na primeira conversa eu não me interessei, mas com a pandemia o Fronteiras teve que se readaptar, com as palestras virtuais, os sócios mais inquietos nessa necessidade de crescer, já estávamos focados em ampliar, aproveitamos para fazer uma parceria e eles ficaram felizes com a nossa intenção de potencializar. Como uma marca consolidada, ao trazê-los para o nosso grupo, abrimos a vertical de conhecimento. A ideia é potencializar, buscar novos negócios, por exemplo, com esse espaço maravilhoso e sucesso na parte dos intelectuais, nós entendemos que tem duas outras frentes com um mercado brilhante que pretendemos colocar em prática: o Fronteiras da Medicina, trazendo as lideranças mundiais para falar sobre saúde, e Fronteiras da Agricultura. Neste ano de 2024, em fevereiro, realizaram um cruzeiro diferenciado. A bordo do navio World Explorer, quatro especialistas, entre eles o físico Marcelo Gleiser e o rabino Nilton Bonder, acompanharam 150 turistas partindo de Ushuaia, na Argentina, para uma jornada de dez dias. O roteiro mesclou palestras, debates e conversas, incursões para observar animais, visitas a estações científicas, além de diversão e gastronomia a bordo do navio de luxo."

Como você vê o público diante das tantas ofertas de entretenimento que a DC Set oferece?

"Nós trabalhamos com o consumidor, identificando quais são os seus desejos e seus valores. O que era antes e o que é hoje. Eu tenho alertado a nossa garotada para prestar atenção num futuro muito próximo, daqui a dez anos, por exemplo, a população vai envelhecer muito e viver muito. Quando o Luc Ferry, brilhante filósofo francês, veio participar do Fronteiras, falou sobre isso de maneira muito clara. Segundo ele, a população vai viver até os 150 anos. Até os 100 anos sem os problemas que a nossa geração tem, como artrose e outras doenças. Fiquei impressionado, pois nós hoje somos oito bilhões de pessoas, caminhando para dez bilhões. Dos oito bilhões no planeta, quatro bilhões vivem em apenas 3% da superfície, aglomerados nas cidades. Os outros quatro que estão na área rural não ocupam 10% da superfície. Dentro desse perfil, nas cidades superlotadas as famílias têm menos filhos. Na geração dos nossos avós, era normal ter quatro, cinco, seis filhos. Minha mãe é de uma família de 12. Na visão de Ferry, as famílias estão tendo um filho, no máximo dois, e uma das razões é a emancipação feminina, as mulheres trabalham, não têm condições de estar em casa e nem sempre têm quem cuide [dos filhos]. Os filhos têm permanecido com os pais até os 20, 25 anos, um custo alto para as famílias. Está diminuindo a natalidade, aumentando a longevidade. Com isso, ele prevê que vamos nos próximos anos pular para 10 bilhões, mas depois a curva será descendente, baixando para 5 bilhões. Temos que pensar no entretenimento para esse perfil: o que um 'jovem' de 70, 80 anos vai consumir? Talvez não vá estar pulando num festival de rock. Dentro dessa visão, tenho alertado a equipe. Eu e o Cicão nos propomos a deixar um legado através da DC Set. Nós sabemos o quanto podemos contribuir nos negócios, na visão de lucro, na credibilidade, no direcionamento que podemos dar às empresas e aos jovens que estão trabalhando conosco. Os próximos 20, 30 anos estão com eles."

Como você vê o futuro?

"O Yuval Harari, no livro *21 lições para o século 21*, faz uma afirmação de que brevemente os sports games vão substituir as religiões. A tecnologia, que está acabando com os empregos tradicionais, vai fazer com que talvez a população no futuro não tenha o que fazer. Traz como exemplo Israel. Ele é judeu, lá tem os ortodoxos, que são brilhantes, inteligentes, sabem tudo, mas não têm emprego. O governo paga uma pensão para a subsistência. No futuro, as pessoas vão ocupar o tempo com jogos, não como competição, mas para usar seu tempo. Ele entra fundo nesse ponto radical de comparar as religiões, que vão se esvaziar, por várias razões. O Luc Ferry também sinaliza quanto ao esvaziamento das religiões. Por exemplo, na França, há cinco anos havia 45 mil padres. Hoje existem 5 mil, uma grande parte ainda se dedicando, mas muitos vão para os seminários para esconder a sexualidade. E a ciência está tirando a razão das religiões, que são os milagres, o que não se explica. Toda religião tem a pergunta que não tem resposta: de onde viemos, para onde vamos. Em cima desse mistério trabalha o despertar do interesse do ser humano. Mas existem as religiões que oferecem a cura, que iludem as pessoas, e a ciência está derrubando essas teses. Estamos sempre querendo identificar o comportamento das pessoas, para saber como o entretenimento entra nesse processo. Porque a vida é isso. Nós somos gregários, descendentes de mamíferos, vivemos agrupados, a história mostrou isso. Desde a Primeira e a Segunda Guerras, pandemia, Peste Negra, em todos os momentos em que a população teve que se retrair, a volta era uma avalanche de desejos."

O que mudou com a pandemia para vocês?

"Durante a pandemia falava-se no novo normal, conheci várias pessoas importantes, donos de empresas que venderam seus apartamentos em

São Paulo e foram morar e trabalhar em locais afastados. Nós apostamos exatamente na realidade de que vamos sempre estar agrupados, e, ao contrário de muitas empresas que fecharam os escritórios e foram para *home office*, nós ficamos juntos. Nós temos a atividade do entretenimento, que visa proporcionar ao público o lazer, o bem-estar, tanto para o velho como para o jovem, seja por se identificar com artistas, ou num parque, numa exposição... O ser humano tem o momento de trabalho, o momento da família, mas todos têm a necessidade do prazer, da realização, e o entretenimento oferece isso. Nós atuamos no imaginário das pessoas, e creio que um dos grandes erros da humanidade é deixar a felicidade para depois. Muitos pensam em trabalhar para se aposentar e curtir a vida, mas a felicidade não se transfere para depois. Por isso a importância de ter noção e conhecimento de religião, da relação entre as pessoas, o mundo sendo transformado, a tecnologia, o digital, o virtual – como é que o público se sente atendido com seus desejos de prazer? Empresas como a nossa têm que ter essa consciência, porque fazer show de sucesso é fácil. A única habilidade que o promotor precisa é acertar na mídia, no preço do ingresso, no local e identificar o potencial do artista, se é para lotar o Maracanã ou um teatro de 500 lugares. O sucesso é do artista, o público compra ingresso atraído pelo artista. Já quando se cria um festival, precisa ter a habilidade e a genialidade de criar eventos com experiência. É ter uma visão macro com conexão e conhecimento para onde a humanidade está caminhando, sabendo que ela precisa ter seu momento de lazer."

Como você percebe esses "sinais" na vida profissional?

"Um dos nossos primeiros movimentos com a LivePark na concessão de áreas públicas foi o Vale do Anhangabaú [centro de São Paulo]. Entramos forte, fizemos um estudo e perdemos. Chegamos ao nosso limite de investimentos, e logo em seguida veio a pandemia. Se tivéssemos vencido, seria um prejuízo absurdo, porque a receita era através de publicidade, pela presença de público no Anhangabaú. Que bom que não ganhamos. Eu li uma vez num livro de neurolinguística que sorte não existe. Sorte é encontro do preparo com a oportunidade. Eu me preparei desde os 12, 14 anos, envolvido nessa área que nem sabia que se chamava entretenimento. Quando comecei a ir para o exterior, fui com o prazer de cultivar as relações. Quando vou contratar um artista, presto atenção em como o empresário dele trabalha, como conseguiu fazer sucesso, como fez o marketing. Quando contratamos o Michael Jackson, fui para Los Angeles e fiquei uma semana assistindo aos ensaios. Curioso, não tenho nenhuma foto, mas estava lá vendo como montavam a turnê, logo depois do sucesso do *Thriller*. O empresário na época não era ainda o Don King, e decidiu colocar nos contratos a obrigatoriedade de os promotores o divulgarem como 'o rei do pop'. Ele ainda não era. Quem deu esse título? Essa obrigação consta no contrato que assinamos. E isso virou uma verdade. Claro que ele merece todos os títulos, é merecimento. Mas como foi construído?

Acontece algo muito interessante. Quando me proponho a negociar com alguém, eu me vejo de fora. Estou falando com a pessoa, mas eu me vejo de fora. Como se alguém estivesse falando por mim. Já senti isso em várias oportunidades. Eu sempre prestei atenção em como os processos acontecem, fui em busca do conhecimento para estar preparado quando for preciso. Acho que as nossas conquistas têm a ver com a postura no mercado, uma network, manter relações, comportamento sempre correto, e, se erramos, não foi proposital. Atribuo às decisões que tomamos e não sabemos o porquê à proteção divina. Tem algo maior que nos guia."

Quando você percebeu que conseguia olhar o entretenimento dessa maneira?

"Não sei responder, mas posso dizer como eu me identifiquei com os festivais. Quando propus em 1990, para o Medina, sair do Maracanã, ir para o Autódromo [de Jacarepaguá] e ter vários palcos, era uma época que não tinha isso no mundo. Ir para o Autódromo significava ter um palco para novos artistas que as gravadoras iam adorar, um grande palco, ter um espaço discoteca, ainda não tinham DJs, mas discotecários, áreas diversas de lazer, e tinha que ser único. Lembro que quando eu e Cicão fazíamos as festas do grêmio estudantil, identifiquei que precisávamos ter algo que nos diferenciasse e dávamos nomes, mas precisávamos criar uma identidade, ter uma assinatura de realização. Como não surgiu nenhum nome para a empresa, e precisava entrar na mídia, colocamos Dody e Cicão. Virou uma marca, recebíamos propostas de clubes e empresas querendo nos pagar para colocar a marca nas festas que faziam, pois era sinônimo de sucesso. Eu já me questionei muito sobre como tive essa ideia, pois eu estava no início do segundo grau [atual ensino médio], nunca tinha saído do Rio Grande do Sul, sem qualquer noção de marketing ou eventos. Como eu consegui identificar essa ferramenta que hoje sabemos ser tão necessária, como um selo de qualidade? Outra coisa que fazíamos intuitivamente, acho que essa é a palavra, era a consciência de não banalizar as festas. Fazíamos uma festa, era um sucesso em um clube de Porto Alegre, o outro clube queria nos contratar para fazer a mesma festa, não aceitávamos. Tinha que dar um tempo entre uma e outra. Por mais que a gente precisasse de dinheiro, estávamos ainda correndo atrás, não tínhamos nem carro, mas tínhamos consciência de não fazer festa toda semana em algum lugar.

Agora que estamos envolvidos nos games, vemos que os grandes ídolos têm essa consciência. Um deles, que é nosso parceiro, o Gaules, um dos maiores do mundo, recebeu ofertas de várias empresas que queriam contratá-lo e ele falou: "Se for, vou perder a credibilidade com meu público, eu não posso estar na TV aberta". Alguns artistas da música têm essa identidade. Alguns diziam: 'Não vou a programas populares'. Então nunca foram ao Faustão nem ao Gugu, porque tinham esse direcionamento. Hoje é fácil se posicionar, mas, no início dos anos 1980, não tínhamos acesso a essas informações, era intuitivo, e jovens não têm compromisso com risco. Nós tínhamos a noção de que se fizéssemos festas toda hora, iríamos perder credibilidade, vulgarizar nosso produto.

Olhando pra trás, como é que a gente chegou à conclusão de ter um nome que identificasse uma festa, fazer a gestão dessa marca para despertar mais desejo do público, não sei. Fico orgulhoso em ver que fizemos a coisa certa sem ter estudado para isso, sem ter conhecimento específico. Eu sou muito grato, porque a vida tem sido muito generosa comigo, em todos os sentidos. E eu atribuo isso muito ao lado espiritual, cada um tem a sua crença, e acredito que as coisas acontecem se você faz por merecer, que há uma conexão com o Universo como um todo. Do ponto de vista espiritual, o sucesso da DC Set, da minha história, tem a ver com como nos preparamos, mas aconteceu sem explicação...

Quando decidimos voltar a ser protagonistas no mercado internacional, a Live Nation bateu à porta por uma situação não provocada, mas fizemos por merecer. Com a Tomorrowland, a mesma coisa. Apesar de ser normal competir no mercado, eu atribuo essa generosidade à forma como conduzo minha vida. Eu sou correto não porque sou bonzinho, mas é o certo a fazer e se não fui, depois, passado um tempo, olho para trás e penso: 'poxa, não tratei corretamente aquela pessoa' ou 'nesse negócio resolvi ser duro e não devia'. Mas foi sincero, e na hora eu acreditava naquilo. Então, o que estamos falando agora, de por que aconteceu, eu creio que é luz, intuição, e o plano espiritual se encarrega de fazer por merecer. Com isso, entendo muitas coisas que aconteceram comigo. O Cicão chega a ser exagerado, um coração enorme, generoso, eu acho que temos uma combinação de energia, e há algo maior que nos direciona. Não tenho dúvida que a vida não é somente isso, e quando encontro pessoas na vida, sejam as ruins, assim como as boas, é porque fiz por merecer."

Enquanto o livro estava sendo escrito, aconteceu o fim da relação profissional entre Dody e Roberto Carlos. Foram trinta anos, mais do que a metade da vida artística do cantor, iniciada em 1959, e voltamos a conversar.

"Quando digo que tudo o que acontece em minha vida é porque fiz por merecer, também se reflete no privilégio de ter convivido com um artista de tamanha importância não apenas no Brasil, mas em todos os países em que realizamos shows. Roberto Carlos é um artista à frente do seu tempo, uma referência, e durante trinta anos acompanhei e contribuí na sua trajetória. Nunca tivemos um documento assinado como contratante e contratado, os nossos acordos sempre foram verbais e baseados na confiança mútua. A vida nos leva para novos desafios, estou seguindo os meus e Roberto optou por gerir a sua carreira. Mas esses trinta anos jamais serão esquecidos, construímos uma bela história."

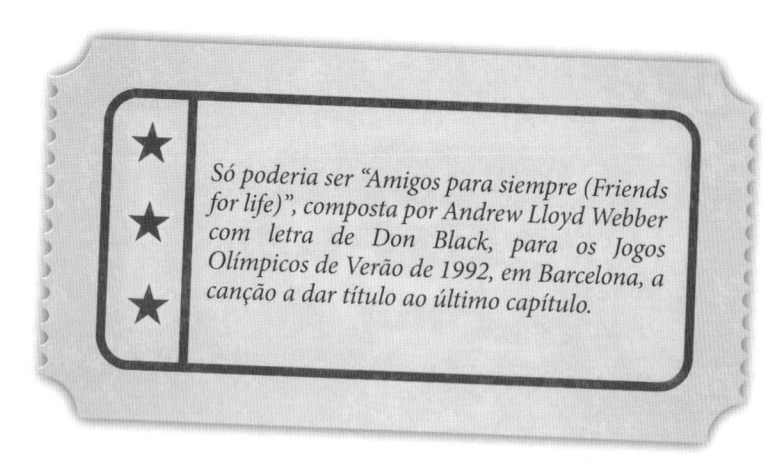

Só poderia ser "Amigos para siempre (Friends for life)", composta por Andrew Lloyd Webber com letra de Don Black, para os Jogos Olímpicos de Verão de 1992, em Barcelona, a canção a dar título ao último capítulo.

RETRATOS EM PRETO E BRANCO

IMAGENS DA VIDA DE DODY

O papai dá um abraço
A mamãe deu um bejinho
Por isso saudo a todos
O meu primeiro aninho.

Jorge Cirena Pereira

Caxias do Sul, 12-11-61.

Na festa de 1 ano, a gráfica de Caxias do Sul grafou o sobrenome errado... A única vez em que Cirena foi com C...

Parabéns! O primeiro aniversário no colo da mãe, e à esquerda o irmão Jaime, que lhe deu o apelido de Dody.

O tradicional registro dos 5 rostinhos com 1 ano, feito em estúdio, em Caxias do Sul (RS).

A data da foto é incerta, final dos anos 1970. A única certeza é que foi assim que conheceu a Fernanda.

Com Fernanda, no início do namoro

Julio Iglesias entre Dody, Fernanda, Jaime, Cristina e dona Lourdes num churrasco na chácara DC Set, em Gravataí, em 1988. A chácara foi investimento em parceria com Cicão, quando começaram a ganhar dinheiro.

Em 1988, o primeiro grande desafio: contratar uma turnê do mágico David Copperfield, na época um grande sucesso aos domingos no programa *Fantástico*.

Fernanda teve 30 dias para preparar o casamento, no dia 6 de maio de 1989, na Igreja de Santa Terezinha de Lisieux, em Porto Alegre.

Dody e Cicão com Ray Charles, *tour* em 1990.

Em Los Angeles, com Michaela de Charbonnieres, Roberto Medina, Maria Alice Medina e Phil Rodriguez, quando foram contratar artistas para a edição do Rock in Rio 1991.

Cicão, Phil Rodriguez e Marco Antonio Tobal com os rapazes da banda americana Faith No More. A banda fez tanto sucesso no Rock in Rio em 1991, que voltou no segundo semestre para a turnê nacional.

Abril de 1992: Donna Summer, a "diva disco", voltou a lotar as pistas e arrasou em shows em Porto Alegre, São Paulo e Rio de Janeiro.

Liza Minnelli em apresentação única dia 28 de agosto de 1993 no Teatro Municipal do Rio de Janeiro, repetindo o show do Radio City Music Hall (Nova York).

Com a empresária e o advogado de Xuxa, Marlene Mattos e Luiz Claudio Moreira, na coletiva de imprensa para anúncio dos shows de Michael Jackson, em 1993.

Com Joaquín Martorell e Jose Antonio Martin, amigos e sócios, com quem criou um projeto para qualificar as transmissões dos jogos de futebol na Espanha, em 1993/1994.

Com Simone, de quem se tornou empresário e amigo ao criar a agência DC Set, em 1994.

Com Tom Cavalcante em 1995, num churrasco na chácara de Chitãozinho. Dody começava a dar um outro rumo à carreira de Tom, que saiu dos teatros para os grandes ginásios.

Carnaval no Rio de Janeiro, 1996, camarote da Brahma. Com Cicão e João Bosco e Emílio Santiago, artistas da agência DC Set.

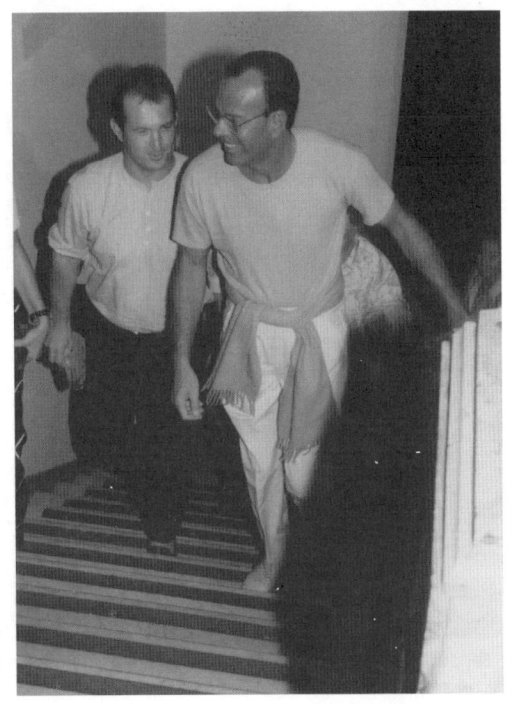

Com Julio Iglesias, chegando para visita à exposição Salvador Dalí no Museu Nacional de Belas Artes, Rio, em 1998.

Com o presidente Fernando Henrique Cardoso em Brasília, em 2002.

Recebendo o título de Cidadão de Porto Alegre em 2007, com os pais João e Lourdes, e o irmão Jaime.

Em 2009, entre os reis, em um dos nove shows no Ginásio do Ibirapuera, quando Roberto Carlos celebrou 50 anos de música.

Com Ivete Sangalo no show "Elas Cantam Roberto", no Teatro Municipal de São Paulo, em 2009.

Léa Penteado

PODER
JOYCE PASCOWITCH
AGOSTO 2008 N.06

SHOW DOS MILHÕES
DODY SIRENA, o homem que comanda os negócios de **ROBERTO CARLOS** e cuida da imagem de **FELIPE SCOLARI**

NO OLHO DO FURACÃO
TARSO GENRO, Justiça e confusões

INÉDITO
ENTRADA PROIBIDA
Invadimos o exclusivo **COUNTRY CLUB** do Rio, o mais fechado do país

PROFISSÃO: SALVA-VIDAS
A batalha diária do oncologista **SERGIO SIMON**

PROSA E VERSO
Ética e pensamento filosófico segundo o poeta **ANTONIO CICERO**

ESTOURO DA BOIADA
A saga dos **REIS DO GADO**

JOGO DA VERDADE
Uma pausa **DIVERTIDA** sobre as **TRAPALHADAS** que a Operação Satiagraha provocou no hi-society

E MAIS:
SANDRA CARVALHO, a socióloga que virou oráculo dos direitos humanos
ALUGUEL DE BARCOS de luxo
CACHORROS bem-nascidos

2008: perfil na revista *Poder*

Nos bastidores do show que em 2008 uniu Caetano Veloso com Roberto Carlos cantando Tom Jobim.

No lançamento da Emoções Incorporadora em 2011, em sociedade com Roberto Carlos, Ubirajara Guimarães e o irmão Jaime Sirena. (Foto Cláudia Schembri)

Afo Verde, CEO da Sony da América Latina, é um amigo além de qualquer relação profissional.

Em 2011, em Jerusalém, recebido pelo ex-presidente Shimon Peres, Prêmio Nobel da Paz em 1994. (Foto Cláudia Schembri)

Revista

O GLOBO · ANO 8 · Nº 378 · 23 DE OUTUBRO DE 2011

O amigo do Rei

De megashows no exterior a empreendimentos imobiliários, Dody Sirena é o poderoso empresário por trás dos novos rumos na carreira de Roberto Carlos

2011: capa da revista *O Globo*

Com Hebe Camargo, de quem se tornou muito amigo, em 2012.

Com Roberto Medina, na celebração dos 30 anos do Rock in Rio, em 2015.

Com Jennifer Lopez, na gravação de dueto com Roberto Carlos, em 2016.

Em março de 2016, Fernanda e Dody receberam Mick Jagger na casa em Porto Alegre, depois de um show para 48 mil pessoas no Estádio Beira-Rio, encerrando a turnê pelo país.

Com Shakira em 2018, shows em São Paulo e em Porto Alegre.

Junto com o empresário Alexandre Accioly desde 2019, Dody está empreendendo no Rio de Janeiro com a casa de espetáculos Qualistage, o projeto de revitalização do Jardim de Alah e o Roxy Dinner Show.

Com a Medalha do Mérito Farroupilha recebida em 2022, a maior honraria do Governo do Rio Grande do Sul.

A foto é de 2023, mas a relação entre o cantor inglês e o promotor de eventos é mais antiga. Foi depois de encerrar uma turnê de sucesso em 1989 e deixar Rod Stewart no aeroporto que Dody ligou para Fernanda e a pediu em casamento.

Contrato de sociedade assinado em 2023 com os belgas do Tomorrowland, o maior festival de música eletrônica do mundo. Da esquerda para a direita: Mario Sérgio de Albuquerque, Cicão, o criador do festival Michiel Beers, Dody, Rodrigo Mathias e Christophe Van Den Branden.

Inauguração do Space Adventure em Canela (RS), em maio de 2023. Com Charles Duke, um dos 12 homens a pisar na Lua, Cicão e Rafael Reisman, sócio na Blast Entertainment, empresa que atua na área de exposições.

No vilarejo francês de Val d'Isere, em julho de 2023, assinatura da parceria para a construção do Club Med Gramado, investimento superior a R$ 1 bilhão. Com Rodrigo Mathias, CEO da DC Set Group, Henri Giscard d'Estaing, presidente global do Club Med, e Janyck Daudet, CEO do Club Med na América do Sul.

Em família, com Fernanda, Matheus e Mariana.

Em novembro de 2023, no Palácio Piratini, em Porto Alegre, na apresentação do projeto Club Med Gramado, com o governador Eduardo Leite e Janyck Daudet.

Com o objetivo de compartilhar o conhecimento adquirido em 45 anos na área de entretenimento, Dody e Cicão decidiram somar jovens profissionais à equipe. Em 2020, Rodrigo Mathias se tornou CEO da empresa e, posteriormente, sócio. Na foto de Zé Paulo Cardeal, Cicão, Rodrigo e Dody.

SHOW DE PALAVRAS

Uma seleção de frases de quem conhece o trabalho de Dody Sirena:

A minha amizade com Dody começa ao conhecer Parintins, em 1996, levada por suas mãos. É o amigo que tenho num meio delicado, difícil e que muitas vezes só junta pessoas por interesse. É o amigo que eu escuto quando preciso tomar decisões.

Fafá de Belém, cantora

Dody sempre foi um grande empreendedor no universo do entretenimento. No show business, dirigiu a carreira de grandes artistas da música brasileira, inclusive de dois grandes ídolos em que sempre me espelhei: o saudoso Emílio Santiago e o nosso Rei Roberto Carlos.

Alexandre Pires, cantor e compositor

Disciplinado, planejador e bom executor em tudo que faz. Sua visão e sensibilidade potencializaram muito a carreira do seu amigo Roberto Carlos. Mas ele mostrou alta eficiência em várias outras áreas também, do entretenimento a eventos, do mercado imobiliário a investimentos. Dody sabe o que faz. E faz bem-feito.

João Doria, empresário, jornalista, publicitário e político

Dody é um exemplo de trabalhador. Trabalhador no sentido mais bonito da palavra. Aquele tipo que inventa, acredita, ousa e se dedica, mesmo já tendo obtido sucesso e dinheiro. Gosto do jeito alegre e determinado com que ele se joga em diferentes ramos de negócios, sem parar nunca de buscar realizações, sucesso e aprendizado.

Leda Nagle, jornalista

Dody Sirena é um superstar do show business internacional que, a partir de suas raízes gaúchas, ganhou o Brasil e o mundo. Um orgulho.

Paulo Sérgio Pinto, Rede Pampa de Comunicação

Dody é um empresário consequente, sagaz, que se renova e sabe ouvir, mas é, principalmente, um realizador sem fronteiras, contemporâneo, com um *track record* que dispensa comentários e grita por si mesmo. Na indústria do entretenimento no Brasil e na América Latina, é um protagonista raro.

Marcelo Castello Branco, CEO da União Brasileira de Compositores (UBC) e chairman do board da Confederação Internacional de Sociedades de Autores e Compositores (Cisac)

Dody é um profissional afiado, inteligente, enérgico, extremamente bem-informado, humilde, curioso e sabe cultivar de forma carismática e verdadeira as relações pessoais em todos os níveis.

Alex Schiavo, ex-presidente da Sony Music, atual presidente da Altafonte Brasil – Grupo Sony

Para todos que fazem parte dessa grande família do show business, ele foi o cara certo, na hora certa, na vida do maior nome da nossa música popular brasileira. Eu o vejo como um cara revolucionário na condução de gestão de carreira.

Daniel, cantor

Das coisas mais lindas que fizemos juntos, o show de Jerusalém com o Roberto foi o êxtase. Momento de muita emoção para nós.

Jayme Monjardim, diretor, cineasta e criador

A visão de Dody não tem limites, ele consegue enxergar o que virá, sempre com seu toque raro de um gênio capaz de criar experiências grandiosas. Acompanhar sua trajetória é um privilégio inspirador.

Esther Rocha, jornalista

Acompanhei o trabalho de Dody Sirena desde sempre. Impecável, eu posso dizer, tudo que Dody faz, com cuidado em relação aos detalhes, com afeto, com foco e ética. Um empresário como poucos deste país.

Joyce Pascowitch

Um profissional maravilhoso para se trabalhar. Comigo ele quebrou a barreira do trabalho e nos tornamos grandes amigos.

José Bonifácio de Oliveira Sobrinho, o Boni, publicitário, empresário e diretor de televisão

Nos negócios é um parceiro sem igual, demonstra constantemente sua motivação e contagia a todos com seu brilho nos olhos. É extremamente agradável trabalhar ao lado de pessoas como ele, entusiasmadas e interessadas em fazer acontecer.

Janyck Daudet, CEO do Club Med na América do Sul e membro do Leadership Committee mundial do Club Med

MATRIX